MW00907465

MOULINS du MADAWASKA

MILLS OF MADAWASKA

Volume One - Tome Premier

To my friends, Carl and Pat,
Sincere wishes,
Joe R. Theriault

ALSO BY JOSEPH RALPH THERIAULT

- DESTINATION: MADAWASKA (2009)

MOULINS du MADAWASKA

MILLS OF MADAWASKA

Volume One - Tome Premier

A bilingual history from 1785 to 1985 of the mills in the Saint-John Valley of the Madawaska territory. The history includes the 100-year biography of Joseph Thérriault and his son, Joachim, who built and operated the Thérriault Mill of Baker Brook in New Brunswick, Canada.

From the dawn of the Acadian era in the Madawaska territory, the flour mills, sawmills, and wool carding mills were among the first to be built to produce the food, shelter and wool necessary to sustain the local community. An example of these mills is the Thérriault Mill in Baker Brook where Joseph and his son Joachim provided for their corner of the valley.

Une histoire bilingue de 1785 à 1985 des moulins de la vallée du Haut Saint-Jean du territoire de Madawaska. L'histoire inclue la biographie de Joseph Thérriault et son fils, Joachim, qui ont bâtis et fait marcher le Moulin Thérriault de Baker Brook, Nouveau Brunswick, Canada.

Depuis le commencement de l'époque acadienne en le territoire du Madawaska, les moulins à farine, les moulins à scie et les moulins à carder de laine ont été parmi les premiers à être bâti pour produire la nourriture, l'abri et la laine nécessaires au maintien de la communauté locale. Un exemple de ces moulins est le moulin Thérriault à Baker Brook où Joseph et son fils Joachim ont fourni pour leur coin de la vallée.

With a 'SURVEY OF THE HISTORIC MILLS' from 1785 to 1985 of the St John Valley in Volume Two. The Survey includes the description with photos and maps of some 250 family and commercial mills that existed in those 200 years.

Avec un « ENQUÊTE DES MOULINS HISTORIQUE » de 1785 à 1985 dans la vallée du Haut Saint-Jean en le tome second. L'Enquête contient la description avec des photos et des cartes d'à peu près 250 moulins familials et commerciales qui existaient au cours de ces 200 années.

JOSEPH RALPH THERIAULT

FAMILLE ACADIENNE
TERRIOT
ACADIAN FAMILY

TERRIOT ACADIAN FAMILY SOCIETY
SOCIÉTÉ DE LA FAMILLE ACADIENNE TERRIOT
HARVARD, MASSACHUSETTS 01451

Copyright © 2021 Joseph Ralph T. Theriault

All rights reserved. No part of this publication may be reproduced, stored in a retrieval system, or transmitted, in any form or by any means, electronic, mechanical, photocopying, recording, or any information storage and retrieval system, or otherwise, without the prior permission of the author. For information about permission to reproduce selections from this book, write to the mailing address below or, email *Joseph.Ralph@Terriau.org*

Printed in the United States of America by Amazon Kindle Direct Publishing.

FIRST EDITION

Published in 2021 by the

Terriot Acadian Family Society
23 Tahanto Trail
Harvard, Massachusetts 01451

www.terriau.org

This book is available from Amazon.com, and other on-line outlets and bookstores.

U.S. Library of Congress Cataloging-in-publication data: Theriault, Joseph Ralph T, 1940 -   Mills of Madawaska, A two volume bilingual (English and French) history and technical description of the mills that were constructed and operated from 1785 to 1985 in the Saint-John Valley of the Madawaska territory. Volume Two includes a Survey of the 250 mills that operated in the St John Valley over the 200 years. Volume One includes the histories of thirteen of the key family mills including Pierre and Firmin Thibodeau, François Violette, Nathan Baker, Daniel Savage, George Corriveau and Régis Theriault along with the 100-year biography of Joseph Thérriault and his son, Joachim, who built and operated the Thérriault Mill of Baker Brook in New Brunswick, Canada.

/ Joseph Ralph Theriault — 1st edition. Includes list of sources, references, and bibliography.

ISBN 9 781731 091802 (softcover)

1. Acadians—Arrive in Madawaska—History. 2. Acadians—Madawaska—Family Mills. 3. Madawaska —Firmin Thibodeau Mill—History. 4. Madawaska — Paul Pothier Mill — History. 5. Madawaska — François Violette Mill — History. 6. Madawaska — Germain Saucier Mill — History. 7. Madawaska — Nathan Baker Mill History. 8. Madawaska — Daniel Savage Mill — History. 9. Madawaska — Regis Theriault Mill — History. 10. Madawaska —Pierre Plourde Mill — History. 11. Madawaska — Séphirin Cyr Mill — History. 12. Madawaska — Corriveau Mills — History. 13. Madawaska — Joseph Thérriault Mill — History. Volume Two — Survey of historic mills.

Droit d'auteur © 2021 Joseph Ralph T. Theriault

Tous droits réservés. Aucune partie de cette publication ne peut être reproduite, conservée dans un système de recherche ou transmise, sous quelque forme ou par quelque moyen que ce soit, électronique, mécanique, photocopie, enregistrement ou tout autre système de conservation et recouvrement d'informations, ou autrement, sans l'autorisation préalable de l'auteur. Pour plus d'informations sur la permission de reproduire des sélections de ce livre, écrivez à l'adresse postale ci-dessous ou, par courriel *Joseph.Ralph@Terriau.org*

Imprimé aux États-Unis de l'Amérique par Amazon Kindle Direct Publishing.

PREMIÈRE ÉDITION

Publié en 2021 par la

Société de la famille acadienne Terriot
23 Tahanto Trail
Harvard, Massachusetts 01451

www.terriau.org

Ce livre est disponible sur Amazon.com, et d'autres points de vente en ligne et librairies.

Données de catalogage de publication de la Bibliothèque du Congrès des États Unis: Theriault, Joseph Ralph T, 1940 - Moulins du Madawaska, Une histoire bilingue en deux volumes (anglais et français) et une description technique des moulins qui ont été bâtis et marchés de 1785 à 1985 dans la vallée Saint-Jean, dans le territoire du Madawaska. Tome Second comprend un enquête des 250 moulins qui ont marchés dans la vallée St Jean au cours des 200 dernières années. Tome Premier comprend l'histoire de treize des principales moulins familials, dont Pierre et Firmin Thibodeau, François Violette, Nathan Baker, Daniel Savage, les moulins Corriveau et Régis Thérriault, ainsi que le biographie de Joseph Thérriault et de son fils, Joachim, qui ont bâti et fait marché le moulin Thérriault de Baker Brook au Nouveau-Brunswick, au Canada.

/ Joseph Ralph Theriault - 1e édition Inclut la liste des sources, références et de la bibliographie.

ISBN 9 781731 091802 (couverture souple)

1. Acadiens — Arrivée à Madawaska — Histoire. 2. Acadiens—Madawaska—Moulins familiaux. 3. Madawaska —Moulin Firmin Thibodeau—Histoire. 4. Madawaska — Moulin Paul Pothier — Histoire. 5. Madawaska — Moulin François Violette — Histoire. 6. Madawaska — Moulin Germain Saucier — Histoire. 7. Madawaska — Moulin Nathan Baker Mill — Histoire. 8. Madawaska — Moulin Daniel Savage — Histoire. 9. Madawaska — Moulin Régis Theriault— Histoire. 10. Madawaska — Moulin Pierre Plourde — Histoire. 11. Madawaska — Moulin Séphirin Cyr — Histoire. 12. Madawaska — Moulins Corriveau— Histoire. 13. Madawaska — Moulin Joseph Thérriault — Histoire. Volume seconde — registre de moulins historique.

DEDICATION 🛞 DÉDICACE

"*Le Vieux Moulin Thérriault de Baker Brook*"
Pauline Morneault

... an oil painting by Pauline Morneault, great-granddaughter of Charles and Pélagie Thérriault Morneault. Pélagie was a sister of Joseph Thérriault, the miller of Baker Brook.

The painting is from a photo taken by an itinerant photographer passing through Baker Brook on this day in the summer of 1923. At that time, Joseph Thérriault, who built this mill in 1907, was deceased since 1915 and his son, Joachim was now proudly operating the mill to produce construction lumber and the flour for his neighbors and his village with the help of his family. According to Mr. William Cyr, a local parishioner at that time, when his parish church of the Holy Heart of Mary was built in 1928, Joachim with his mill, sawed and planed some 5,000 logs for the structural and finish lumber for the church.

... une peinture à l'huile par Pauline Morneault, arrière-petite-fille de Charles et Pélagie Thérriault Morneault. Pélagie était une sœur de Joseph Thérriault, qui était le scieur et meunier de Baker Brook.

La peinture est d'une photo prise par un photographe itinérant passant par Baker Brook ce jour-là en l'été de 1923. En ce temps, Joseph Thérriault, qui a bâti ce moulin en 1907, avait décédé en 1915 et son fils, Joachim maintenant fièrement faisait marché son moulin avec l'aide de sa famille pour produire du bois de construction et de la farine pour ses voisins et son village. Selon M. William Cyr, paroissien local à cette époque, lorsque son église paroissiale du Saint-Cœur de Marie a été bâti en 1928, Joachim a scié et plané le bois de 5 000 billot pour la construction et finition de l'église.

This history of the mills of the Madawaska territory is dedicated to my great-grandfather Joseph Thérriault and his son, Joachim, my dear paternal grandfather. These two men, as with their brother millers and sawyers like Firmin Thibodeau, François Violette, Nathan Baker, Daniel Savage, Régis Theriault, Pierre Plourde, Séphirin Cyr, the Corriveau's and Germain Saucier dedicated themselves to their communities as providers of the lumber for their churches, their homes and barns, and their flour, the principal ingredient for their meals, and their carded wool for their clothing.

The men of this era were stoic and given to their mission for their families and community. They were not inclined to speak out.

My grandfather, Joachim, may have been the exception. In the painting[1] on the previous page, Joachim seized on an opportunity to send us a message. Here, we see him as he gathered his family at the time (five sons and three daughters) and lined them up for the photo as he held his youngest son, George in his arms. As he looked in the photographer's lens, he tells us: "This is my treasure; my family and my mill."

Grandfather Joachim and Grandmother Annie eventually had 14 children; truly a treasure; their part of the eleventh generation of the greater Terriot Acadian family. The children in the photo include (right to left) Rita, my grandmother, Annie (who is standing behind Léanne), Theodule, Dénis, Thaddée, Annette in front of Félix, and George in his father Joachim's arms.

JRT

Cette histoire des moulins du Madawaska est dédiée à mon arrière-grand-père Joseph Thérriault et à son fils, Joachim, mon cher grandpère paternelle. Ces deux hommes, comme leurs frères meuniers et scieurs Firmin Thibodeau, François Violette, Nathan Baker, Daniel Savage, Régis Theriault, Pierre Plourde, Séphirin Cyr, Étienne et Joseph Corriveau et Germain Saucier se sont consacrés à leurs communautés en tant que fournisseurs de bois pour leurs églises, leurs maisons et leurs granges; et leur farine, le principal ingrédient pour leurs repas et la laine cardée pour leurs vêtements.

Les hommes de cette époque étaient stoïques et donnés à leur mission pour leurs familles et communauté. Ils n'étaient pas enclins à s'exprimer.

Grandpère Joachim, a peut-être été l'exception. Dans la peinture[2] de la page précédente, Joachim saisit l'occasion de nous envoyer un message. Ici, nous le voyons alors qu'il avait rassembler sa famille à ce temps (cinq fils et trois filles) et les a alignés pour la photo pendant qu'il tenait son plus jeune, George, dans ses bras. En regardant dans la lentille du photographe, il nous dit: « Voici mon trésor; ma famille et mon moulin. "

Grand-père Joachim et grand-mère Annie ont eu 14 enfants; un vrai trésor; leur partie de la onzième génération de la grande famille acadienne des Terriot. Les enfants sur la photo comprennent (droit à gauche) Rita, grand-mère Annie (qui se tient debout derrière Léanne), Léanne, Theodule, Dénis, Thaddée, Annette devant Félix, et George dans les bras de son père, Joachim.

JRT

---

[1] The basis for this painting of the Thérriault Mill of Baker Brook is a photo from the Photo Album "Paroisse St-Coeur de Marie" [Source: 39] of the Thérriault Mill taken in the summer of 1923. The curator for the album was Gaston Soucy. The photo is the only photo of the Thérriault Mill known to the researchers of the former Madawaska territory.

[2] La base de cette peinture du moulin Thérriault de Baker Brook est une photo de l'album photo « Paroisse St-Cœur de Marie » [Source: 39] du moulin Thérriault prise à l'été 1923. Le conservateur de l'album était Gaston Soucy. La photo est la seule photo du Moulin Thérriault connue des chercheurs de l'ancien territoire du Madawaska.

AUTHOR'S NOTE NOTE DE L'AUTEUR

After their eviction in 1755 from their homes and their farms in Acadia, some of the Acadians migrated to the Madawaska territory in 1785 in search of a new homeland[3]. Acadia had been their homeland since 1604. Among those settlers were the millers who would build and operate the mills that produced the construction lumber, ground their corn, wheat, oats, and buckwheat, and carded their wool. We will walk through their 200-year story and show how some of the mill families helped each other by passing on the technology of building and running mills in the St John valley.

'Moulins du Madawaska' tells the story of a few miller and sawyer settlers[4], who influenced the direction of the industry of the mills in the St John valley. We begin with an Acadian, Firmin Thibodeau and his father Olivier, who with François Violette and other Acadians built the first mills in the St John valley around 1790. Later, the two American brothers, Nathan and John Baker migrated from Moscow, Maine to build the first sawmill in 1817 on the Méruimticook River[5], in present-day Baker Brook, NB. We will progress our history of family mills through some of the key family mills in the valley on both sides of the river including the flourmill of Firmin Thibodeau, Paul Pothier, François Violette and Germain Saucier, Pierre Plourde's sawmill and later his

Après l'expulsion en 1755 de leurs chez eux et leurs terres de l'Acadie, certains Acadiens ont migré vers le territoire du Madawaska en 1785 cherchant un nouveau pays[6]. L'Acadie avait été leur pays depuis 1604. Parmi ces colons se trouvaient les meuniers qui bâtissaient et faisait marché les moulins qui produisaient le bois de construction, moulaient leur blé, leur avoine et leur sarrasin et cardaient leur laine. Nous allons parcourir leur histoire de 200 ans et montrerons comment certaines familles de moulins se sont aidées en partageant la technologie de construction et la marche de moulins dans la vallée du Haut Saint-Jean.

« Moulins du Madawaska » conte l'histoire de quelques pionniers « meunier »[7] et « scieur » qui ont influencé la direction de l'industrie des moulins dans la vallée St Jean. Nous commençons avec un Acadien, Firmin Thibodeau et son père Olivier, qui avec François Violette et d'autres Acadiens bâti les premiers moulins dans la vallée du Haut Saint-Jean vers 1790. Plus tard, les deux frères américains, Nathan et John Baker ont monté de Moscow, Maine pour bâtir le premier moulin à scie en 1817 sur la rivière Méruimticook[3], au Baker Brook contemporain. Nous ferons progresser notre histoire des moulins familials à travers quelques-uns des principaux moulins familials de la vallée des deux côtés de la rivière, y compris les moulins de Firmin Thibodeau, Paul Pothier, François Violette et Germain Saucier, la scierie de Pierre Plourde et

---

[3] The Terriot family perspective of that history is presented in my book: "DESTINATION: MADAWASKA" published in 2009 by the Société historique du Madawaska. A second edition was published in 2019 by the Terriot Acadian Family Society and is available on Amazon.com.

[4] A miller is one who can operate a flourmill while a sawyer is one who can operate a sawmill. While in other parts of the world millers and sawyers are distinguished from millwrights who can design and construct flourmills and sawmills. With the Acadians and French Canadians, millers and sawyers can do it all: design, construct and operate a flourmill, wool carding mill and sawmill.

[5] Geographic Coordinate: N47.300824 W68.512213

[6] La perspective de la famille Terriot sur cette histoire est présentée dans mon livre « DESTINATION: MADAWASKA » publié en 2009 par la Société historique du Madawaska. Une deuxième édition a été publiée en 2019 par la Société de la famille acadienne Terriot et est disponible sur Amazon.com.

[7] Un meunier est celui qui peut faire marcher un moulin à farine tandis qu'un scieur est celui qui peut faire marcher un moulin à scie. Alors que dans d'autres parties du monde, les meuniers et les scieurs se distinguent des constructeurs de moulins qui peuvent concevoir et bâtir des moulins à farine et à scie. En fait, avec les Acadiens et les Canadiens-Français, les meuniers et les scieurs peuvent tout faire: concevoir, bâtir et faire marcher un moulin à farine, un moulin à carder et un moulin à scie.

flour mill in St Jacques on the Iroquois River, the Nathan Baker mills in Baker Brook, and Daniel Savage in Fort Kent, and the Benoni and Regis Thériaults mills in St Basile, the nine Corriveau family mills in Caron Brook, Upper Frenchville, Grand Isle, Fort Kent and other places, and the mills of Séphirin Cyr of Saint François du Madawaska. We conclude with another Acadian, my great-grand-father Joseph Thérriault whose modest 'family mill' in Baker Brook eventually morphed into the giant Irving 'commercial mill' complex at that same location in Baker-Brook in 2019.

Our focus in 'Moulins du Madawaska' is on the mill families. So, we will examine Joseph's earlier life in St Jacques as a foster child and a mill apprentice and the story of his grand-uncle Pierre Plourde who was the first to introduce milling to Saint-Jacques around 1845. After some important improvements to the mill works by Pierre's son-in-law, David Rousseau, the operation of the mill was passed on to Pierre's grandsons, Philias Morneault and Charles Morneault in the hamlet of Moulin Morneault in Saint-Jacques.

In Volume Two of 'Moulins du Madawaska', we include the results of a survey of some 250 mills (many located with GPS coordinates) that were operating on both sides of the St John River from the St Francis River in St François du Madawaska to Grand Falls on the Canadian side and from St Francis to Van-Buren on the American side. The survey identifies the original builder and its operators which continue in a chronological history. The location, including possibly the geographic coordinates, along with a description of the mill is included.

It is an interesting turn of events that Baker Brook saw the early days of the milling industry in the region with Nathan Baker's mill, and later benefited from Donald Fraser's innovative and entrepreneurial strategy with two Fraser mills, and later yet, the Thérriault Mill of Baker Brook which in 2019 morphed into the J.D. Irving Scierie de Baker Brook, one of the largest and most productive commercial lumber mills in the province of New Brunswick.

Finally, we made a special effort to give this book its bilingual personality. The language that I use is not

plus tard son moulin à farine à St Jacques sur l'Iroquoise, les moulins de Nathan Baker à Baker Brook, et de Daniel Savage à Fort Kent, et les moulins de Benoni et Regis Thériaults à St Basile, de la famille des Corriveau à Caron Brook, Upper Frenchville, Grand Isle, Fort Kent et ailleurs, et de Séphirin Cyr de Saint François du Madawaska. Nous concluons avec un autre Acadien, mon arrière-grand-père Joseph Thérriault, dont le modeste 'moulin familial' a fini par se transformer en un complexe géant moulin 'commercial' d'Irving en 2019, à Baker-Brook.

En 'Moulins du Madawaska', nous mettons l'accent sur les familles de moulins. Ainsi, nous verrons la vie de Joseph Thérriault à St Jacques comme enfant nourricier et plus tard apprenti moulin et l'histoire de son grand-oncle Pierre Plourde qui fut le premier à présenter le moulin à Saint-Jacques vers 1845. Après quelques améliorations au moulin par le gendre de Pierre, David Rousseau, la marche du moulin fut passé aux petits-fils de Pierre; Philias Morneault et Charles Morneault au hameau du Moulin Morneault, à Saint-Jacques.

En le Tome Second de 'Moulins du Madawaska', nous incluons une enquête d'envers deux cent cinquante moulins (plusieurs situés avec des coordonnées géographique) qui marchaient au deux côtés de la rivière commençant de la rivière St Francis en St François du Madawaska, et descendant à Grand-Sault du côté canadien contemporain, et de St Francis aller à Van-Buren du côté américain contemporain. L'enquête identifie le constructeur d'origine et ses operateurs qui se poursuivent dans une histoire chronologique. La place, y compris les coordonnées géographiques, ainsi qu'une description du moulin sont inclus.

C'est un tour d'évènement intéressant que Baker Brook a vu le début de l'industrie dans la région avec le Moulin Baker, qui a ensuite bénéficié de la stratégie entrepreneuriale de Donald Fraser avec deux moulins et, plus tard, le Moulin Thérriault de Baker Brook, qui est devenu en 2019 le Irving Scierie de Baker Brook, l'une des plus grandes scieries commerciales.

Enfin, nous avons fait un effort particulier pour donner à ce livre sa personnalité bilingue. La langue que j'emploi n'est pas le français classique que nos lecteurs

the classical French that our readers from France or Québec would expect but is the French that our grandfathers and fathers from Madawaska would hopefully recognize. While the bilingual format of the book is a little more complicated, it reflects the bilingual culture of our family while encouraging us to 'brush up' on our native language of Madawaska.

~JRT

de France ou du Québec s'attendent, mais c'est le français que nos grands-pères et nos pères du Madawaska j'espère reconnaîtraient avec un peu de chance. De plus, le livre est un peu plus compliqué, mais il reflète la culture bilingue de notre famille tout en nous encourageant à « rafraîchir » notre langue maternelle du Madawaska.

~JRT

ACKNOWLEDGMENTS RECONNAISSANCES

This book was inspired by my great-grandfather, Joseph Thérriault, the sawyer and miller of Baker Brook. Born into a pioneer family during the Christmas season of 1858, he soon lost his mother, Christine Sophie Soucy when he was four years old. He and his sister, Claudia were raised by a loving cousin (once removed) Caroline Plourde and her husband, David Rousseau. It was a stroke of great fate for Joseph, that "le Capitaine" David Rousseau was a fine miller and builder of fine mills.

The idea for surveying the mills of the St John Valley emerged from discussions with Lise Pelletier, Director of the *Acadian Archives* at the University of Maine in Fort Kent, Hélène Martin, President of the *Société historique du Madawaska and* Jacques G. Albert, Chief Editor of the *Société historique du Madawaska*. From the beginning, the project was supported by the *Maine Acadian Heritage Council* and the Valley's historical societies beginning with Gordon Soucy of the *Greater Grand Isle Historical Society*, Carol Pelletier of the *St Francis Historical Society*, Chad Pelletier of the *Fort Kent Historical Society* and Joan Lévesque and the late Gaston Soucy of the *Société historique et culturelle de Baker Brook*.

I acquired my knowledge of the Theriault family history from my father, Theodule and my mother, Elsie who throughout their lives shared their knowledge and love of our family with their myriad stories and photographs. But secondly, I must credit my paternal aunts and uncles Georgette Thériault Cyr, Jeannine Thériault Lévesque, and George Thériault, for sharing their photo collections and their family histories. I love them dearly and will forever be grateful to them.

I owe much to my most generous and dear cousin (once-removed) Thérèse Martin Collin, (daughter of Frank and Delia Thérriault Martin of Edmundston)

Ce livre a été inspiré par mon arrière-grand-père, Joseph Thérriault, le scieur et meunier de Baker Brook. Né dans une famille de pionniers pendant les fêtes de Noel de 1858, il a plus tard perdu sa mère, Christine Sophie Soucy, alors qu'il avait quatre ans. Lui et sa sœur Claudia ont été élevés par une cousine (une fois enlevé) aimante Caroline Plourde et son mari, David Rousseau. C'était un coup de grand destin pour Joseph, que « le Capitaine » David Rousseau était un bon meunier et constructeur de moulins.

L'idée de faire ces recherches sur les moulins de la vallée du Haut Saint-Jean est née des discussions avec   Lise Pelletier, Directrice des *Archives Acadienne* à l'Université du Maine à Fort Kent, Hélène Martin, Présidente de la *Société historique du Madawaska*, et Jacques G. Albert, Rédacteur de la *Société historique du Madawaska*. Du commencement, le projet a été appuyé par le *Maine Acadian Heritage Council* et les liens historiques de la vallée, à commencer par Gordon Soucy de la *Société historique de Grand Isle*, Carol Pelletier de la 'St Francis Historical Society', Chad Pelletier de la « Fort Kent Historical Society » et Joan Lévesque et feu Gaston Soucy de la *Société historique et culturelle de Baker Brook*.

J'ai acquis ma connaissance de l'histoire de la famille Theriault de mon père, Theodule et ma mère, Elsie qui tout au long de leur vie me comptait leurs histoires. Mais deuxièmement, je dois remercier mes tantes Georgette Thériault Cyr et Jeannine Thériault Lévesque et mon oncle George Thériault d'avoir partagé leurs collections de photos et leurs histoires de notre famille. Je leur en serai toujours reconnaissant.

Je dois beaucoup à Thérèse Martin Collin, ma cousine (une fois enlevée) (fille de Frank et Delia Thérriault Martin) qui a attiré mon attention sur toute la connexion Morneault et qui m'a appris davantage sur le

who further educated me on the beautiful connection between the Theriault and the Morneault families. Adding more energy to the 'Theriault-Morneault Study' was another dear friend and third-cousin Marcia Theriault, great-grand-daughter of Marcel Theriault (Nashua, NH) who was a close friend and confidante to Sister Saint Charles, RHSJ (née Josephine Agathe Morneault). I am deeply sorry that Thérèse and Marcia were both deceased not long ago, and I miss their counsel and friendship. Our three-way telephone calls between Québec, Moncton and Boston were always high energy and absolute fun! It was Thérèse, a very dedicated schoolteacher, who reminded me of the words of poet William Wordsworth[8] who in this passage is speaking to our ancestors. He says:

*"...Thou hast left behind Powers that will work for thee,
There's not a breathing of the common wind that will forget thee..."*

His words are both a challenge and an inspiration; to think that we were left behind to speak on behalf of our ancestors!

Finally, I must acknowledge the assistance that I received from the Charles Morneault family over the ten years of this research. First from the late John Morneault (Major, RCAF retired), grandson of Charles and Pélagie Thérriault Morneault who provided the family history and the stories that make up our heritage. The connection with Lucie Anne Couturier Cormier which we highlight in this book (Volume I, Appendix I) was brought to my attention by John. Lucie Ann's prose so beautifully describes the life of a mill family. We lost John most recently and we miss him. But also, it was his niece Pauline, great-granddaughter of Pélagie who gave us access to the huge Morneault family photo collection and whose talent produced that wonderful painting of the *"Old Thérriault Mill of Baker Brook"* featured here in our book. And a final thanks to Louise Anne Roussell, great-grand daughter of Pélagie who so generously gave us access to Tante Pélagie's Photo Collection. We are indebted.

lien phénoménal entre la famille Thériault et la famille Morneault. Ma chère amie et cousine Marcia Theriault, arrière-petite-fille de Marcel Theriault (Nashua, NH), et amie spéciale et confidente de Sœur Saint Charles, RHSJ (née Joséphine Agathe Morneault), a ajouté plus d'énergie à la connexion. Je suis désolée que Thérèse and Marcia sont tous les deux décédés il n'y a pas longtemps, et je manque leurs conseils et leur amitié beaucoup. Nos appels par téléphones-à-trois entre Québec, Moncton et Boston ont été un plaisir absolu! C'est Thérèse, une institutrice très dévouée, qui m'a rappelé les paroles du poète William Wordsworth[9] qui dans ce passage s'adresse à nos ancêtres. Il dit:

« ... *Tu as laissé derrière toi des Puissances qui travailleront pour toi,
Il n'y a pas un souffle du vent commun qui t'oubliera...* »

Un défi et une inspiration; de penser que nous avons été laissés pour parler au nom de nos ancêtres!

Enfin, je dois reconnaître l'énorme aide que j'ai reçue de la famille Morneault au fil des dix années de cette recherche. D'abord de feu Jean Morneault (Major, RCAF retraité), petit-fils de Pélagie Thérriault et Charles Morneault qui a fourni l'histoire familial et les histoires qui composent notre patrimoine. Le lien avec Lucie Anne Couturier Cormier que nous mettons en évidence dans ce livre (Tome Premier, Annexe I) a été porté à mon attention par Jean. Nous avons récemment perdu Jean et ont le manque gravement. Mais aussi, c'était sa nièce Pauline, arrière-petite-fille de Pélagie qui nous a donné accès à l'immense collection de photos de la famille Morneault et dont le talent qui a produit cette belle peinture du « *Vieux Moulin Thérriault de Baker Brook* » présenté ici dans notre livre. Et un dernier merci à Louise Anne Roussell, arrière-petite-fille de Pélagie qui nous a si généreusement laissé avoir la collection de photos de Tante Pélagie. Nous sommes endettés.

L'une des ressources les plus importantes de ma recherche a été le travail de Roger P. Martin en son «

---

[8] From Wordsworth's "To Toussaint L'Ouverture", a sonnet written in 1770.

[9] Tiré de « To Toussaint L'Ouverture » de Wordsworth, un sonnet écrit en 1770.

A most significant resource to my research was Roger P. Martin's work in *"Moulins de Rivière Verte"*. (Source 56) Roger notes in his *Preface*,

"These ancient mills reflect the lives of our predecessors. We must study and pass on that history to all because a society must remain proud of its past."

I carried this thought throughout my work on this book as a torch to illuminate my work. Thank you, Roger! But again, he too has passed, and we miss him.

I am indebted to these historians and these generous members of our family who are so devoted to our Acadian and French-Canadian culture.

Finally, this work would not have been possible without the support of my dear Rosemary, my life friend, and my spouse forever. Her dedication to my work always endures.   *~JRT*

Moulins de Rivière Verte ». (Source 56) Roger note dans sa préface,

« *Ces moulins anciens sont un reflet révolu du passé de nos prédécesseurs. Il faut l'écrire, en parler et raconter cette histoire à tous, car un peuple doit rester fière de son passé.* »

J'ai porté cette pensée tout au long de mon travail sur ce livre comme une torche pour éclairer mon ouvrage. Merci Roger! Mais encore, lui aussi est passé et ont le manque.

Je suis endetté à ces historiens et à ces membres généreux de notre famille qui sont si dévoués à notre culture acadienne et canadienne-française.

Enfin, ce travail n'aurait pas été possible sans le soutien de ma chère Rosemarie, mon amie pour vie et mon épouse pour toujours. Son dévouement à mon travail endure toujours.   *~ JRT*

CONTENTS ❂ CONTENU

VOLUME ONE / TOME PREMIER:
A FEW HISTORIC FAMILY MILLS   ❂   QUELQUE MOULINS FAMILIALS HISTORIQUES

VOLUME TWO / TOME SECOND:
SURVEY OF HISTORIC MILLS   ❂   ENQUÊTE DES MOULINS HISTORIQUE

I. THE ACADIANS ARRIVE | LES ACADIENS ARRIVES

Figure 1-1. The first days of the new settlement in the Madawaska territory. [Source: 10, CDEM, PB1-16.]

Figure 1-1. Les premiers jours de la nouvelle habitation dans le territoire du Madawaska. [Source: 10, CDEM, PB1-16.]

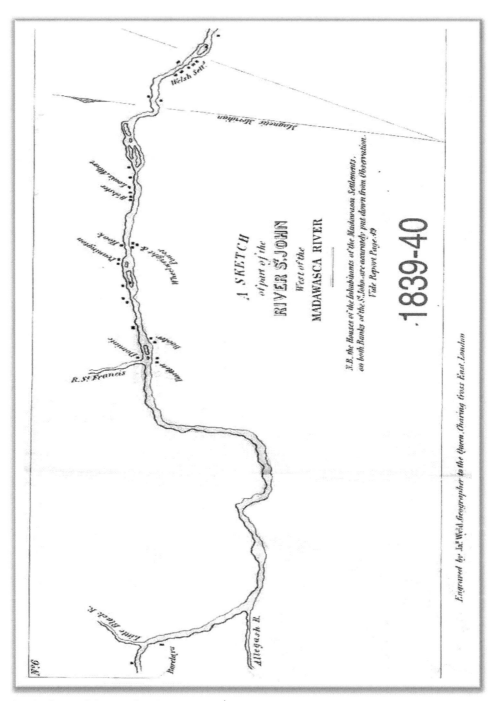

Figure 1-2a. Part 1. A Sketch of part of the St. John River in c.1839 west of the Madawaska River. [Source: 88, Upper St John]

Figure 1-2a. Partie 1. Dessins d'une partie de la rivière Saint-Jean en c.1839 à l'ouest de la rivière Madawaska. [Source: 88, 'Upper St John']

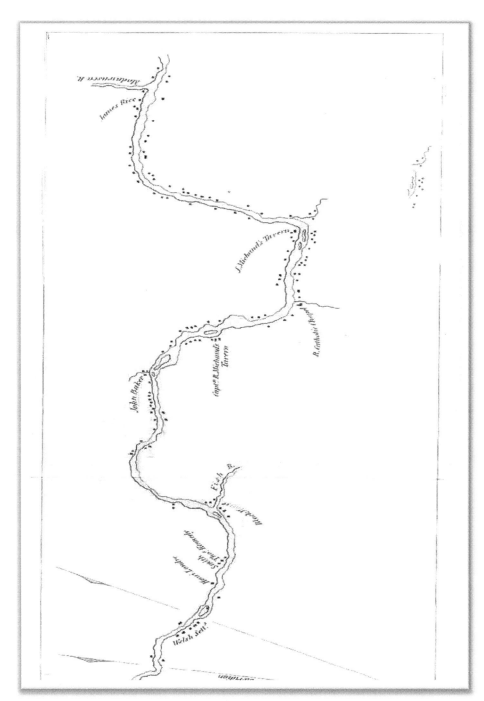

Figure 1-2b. Part 2. A Sketch of part of the River St. John in C. 1839 west of the Madawaska River. [Source: 88, Upper St John]

Figure 1-2b. Partie 2. Dessins d'une partie de la rivière Saint-Jean en C.1839 à l'ouest de la rivière Madawaska. [Source: 88, Upper St John]

Figure 1-3. A Madawaska family in front of their newly completed log home. [Source: 10, CDEM] | **Figure 1-3. Une famille Madawaskaïens** devant leur nouvelle maison en bois rond. [Source: 10, CDEM]

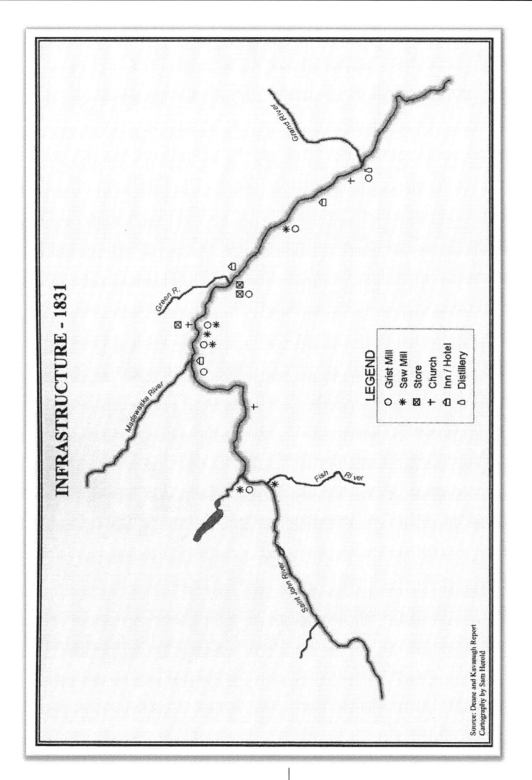

Figure 1-4. Map of Infrastructure of the Upper St John Valley in 1831 as surveyed by Deane & Kavanagh for the State of Maine. Cartography by Sam Herold. [Source: 76]

Figure 1-4. Carte de l'infrastructure de la vallée du Haut St Jean en 1831 telle que relevée par Deane & Kavanagh pour l'État du Maine. Cartographie par Sam Herold. [Source: 76]

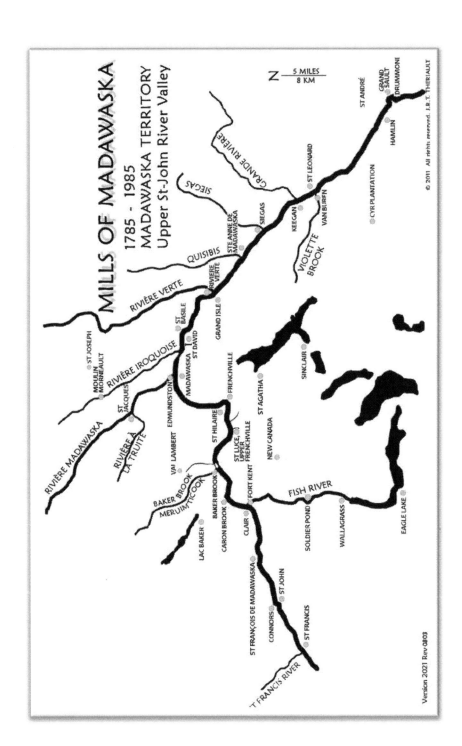

Figure 1-5. Map of the Upper St John Valley and the tributaries of the St John. © 2021 JRTheriault.

Figure 1-5. Carte de la vallée du haut Saint-Jean et des affluents du Saint-Jean. © 2021 JRTheriault.

I. THE ACADIANS ARRIVE | LES ACADIENS ARRIVES

Figure 1-6. Primitive folk art oil painting titled "*Arrival of Acadians on Madawaska River*" by Dan Lapierre. 2020. [Courtesy of Dan Lapierre].

Figure 1-6. Peinture à l'huile primitive d'art populaire intitulée "*Arrival of Acadians on Madawaska River*" par Dan Lapierre. 2020. [Courtoisie de Dan Lapierre].

THE ACADIANS ARRIVE   LES ACADIENS ARRIVENT

I.

On the arrival of the first Acadians in 1785 from the Lower St John River to the Madawaska territory, a few years would pass before the settlement would need mills of any kind. Upon arriving in the summer, the settlers' first concern was to mark their land, begin to clear their lands and set up some form of crude housing.

Some settled on the south shore of the St. John, near the cross they had erected in present-day St David upon their arrival. Others settled near the present-day Green River on the opposite side of the St. John River. (See Figure 1-5.)

Only four settlers settled on the north shore, two of them immediately down-river from the Malecite reserve, and the other two near the Iroquois River according to Father Thomas Albert. The most compact group, which could be called the nucleus of the colony, was a short distance from the present-day church of St. David.

The design of choice for their shelter was the log cabin as shown in Figure 1-1. There was plenty of standing timber. So, it was a matter of felling several trees and building an appropriate one-room cabin that would later be expanded to include additional rooms, and sheds.

At the same time, the settlers had to concern themselves with subsistence. After clearing a few acres of land and pulling the stumps, the land would be prepared for some gardens and small crops. Some basic vegetables were planted to begin providing for the

Quand les premiers Acadiens se sont arrivés au territoire du Madawaska du Bas Saint-Jean en 1785, quelques années sa passé avant que la colonie ait eu besoin de moulins d'aucune sortes. À leur arrivée en l'été, les habitants se préoccupaient avant tout, de marquer leurs terres, de commencer à défricher leurs terres et à mettre en place une forme de foyer primitif. Certains s'installèrent sur le bord sud du Saint-Jean, près de la croix qu'ils avaient érigée à Saint-David contemporain à leur arrivée. D'autres se sont installés près de la rivière Verte contemporain, de l'autre côté de la rivière Saint-Jean. (voir fig. 1-5)

Seulement quatre habitants se sont établis sur le bord nord, deux d'entre eux étant immédiatement en aval de la réserve des Malécites, et les deux autres près de la rivière Iroquoise selon le père Thomas Albert. Le groupe le plus compact, qui pourrait s'appeler le noyau de la colonie, était à une distance courte de l'église contemporain de St David.

Le dessein de choix pour leur abri était la cabane en billot comme montré en la figure 1-1. Il y avait beaucoup de bois. Donc, il s'agissait de couper plusieurs arbres et de bâtir une cabane appropriée d'une pièce qui serait plus tard élargi pour inclure des chambres supplémentaires et des petites sheds.

En même temps, les habitants devaient s'occuper pour leur subsistance. Après avoir défriché quelques arpents de terre et arraché les souches, la terre était préparée pour les jardins et des petites récoltes. Certains légumes ont été plantés pour commencer à fournir

settlers as soon as possible. The colonists planted potatoes and sowed a few acres of wheat. Most of the lowlands bordering the St. John River, were already covered with long grasses or wild hay and were ready for the livestock which would be brought from the southern St John River area in the autumn. According to Father Thomas Albert: "…For the first year, the crops were gathered and distributed according to the needs of each family. This community recalled the life of the first Christians." Hunting and fishing of course were ongoing to provide the proteins and nutrients necessary to keep the settlers healthy and strong year-round. Settlers fed on the meat of wild animals and fish that were abundant in the area.

In the autumn of 1786, the harvest was good, except for the wheat, which had been sown late and was mostly destroyed by the frost of September. To grind the wheat, two large mill stones were manually turned against each other to grind their crops.

At the time of Father Albert's writing in 1919, he said "Two of these millstones still exist at Saint-Basile. A third is in Saint-Leonard, owned by Mr. Francis Violette, who, as a true patriot, gives the millstones the place of honor in his living room… A few years passed before mills could be built."

In the fall of 1787, there were more than twenty log houses in the St John Valley to mark the homes and the advancing settlement in Madawaska.

The settlers' homes were anything but luxurious. The construction was primitive simply because they did not have the proper tools and materials to build anything better. They were made of round logs, caulked with moss, and covered with birch bark.

It was only later that we saw houses built with dovetailed large, squared pine pieces. The log homes consisted of one room with at most two windows, overlooking the south. The windows were covered with canvases in the winter. In the center of the room was the hearth topped with a fireplace whose stones were cemented together by a kind of mortar made of clay. These fireplaces, which adapted well to cook food and give light in the evening, had the disadvantage of burning a lot of wood and giving little heat. However,

aux habitants dès que possible. Les habitants ont planté des pommes de terre et ont semé quelques arpents de blé. La plupart des basses terres sur les 'platins' de la rivière Saint-Jean étaient déjà recouvertes de longues herbes ou de foin sauvage et étaient prêtes pour les animaux qui serait amené à l'automne d'Écoupag du Bas Saint-Jean. Selon le père Thomas Albert: "... Pour la première année, les récoltes ont été rassemblées et distribuées en fonction des besoins de chaque famille. Cette communauté de biens rappelle la vie des premiers chrétiens." La chasse et la pêche étaient bien sûr en cours pour fournir les protéines et les nutriments nécessaires pour garder les habitants en bonne santé pour toute l'année. Les habitants se nourrissaient de viande de la chasse et de poissons abondants dans la région.

À l'automne de 1786, la récolte était bonne, sauf pour le blé, qui avait été semé trop tard et est détruit par la gelée de septembre. Pour broyer le blé, deux grosses meules de moulin ont été tournées manuellement l'une contre l'autre pour broyer leurs récoltes.

À l'époque de l'écriture du père Albert, il dit « Deux de ces meules existent toujours à Saint-Basile. Une troisième est à Saint-Léonard, propriété de M. Francis Violette, qui, en véritable patriote, garde la meule à l'honneur dans son salon. Plusieurs années ont passé avant que les moulins puissent être construites. "

À l'automne de 1787, il y avait plus de vingt cheminées dans la vallée du Haut Saint-Jean pour marquer les maisons et l'établissement avancé du Madawaska.

Les maisons des habitants n'étaient pas luxueuses. La construction était primitive simplement parce qu'ils n'avaient pas les outils et matériaux appropriés. Ils étaient faits de morceaux de bois ronds, calfatés de mousse et recouverts d'écorce de bouleau.

Ce n'est que plus tard que nous avons vu des maisons construites avec des queues d'aronde et faites de gros morceaux de pin équarri. Les maisons de bois se composaient d'une pièce avec au plus deux fenêtres, surplombant le sud. Les fenêtres étaient fermées en hiver par des toiles. Au centre de la pièce était le foyer surmonté d'une cheminée dont les pierres étaient cimentées par une sorte de mortier en argile. Ces cheminées, bien adaptées pour cuisiner et éclairer le soir, avaient

these homes were the only ones used by all settlers; poor or otherwise.

The furniture was also quite simple: a table, benches, two or three chairs, some beds for the elderly and the heads of families. The children slept well in beds, sort of bed-benches that were opened in the evening and that closed during the day. Table utensils, spoons, knives, forks, bowls were usually made of wood.

But it would take a few years of clearing land before the settlers would have enough acreage to plant crops that would demand the flourmill[10].

l'inconvénient de brûler beaucoup de bois et de donner peu de chaleur. Cependant, ces maisons étaient les seules utilisées à la fois par toutes les familles; à l'aise et pauvres.

L'ameublement était également très simple: une table, des bancs, deux ou trois chaises, des lits pour les personnes âgées et les chefs de famille. Les enfants dormaient bien dans des lits, sorte de banquettes ouvertes le soir et fermées pendant la journée. Il serait impardonnable d'omettre la « dépendance », qui a complété l'ameublement des familles aisées de l'époque. Les outils de table, les cuillères, les couteaux, les fourchettes et les bols étaient généralement faits de bois.

Mais il faudrait quelques années de défrichage avant que les habitants aient assez d'arpentage pour planter des cultures qui exigeraient le moulin à farine.

---

[10] We use the word 'flourmill' in preference to the word 'gristmill' because of its usage in the Madawaska region and elsewhere. The French word in that area for 'flourmill' is 'moulin à farine'. In English-speaking areas in Canada and the United States, the word 'gristmill' is used.

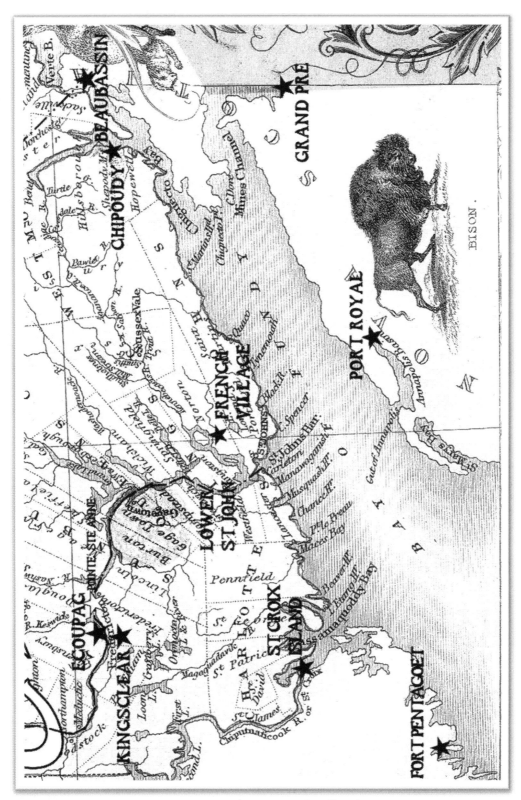

Figure 2-1. Acadia and Lower St John in 1851. [Source: 136, "1851 East Canada and New Brunswick Map"]

Figure 2-1. L'Acadie et le Bas St Jean en 1851. [Source: 136, "1851 East Canada and New Brunswick Map"]

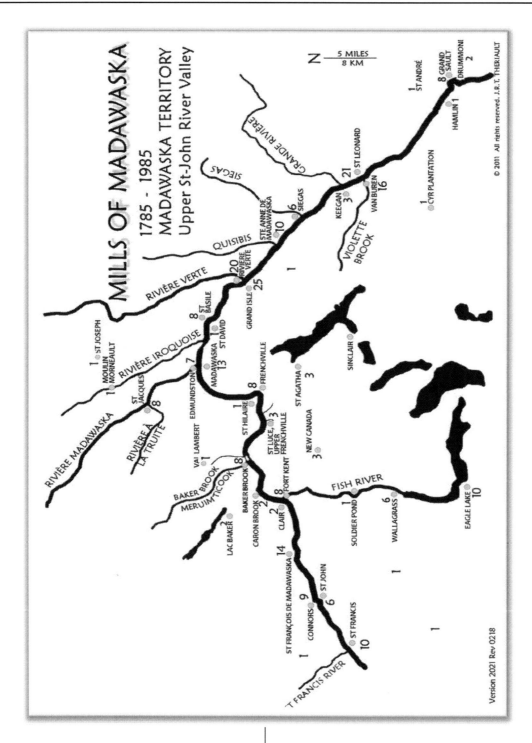

Figure 2-2. Mills of Madawaska, 1785 to 1985. Map of the valley of the upper Saint-John River and of the mills that served the settlers and the industrialists. The number of mills that existed during the years of 1785 to 1985 and their general locations is presented in this map. Our survey counts about 250 mills. © 2021 JRTheriault.

Figure 2-2. Moulins du Madawaska, 1785 to 1985. Carte de la vallée du haut Saint-Jean et des moulins qui ont servi les pionniers et les industriels. Le nombre de moulins qui ont existé pendant les années 1785 à 1985 et leur places générales sont indiqué en cette carte. Notre enquête compte environ 250 moulins. © 2021 JRTheriault.

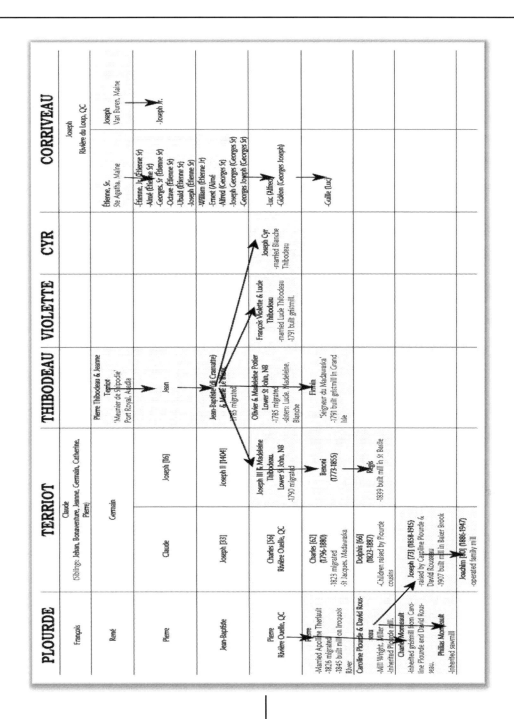

Figure 2-3. *"Mill Technology Transfer in the St John Valley"* identifies some of the settlers (shaded cells) who were responsible for bringing mill technology to the St John Valley. One of the key families was the Thibodeau family followed to a lesser degree by the Corriveau and Plourde families. © 2021 JRTheriault.

Figure 2-3. « *Le transfert de la technologie des moulins dans la vallée du Haut Saint-Jean* » identifie certains des habitants (cellules ombragées) qui étaient chargés d'apporter la technologie des moulins à la vallée St Jean. L'une des familles principales était la famille Thibodeau suivie à un moindre degré par les familles Corriveau et Plourde. © 2021 JRTheriault.

Figure 2-4. Miller's Children in 1926. The Thériault children in front of the family mill in 1926. The sawmill was on the left side of the mill building while the flourmill was in the buildings on the right. [Source: 117, Jeannine Thériault Lévesque Collection].

Figure 2-4. Enfants du Meunier en 1926. Les enfants Thériault devant le moulin de la famille en 1926. Le moulin était dans le côté gauche des bâtisses du moulin tandis que le moulin à farine était dans les bâtisses à droite. [Source: 117, Collection Jeannine Thériault Lévesque].

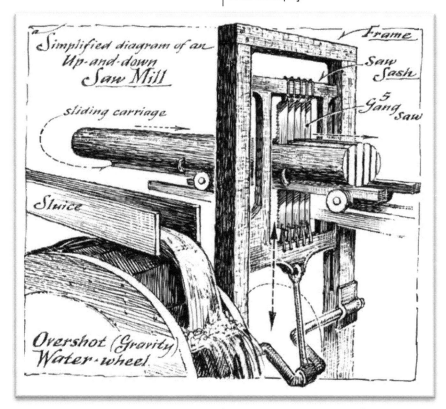

Figure 2-5. Beautiful drawing by Eric Sloane showing in background a Frame 'Up and Down' Sawmill with five ganged saw blades and in foreground: Overshot waterwheel. This was the principal tool for sawing wood prior to 1870 when the circular saw was first used in the St John Valley. [Source: 125, Eric Sloane.]

Figure 2-5. Beau dessin d'Éric Sloane montrant en arrière, une scie à cadre « montante et descendant » avec cinq lame et en avant: une roux à eaux 'Overshot'. C'était le principal outil de sciage du bois avant 1870, lorsque la scie circulaire a été utilisée pour la première fois dans la vallée St Jean. [Source: 125, Eric Sloane.]

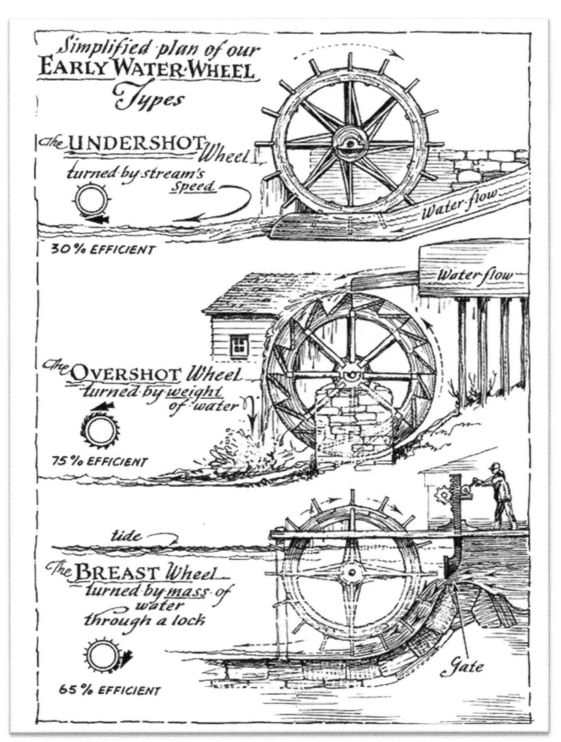

Figure 2-6. Waterwheel Designs. Beautiful sketch by Eric Sloane which illustrations the undershot, overshot, and breastshot waterwheels, respectively. For the breastshot, the miller is opening a gate in the dam which allows water to flow into the bottom part of the waterwheel. Note the efficiencies of each design. [Source: 125, Eric Sloane.]

Figure 2-6. Conceptions de roue à eau. Belle esquisse de Eric Sloane qui nous montre la roue sous-dépassement, sus-dépassement, de poitrine, respectivement. Pour la roue de poitrine, le meunier ouvre une porte dans le barrage qui permet l'eau de s'écouler dans la partie basse de la roue à eau. Notez l'efficacité de chaque conception. [Source: 125, Eric Sloane.]

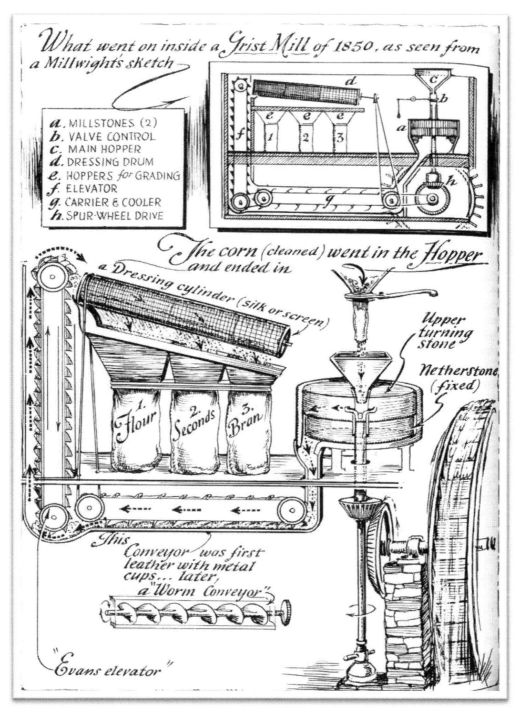

What went on inside a Grist Mill of 1850, as seen from a Millwright's sketch

a. MILLSTONES (2)
b. VALVE CONTROL
c. MAIN HOPPER
d. DRESSING DRUM
e. HOPPERS for GRADING
f. ELEVATOR
g. CARRIER & COOLER
h. SPUR-WHEEL DRIVE

The corn (cleaned) went in the Hopper and ended in

a Dressing cylinder (silk or screen)

Upper turning stone

Netherstone (fixed)

1. Flour   2. Seconds   3. Bran

This Conveyor was first leather with metal cups... later, a "Worm Conveyor"

"Evans elevator"

Figure 2-7. The Flourmill Tooling. This beautiful sketch by **Eric Sloane** illustrates the milling process for any kind of flour and bran. The nomenclature of each part is also documented. The process begins by hoisting the grain to the top floor, typically the 3rd floor. From there, the grain is dropped to the millstones, ground, and carried up to a dressing cylinder to be sifted in each category of product: flour, seconds, or bran. [Source: 125, Eric Sloane.]

Figure 2-7. L'outillage du moulin à farine. Cette belle esquisse de **Éric Sloane** nous montre le procès de mouture de tout sorte de farine et de son. Le nom de chaque pièce est également montré. Le procès commence par lever le grain au haut étage, généralement au 3e étage. De là, le grain est déposé sur les meules, broyé et porté à un cylindre de dressage pour être tamisé dans chaque catégorie de produit : farine, seconde ou son. [Source: 125, Eric Sloane.]

Figure 2-8. Typical Flourmill Configuration and Operation. Bags of grain are brought into the 1st floor of the mill (A) and hoisted to the 3rd floor (B). Bags are emptied into the Grain Bin at (1). Grain then empties into the Millstone Bin at 2 and eventually enters the Millstone (3) where the grain is ground. The ground product leaves the Millstone and goes through a sifting process (4) and is dropped into different bags as fine flour, seconds, or bran. (5 Not fully illustrated) Shown at D is a millstone that has been 'dressed' and waiting to be installed in the mill. [Source: Graphic from public domain.]

Figure 2-8. Configuration et fonctionnement typiques du moulin à farine. Des sacs de grain sont apportés au 1er étage du moulin (A) et levés au 3ème étage (B). Les sacs sont vidés dans le bin à grains à (1) Le grain se jette ensuite dans le bin de la meule à 2 et pénètre finalement dans la meule (3) où le grain est moulu. Le produit moulu quitte la meule et passe par un procès de tamisage (4) et est déposé dans différents sacs comme la farine fine, secondes ou son. (5 Pas entièrement illustré) Montré à D est une meule qui a été « dressé » et attente son tour pour être installé dans le moulin. [Source : Graphique du domaine public.]

THE FAMILY MILL LE MOULIN FAMILIAL

2.

Before we talk about the family mills of Madawaska, it would be appropriate to remember Father Thomas Albert's words a hundred years ago in 1920 in his "Histoire du Madawaska[11]" about those mills. Here he is.

"The first flour mills were built around 1800. They were first installed on streams, following the model of the old mills in Nova Scotia and Baie-Française. The first, perhaps, of these mills was built, at Saint-Basile, by Paul Pothier, 'Paul à Marie-Jos' or Marie-Jos' Paul, as the first elders use to say. Another mill was in Saint-David, the work and property of Louis Gatté, dit Bellefleur, dit l'Oiseau. François Cormier became the first miller from Grande Isle, François Violette, from Grande-Rivière. The Violette mill was built on the Violette stream which the Americans have long called Violet Brook, former name of Van-Buren, today the metropolis of American Madawaska. Minain Cyr knew how to run his mill, but not too fast, on the currents of the Crock river, at Saint-François, and Germain Saucier crushed buckwheat for the district of Chautauqua. (present-day Frenchville)

Capitaine Firmin Thibodeau, grandson of the 'Seigneur' Miller of Shépody, bought François Cormier's mill in Grande-Isle and made the mill undergo so many successive improvements that he ended up de-

Avant qu'on parle du moulin familial du Madawaska, ont devrait se souvenir des mots de cent ans passé en 1920, du père Thomas Albert dans son « Histoire du Madawaska[14] » sur le thème de ces moulins. Le voici.

« Les premières meuneries furent construites vers 1800. On les installa d'abord sur les ruisseaux, d'après le modèle des anciens moulins de la Nouvelle Ecosse et de la Baie-Française. Le premier, peut-être, de ces moulins fut construit, à Saint-Basile, par Paul Pothier, Paul à Marie-Jos, comme disent encore les vieux d'en premier. Un autre moulin se trouvait à Saint-David, œuvre et propriété de Louis Gatté, dit Bellefleur, dit l'Oiseau. François Cormier devint le premier meunier de la Grande Isle, François Violette, de la Grande-Rivière. Le moulin de Violette fut bâti au ruisseau des Violette que les Américàins ont longtemps appelé Violet Brook, ancien nom de Van-Buren, aujourd'hui la métropole du Madawaska américain. Minain Cyr faisait aller son moulin, pas trop vite, au courant de la rivière des Crock, à Saint-François, et Germain Saucier écrasait le blé noir pour le district de Chautauqua (Ed : Frenchville contemporain).

Le capitaine Firmin Thibodeau, petit-fils du Seigneur-meunier de Shépody, acheta le moulin de François Cormier à la Grande-Isle et lui fit subir tant de transformations successives qu'il finit par livrer de la

---

[11] 'Histoire du Madawaska' was written by Father Thomas Albert. His work was based on the historic research conducted by State of Maine Senator Patrick Therriault of Van-Buren, Maine and on a set of notes written by Prudent L. Mercure of Edmundston, NB. Senator Therriault was the son of Vital and Madeleine Morneault of St Basile and the great-grandson of Joseph III Theriault [1408] one of the first Theriault settlers of St. Basile in 1790.

[14] « Histoire du Madawaska » a été écrite par le père Thomas Albert. Son travail était basé sur la recherche historique effectuée par le sénateur Patrick Therriault de Van-Buren, Maine et sur un ensemble de notes écrites par Prudent L. Mercure d'Edmundston, NB. Le sénateur Therriault était l'arrière-petit-fils de Joseph III Theriault [1408] l'un des premiers pionniers Theriault de St. Basile en 1790.

livering the finest white flour to his customers. Capitaine Régis Thériault did the same in Saint-Basile. It was the age of the millstones in Madawaska.

We believe that the first sawmill erected in the region was that of Nathan Baker on the river that bears his name.

Some citizens who had already acquired wealth: such as Capitaine Thibodeau, who arrived in 1789, and who, at the time of which we are speaking, was known as Lord of Madawaska. He occupied large farms some distance southeast of the Green River. His home, like the old farmhouses of Normandy, was open to all those who were looking for work, like all foreigners and travelers. The "great lord," as they liked to call him, had provisions for all, and his hospitality was proverbial. Immensely popular, honest, and playful, he attracted everyone. It is reported that one day, after having paid for all his household items, he brought his chief farmer to him and told him to double the ration of food, the currency of the time. On the foreman's remark that all the wages had been paid, "Go," he said, "and fill all the bags well: I've welcomed a tenth heir since this morning."

This is one of the characteristic features of this Christian sociologist, who nonetheless became one of the richest cultivators in the province. Its stables included twenty-five milk cows, eight draft horses, one hundred and fifty sheep and more pigs. He was the man of letters of his time, which is to say, he knew how to read and write, the merchant of his district, the banker of the whole country..."

One hundred years after Father Albert wrote these words, we will take a second look at that ancient mill culture that the Acadians and French Canadians brought with them. Hopefully, we will better understand the role that it played in advancing the lives of those settlers that were caught up in an on-going diaspora.

The first mills in the Madawaska territory were built by the Acadians who came here from the Lower St John around present-day Fredericton, in 1785 and later. (See Figure 2-1) The purpose of those mills was to provide a service for the families and farmers of local villages.

farine blanche à ses clients. Le capitaine Régis Thériault en fit autant à Saint-Basile. C'était l'âge des meules au Madawaska.

Nous croyons que la première scierie érigée dans la contrée fut celle de Nathan Baker sur la rivière qui porte son nom.

Quelques citoyens avaient déjà acquis de la fortune: telle capitaine Thibodeau, arrivé en 1789, et qui, à l'époque dont nous parlons, était connu sous le nom de Seigneur du Madawaska. Il occupait de vastes fermes à quelque distance au sud-est de la rivière Verte. Sa demeure, semblable aux anciennes métairies de la Normandie, était ouverte : tous ceux qui cherchaient de l'emploi comme à tous les étrangers et les voyageurs. Le " grand seigneur," comme on se plaisait à l'appeler, avait provisions pour tous, et son hospitalité était proverbiale. D'une grande popularité, honnête et enjoué, il attirait tout le monde. On rapporte qu'un jour, après avoir payé tous ses domestiques, il fit venir à lui son fermier en chef et lui dit de doubler la ration de farine, la monnaie du temps. Sur la remarque du contremaître que tous les salaires avaient été payés, "Va, dit-il, et remplis bien tous les sacs: j'ai un dixième héritier depuis ce matin.

C'est là un des traits caractéristiques de ce sociologue chrétien, qui n'en devint pas moins l'un des plus riches cultivateurs de la province. Ses étables comptaient vingt-cinq vaches à lait, huit chevaux de trait, cent-cinquante moutons et des porcs en plus grand nombre. Il était l'homme de lettres de son temps, c'est-à-dire qu'il savait lire et écrire, le marchand de son arrondissement, le banquier de tout le pays... »

Cent ans après que le père Albert eut écrit ces mots, nous reviendrons une fois de plus sur cette ancienne culture de moulin que les Acadiens et les Canadiens-Français ont apportée avec eux. Avec un peu de chance, nous comprendrons mieux le rôle qu'elle a joué pour avancer la vie des habitants pris dans une diaspora en cours.

Les premiers moulins du territoire du Madawaska ont été construits par les Acadiens venus du Bas Saint-Jean autour de Fredericton contemporain, en 1785 et après. (voir figure 2-1.) Le but de ces moulins était de fournir

Each mill was owned and operated by a family. In general, the mill provided a service either for sawing lumber or milling flour or carding wool or some combination of those three. The specific requirements of the customized service were given by the customer. For construction lumber, the customer would specify the size, length, shape, finish, and quantity of the lumber. For flour, the customer would specify the type, grade, and quantities, and for wool, the customer would specify the quantity. It is because of this aspect of the customized service that these mills are classified by some researchers as "CUSTOM" mills. While it is true that most mills were open to the various specifications of their customer, many family mills are not. They made a product and often made it available to their neighbors and other farmers in the surrounding area. For this reason, we will classify these mills as "FAMILY" mills rather than "CUSTOM" mills.

Later, in the early 1800's, industrialists from outside the territory invested in and constructed commercial mills to produce certain product(s) which were exported to national or international markets. With few exceptions, a commercial mill was tooled to produce a limited set of products in high quantities.

Mill Classifications…

Over the two hundred years from 1785 until 1985, about 250 mills have operated in the St John valley as shown in Figure 2-2. The mills fell into one of two classes: (1) FAMILY mills and (2) COMMERCIAL mills.

Of the 250 mills, about 60 were COMMERCIAL mills and about 190 were FAMILY mills.

In this chapter, we will focus on the family mills which were owned and operated by a family. Our Survey of the mills of the St John Valley in Volume Two lists all mills whether "FAMILY" or "COMMERCIAL".

Mills are also classified as to its source of power, either (1) wind, (2) waterwheel, (3) water turbines, (4) steam, (5) internal-combustion engine or (6) electricity. With one possible exception[12], there were no wind-powered mills in the St John valley. The first mills in the St John

un service aux familles et aux fermiers des villages locaux. Chaque moulin appartenait à une famille qui le faisait marché. En général, le moulin fournissait un service soit pour le sciage de bois, le moudre de farine ou le cardage de laine, soit une combinaison des trois. Les exigences spécifiques du service sur commande ont été fournies par le client. Pour le bois de construction, le client spécifierait la taille, la longueur, la forme, la finition, et la quantité du bois. Pour la farine, le client précisera la sorte, la qualité, et les quantités, et pour la laine, le client précisera la quantité. C'est en raison de cet aspect du service personnalisé que ces moulins sont classés par certains chercheurs comme moulins « SUR MESURE ». S'il est vrai que la plupart des moulins était ouvertes aux diverses spécifications de leur client, de nombreux moulins familiaux ne le sont pas. Ils fabriquent un produit et le mettent souvent à la disposition de leurs voisins et d'autres cultivateurs des environs. Pour cette raison, nous classerons ces moulins comme moulins « FAMILIALS ».

Plus tard, au début des années 1800, industriels de l'extérieur du territoire ont investi et construit des moulins commerciaux pour produire certains produits de bois qui étaient exportés vers les marchés nationaux ou internationaux. À quelques exceptions près, un moulin commercial était outillé pour produire un ensemble limité de produits en grandes quantités.

Classifications du moulin…

Au cours des deux cents années, de 1785 à 1985, 250 moulins était en marche dans la vallée du Haut Saint-Jean, comme montré en la figure 2-2. Donc, les moulins appartenaient à l'une de deux catégories suivantes: (1) les moulins FAMILIALS et (2) les moulins COMMERCIALS.

De les 250 moulins, 60 étaient commercial et 190 étaient familial.

Dans ce chapitre, nous nous allons parlez des moulins familials dont la plupart appartenait à une famille qui faisait marcher le moulin. Notre registre sur les moulins de la vallée du Haut Saint-Jean dans le tome second

---

[12] Certain sources suggest that "the Captain" Firmin Thibodeau in contemporary Grand Isle may have built his mill as a windmill. No evidence has been found to confirm this suggestion.

valley, were powered by waterwheels. While there were many exceptions, the waterwheel would typically require building a dam on a brook or small river to raise the level of water for the mill to create a 'head'[13] of water sufficient to drive the waterwheel. The waterwheel limited the mill to operate only during late spring, summer, and early fall seasons. Also, the speed and power of the mill was limited.

There were several waterwheel designs that could be used depending on the size and topology of the brook that the mill was built on. In the 'overshot' waterwheel, water flows from a sluice to the top of the wheel as shown in Figure 2-6 above. Other water-wheel designs include the 'undershot' wheel, the 'breast shot' wheel where the water hits under the wheel or halfway up.

In the late 1800's, the waterwheel in the St John valley was replaced by the cast iron water turbine which allowed the mill to operate during the winter months. Also, the iron turbine produced higher speeds and greater horsepower.

Around the turn of the 20th century, the steam engine was introduced in the St John valley which allowed year-round operation, greater speeds, and horsepower. Also, the mill was not required to be built close to a brook or river.

Around the 1920s and later, the internal-combustion engine was brought in to replace the steam engine which was often the source of fire that destroyed many mills. Finally, in the late 1940's, electric motors were introduced to replace the gasoline internal-combustion engines. These continue to be used to this day.

Finally, family mills are classified as to their products: sawmills, flourmills, and wool-carding mills. Sawmills were tooled to produce lumber for various purposes including construction, shingle, latting (for plaster wall construction), textile spools and pulpwood for paper. Prior to 1870, sawmills typically used frame 'up and down' saws with one or more gang blades. The circular saw was introduced by Michel Martin in his sawmill (MILL 109) in Grand Isle in 1870. A final improvement

listes tous les moulins, qu'ils soient 'FAMILIAL' ou 'COMMERCIAL'.

Aussi, les moulins sont classés tant qu'à leur source de pouvoir, soit (1) au vent, (2) roue à eau, (3) turbine à l'eau, (4) vapeur, (5) moteur ou (6) électricité. À une exception possible[15], il n'y avait pas de moulin au vent dans la vallée Saint-Jean. Les premiers moulins de la vallée marchaient par des roues à eau. Bien qu'il y ait de nombreuses exceptions, la roue à eau nécessitait généralement la construction d'un barrage sur un ruisseau ou une petite rivière pour lever le niveau d'eau du moulin afin de créer une pression d'eau suffisante pour pousser la roue à eau. La roue à eau limitait le moulin à marcher seulement de la fin du printemps, l'été, et le début de l'automne. De plus, la vitesse et le pouvoir du moulin était limitée.

Plusieurs modèles de roues à eau pouvaient être utilisés selon la taille et la topologie du ruisseau sur lequel le moulin était construit. Dans la roue à eau « sus-dépassement », l'eau s'écoule d'une écluse vers le haut de la roue, comme montré en la figure 2-6. Parmi les autres conceptions de roues à eau, disons la roue « sous-dépassement », la roue « de poitrine » où l'eau frappe dans la partie de la roue commençant sous la roue allez au milieu de la roue.

À la fin des années 1800, la roue à eau a été remplacée dans la vallée St Jean par la turbine à l'eau en fonte qui a permis au moulin de marcher pendant les mois d'hiver. De plus, la turbine produisait des vitesses plus élevées et une plus grande puissance.

Vers le début du 20e siècle, la machine à vapeur a été introduite, ce qui a permis opération toute l'année, des vitesses, et une puissance plus élevée. De plus, il n'était pas nécessaire que le moulin soit construit près d'un ruisseau ou rivière.

Vers les années 1920 et plus tard, le moteur a été introduit pour remplacer la machine à vapeur qui était souvent la source d'un feu qui a détruit de nombreux moulins. Enfin, à la fin des années 1940, des moteurs électriques ont été introduits pour remplacer les moteurs à

---

[13] To convert head of water into psi of pressure, divide the measured feet of water by 2.31. Alternatively, to convert a water pressure into head of water in feet, multiply the pressure in psi by 2.31.

[15] Certaines références suggèrent que « le Capitaine » Firmin Thibodeau dans Grand Isle contemporain pourrait avoir construit son moulin comme moulin à vent. Aucune preuve n'a été trouvée confirmant cette suggestion.

was made around 1900 with the band saw with one or both sides having cutting teeth. The Donald Fraser mill in Baker Brook used a 20-foot bandsaw blade that was more than 12 inches wide.

Flourmills were tooled with one or more pairs of millstones with each stone set for different varieties of milling for flour, meal, or some other product. Wool-carding mills were tooled only to card and comb wool.

Developing and Teaching Mill Technology...

So, it is easy to see that the technology involving mills dealt with physics, mechanics, properties of materials and other sciences to design, construct, operate and maintain the mill. This technology was a well-kept secret going back to the guilds of the medieval period where a man would apprentice under a master millwright or miller. Sharing these secrets with others jeopardized the ability of millers to earn a living.

With all its pulleys, axles and straps, the mill although very modest, was complicated. Designing a waterworks that produces enough horsepower to drive a single works of the mill (e.g., saw, flourmill or wool carding mill) is complicated. Building a mill to accommodate two or three works (e.g., sawmill, flourmill, carding mill) is obviously more so. It requires the knowledge of some physics, both statics, dynamics and fluids, and a knowledge of geometry and math to determine the size and design of the pulleys, gears, etc. that the mill will need.

As the industry moved away from waterpower and the wooden mechanisms to using iron tooling and steel, steam and electricity, the technology became even more complicated because higher speeds and pressures were involved.

So, the question is, how were the Acadians and French Canadians able to build and upgrade their mills without this knowledge?

For their generation and those of their ancestors, there were two problems: First, as given by Father Thomas Albert, only a small percentage of the Acadians and French-Canadians were literate at least until the early 20th century. Many never went to school. Secondly,

combustion interne à essence. Celles-ci continuent d'être utilisées à ce jour.

Enfin, les moulins familials sont classés selon leurs produits: scieries, moulins à farine et moulins à carder la laine. Les scieries ont été outillées pour produire du bois à diverses fins, notamment construction, bardeaux, de la latte (pour la construction de mur en plâtre), bobines textiles et bois à pâte pour le papier. Avant 1870, les scieries utilisaient généralement des scies à cadre montante et descendante avec une ou plusieurs lames. La scie circulaire a été introduite par Michel Martin dans son moulin à scie (MILL 109) à Grand Isle en 1870. Une dernière amélioration a été apportée vers 1900 avec la scie à ruban à un ou deux côtés ayant des dents coupantes. Le moulin Donald Fraser de Baker Brook utilisait une lame de scie à ruban de 20 pieds qui était plus de 12 pouces de large.

Les moulins à farine ont été outillés avec une ou plusieurs paires de meules, chaque paire étant réglée pour différentes variétés de mouture de farine, ou d'un autre produit. Le moulin à carder de la laine étaient conçus uniquement pour le cardage et le peignage de la laine.

Développer et enseigner la technologie du moulin...

Ainsi, c'est facile de voir que la technologie impliquant des moulins traite de la physique, de la mécanique, des propriétés des matériaux et d'autres sciences pour concevoir, bâtir, faire marcher et entretenir le moulin. Cette technologie était un secret bien gardé remontant aux guildes de la période médiévale où un homme apprenait sous la direction d'un maître-mécanicien ou d'un meunier. Partager ces secrets avec d'autres compromettait la capacité des meuniers pour gagner leur vie.

Avec toutes ses poulies, essieux et sangles, le moulin, bien que très modeste, était compliqué. Il est compliqué de démanteler un moulin d'eau produisant suffisamment de chevaux pour conduire un seul outillage du moulin (par exemple scie, moulin à farine ou moulin à carder la laine). La construction d'un moulin pour accueillir deux ou trois outils l'est évidemment davantage. Il faut des connaissances en physique, à la fois en statique, en dynamique et en fluides, et une connais-

even for those who were literate, there was no documentation to record the design rules and the tables of parameters for the different types of mills. So, how did they learn mill technology and who taught them?

Trade Guilds...

During the medieval period in Europe, trade guilds were used to regulate the industries for constructing and operating mills. Builders of mills were known as millwrights while the operators of mills were called millers. Each trade had its separate guild to maintain the rules, regulations and procedures that were necessary to build and operate mills so that the mills would be safe and would produce a quality product for the customers.

The trades were organized into three skill levels: the highest skill level was that of the master. They were the experts who taught the apprentices who were lowest skill level, on the rules, regulations, procedures, and methods for the trade. Five, six years later and sometimes longer, an apprentice would complete his studies and practical work under a master. The master awarded the apprentice a certification or license to promote the apprentice to the second skill level: the journeyman. The journeyman was able to work for anyone on his own. There were also provisions and prerequisites for promoting a journeyman to a master.

As we advanced to the 17th century, the organization of guilds at least within the Acadians and French-Canadians in North America relaxed its rules and traditions to allow a master to pass his knowledge on to his son or son-in-law.

So, the craft and its technology were passed from generation to generation within a family, or from family to family via marriage as in the guilds of the medieval period. An apprentice trained and worked under the apprenticeship of a master for many years before he was able to build and operate a mill on his own.

Families Share Knowledge...

Within the Acadian culture, the milling technology initially was somewhat monopolized by the Thibodeau

sance de la géométrie et des mathématiques pour déterminer la taille et la conception des poulies, engrenages, etc. dont le moulin aura besoin.

Alors que l'industrie s'éloignait des anciens mécanismes en bois pour se tourner vers le fer et l'acier, la vapeur et l'électricité, la technologie est devenue encore plus compliquée en raison de vitesses et de pressions plus élevées.

Alors, la question est, comment les Acadiens et les Canadiens-Français ont-ils pu bâtir et moderniser leurs moulins sans cette connaissance?

Pour leur génération et celles de leurs ancêtres, il y avait deux problèmes: premièrement, comme indiqué par le père Thomas Albert, seul un faible pourcentage des Acadiens et des Canadiens-Français était alphabétisé au moins jusqu'au début du XXe siècle. Beaucoup ne sont jamais allés à l'école. Deuxièmement, même pour ceux qui étaient alphabétisés, il n'y avait pas de documentation pour enregistrer les règles de conception et les tableaux de paramètres pour les différents types de moulin. Alors, comment ont-ils appris la technologie du moulin et qui leur a enseigné?

Guildes commerciales...

Pendant la période médiévale en Europe, les guildes de commerce ont été utilisées pour réglementer les industries de construction et de l'opération des moulins. Les constructeurs de moulins étaient connus sous le nom de mécaniciens de chantier, tandis que les opérateurs de moulins étaient appelés meuniers ou scieurs. Chaque métier avait sa propre guilde pour maintenir les règles, règlements et procédures nécessaires à la construction et à l'opération des moulins afin que les moulins soient sûrs et produisent un produit de qualité pour les clients.

Les métiers étaient organisés en trois niveaux de compétence: le niveau de compétence le plus élevé était celui du maître. Ce sont les experts qui ont enseigné le niveau de compétence le plus bas; les apprentis, sur les règles, règlements, procédures, et méthodes du métier. Cinq, six ans, parfois plus tard, un apprenti finissait ses études et son entraînement pratiques sous la direction d'un maître. Le maître décernait à l'apprenti une certi-

family when Pierre Thibodeau built his milling enterprise after arriving from France and settled in Port Royal on the Rivière au Dauphin at the Pré Ronde. He married Jehan Terriot's first daughter, Jeanne and started to build his mills in Acadia, beginning in Port Royal, and later expanding to Chipoudy (present day Hopewell Hill, New Brunswick). As the Thibodeau descendants migrated to other areas in Acadia in present-day southern New Brunswick and to Québec, the technology was shared with other families who married into the Thibodeau family. For example, Olivier Thibodeau, son of Jean-Baptiste (di Cramatte) Thibodeau, apprenticed his sons-in-law, François Violette, Joseph Terriot III, and Joseph Cyr who married his daughters Lucie, Madeleine, Blanche, respectively. (See Figure 2-3 entry for Olivier under the 'THIBODEAU' column to see the marriage connections with the Terriot, Violette and Cyr families.)

Later when the French Canadians from Québec joined their Acadian cousins in the Madawaska territory, some of the milling masters came down as well. Figure 2-3 shows Pierre Plourde, a miller, and sawyer came down from Québec in 1826 to join his brother-in-law, Charles Terriault who settled in St Jacques in 1822. Soon after, Pierre built his mill on the Iroquois River. Pierre had many daughters who married into other families. This created opportunities for Pierre to share his expertise with his sons-in-law. So, the family mill business was largely directed and influenced by the family. Also, Joseph-Marie Corriveau, an established miller from St Antonin, Québec migrated to Van-Buren bringing his sons, Étienne and Joseph and their families. The family went on to construct and operate some ten mills from the 1850's to 1950's which spanned both sides of the St John valley.

To Build a Family Mill…

Knowledge of building and operating mills certainly is necessary to become a miller, but it is not sufficient. The builder of a mill whether a millwright, a sawyer or a miller needs the correct tools and needs the connections with suppliers. (Henceforth, we will use the term "miller" to refer to anyone building a mill.) First, the tools…

fication ou licence pour promouvoir l'apprenti au deuxième niveau de compétence: le journalier. Le journalier pouvait travailler seul pour n'importe qui. Il y avait également des dispositions et des conditions préalables pour promouvoir un journalier à un maître.

Alors que nous progressions au 17e siècle, l'organisation des guildes au moins au sein des Acadiens et des Canadiens-Français en Amérique du Nord a relâché ses règles et traditions pour permettre un maître de transmettre ses connaissances à son fils ou à son gendre.

Ainsi, le métier et sa technologie ont été transmis de génération à génération au sein d'une famille, ou de famille en famille par le mariage comme dans les guildes de la période médiévale. Un apprenti s'est formé et a travaillé sous l'apprentissage d'un maître pendant de nombreuses années avant de pouvoir bâtir et faire marcher un moulin par lui-même.

Familles partagent le savoir…

Dedans la culture acadienne, la technologie des moulins était initialement monopolisée par la famille Thibodeau lorsque Pierre Thibodeau a construit son entreprise de fraisage après son arrivée de France et s'est installé à Port Royal sur la Rivière au Dauphin au Pré Ronde. Il a épousé la première fille de Jehan Terriot, Jeanne et a commencé à bâtir ses moulins en Acadie, en commençant à Port Royal, puis en se développant à Chipoudy (aujourd'hui Hopewell Hill, Nouveau-Brunswick). À mesure que les descendants de Thibodeau migraient vers d'autres régions de l'Acadie dans le sud du Nouveau-Brunswick contemporain et vers le Québec, la technologie a été partagée avec d'autres familles qui se sont mariées dans la famille Thibodeau. Par exemple, Olivier Thibodeau, fils du « Capitaine » Firmin, a fait l'apprentissage de ses gendres, François Violette, Joseph Terriot III et Joseph Cyr qui ont marié ses filles Lucie, Madeleine, Blanche, respectivement. (voir figure 2-3.)

Plus tard, lorsque les Canadiens-Français du Québec se sont joints à leurs cousins acadiens dans le territoire du Madawaska, certains maîtres de la mouture sont également descendus. La figure 2-3 montre Pierre Plourde, meunier et scieur descendu de Québec en 1826 pour re-

The first task in building a mill is selecting the correct site. The early water-driven mills needed to be on a brook or small river or close to one. The geographic contour of the brook needed to be changed by damming the brook or creating the 'raceway'' or channels that would divert and direct the brook water to the mill water wheel or water turbine where there would be sufficient waterpower to drive the wheel or turbine. If the brook was too slow, then the water would have to be dammed to create a pond that would store the water and its energy. A raceway or sluice from the pond would take the water to the water wheel or turbine. So, tools necessary to build a pond with a dam and raceways were essential.

Next, the mill structure needs to be built. The easiest structure to build is a sawmill which generally only needed a simple one floor structure. However, to increase the productivity of the saw, the saw deck should be movable on a 20-foot track and support the weight of a 3-foot diameter log. Many other features can be considered.

A flourmill typically requires at least two floors and perhaps even a third floor. A key force that is important to a flourmill is gravity because gravity plays a large role in processing flour. A typical mill will take a sack of grain up to a point where the grain is fed down into the pair of stones and ground. From there, the processed grain, which is a combination of the ground kernel of the grain and the ground husk, is churned through a 'dressing drum' which uses gravity to sift and separate the flour from the husks. (See Figures 2-7 and 2-8) So, typically 2-3 floors of equipment are necessary for a flourmill.

Another structural issue is that a flourmill generates a lot of vibration by the grinding, shaking and sifting activity of some of the components, especially the pair of millstones. And vibration can destroy a building by shaking the joints of a building loose. To prevent a mill building from vibrating apart, the structure upon which the millstones rest must be isolated from the outer shell of the building. There are 'tricks of the trade' to do this and certain tools are necessary for some complicated carpentry. (See Figures 2-7 and 2-8.)

joindre son beau-frère, Charles Terriault qui s'est installé à St Jacques en 1822. Peu de temps après, Pierre a construit son moulin sur la rivière Iroquois. Pierre a eu beaucoup de filles qui se sont mariées dans d'autres familles. Cela a permis à Pierre de partager son expertise avec ses gendres. Ainsi, l'entreprise familiale était principalement dirigée et influencée par la famille. De plus, Joseph-Marie Corriveau, un meunier établi de St Antonin, au Québec, a émigré à Van-Buren en emmenant ses fils, Étienne et Joseph et leurs familles. La famille a ensuite construit et fait marché une dizaine de moulins des années 1850 aux années 1950 qui s'étendent sur les deux côtés de la vallée du Haut St Jean.

Pour bâtir un moulin familial...

La connaissance de la construction et de la marche des moulins est certainement nécessaire pour devenir meunier, mais ce n'est pas suffisant. Le constructeur d'un moulin, qu'il s'agisse d'un constructeur, d'un scieur ou d'un meunier, a besoin des propres outils et a besoin les liens avec les fournisseurs. (Ici nous usons le terme « meunier » pour une personne qui construit et fait marché un moulin.) Tout d'abord, les outils...

La première tâche dans la construction d'un moulin est de choisir un bon site. Les premiers moulins à eau devaient être sur ou près un ruisseau ou petite rivière. Le contour géographique du ruisseau devait être modifié en endiguant le ruisseau ou en créant le `` voie de course'' ou des canaux qui détourneraient et dirigeraient l'eau du ruisseau vers la roue à eau du moulin ou la turbine à eau où il y aurait suffisamment d'énergie hydraulique pour entraîner la roue ou turbine. Si le ruisseau était trop lent, alors l'eau devrait être barrée pour créer un étang qui stockerait l'eau et son énergie. Un chemin de roulement ou une écluse de l'étang amènerait l'eau à la roue hydraulique ou à la turbine. Ainsi, les outils nécessaires pour construire un étang avec un barrage et des chemins de roulement est essentiels.

Ensuite, la structure du moulin devait être construite. La structure la plus facile à bâtir est une scierie qui n'avait généralement besoin que d'une structure simple d'un étage. Toutefois, pour augmenter la productivité de la scie, le tablier de scie doit être mobile sur une piste de 20 pieds et qui peut soutenir le poids

So, the miller needs to design his mill. First, the power train; all of the wheels, pulleys, axles to connect the water wheel or water turbine to the interior 'tooling' of the mill. The 'tooling' are the saws, the components of the flour mill or the wool carding equipment. If the miller has access to a mill equipment supplier, then he would order the correct parts and assemble them when the parts were delivered. Otherwise, (and this is mostly true of the early years in the Madawaska territory), the miller would have to fabricate almost everything. Typically, the only parts that could not be fabricated were those that were made of iron or steel. In some cases, even some of the iron parts could be fabricated if the miller had some blacksmith tools. So, in the case of the early years, the waterwheel and the cogwheels, axles, pulleys and levers would have to be fabricated by a variety of hardwoods like ash, hickory, birch, maple or oak. Belts were made of hide or some woven materials. So, the miller had to have a wide collection of tools or be willing to take several trips to Rivière du Loop or Rimouski for materials and parts.

Finally, the parts of the mill that would be assembled last are those that have to be ordered from a supplier like the saw blades, the grinding, sifting, and separating components of the flourmill and the combing tools of the wool carding mill. Also, millers were expected to 'dress' or sharpen the pattern on their millstone pair. This must be done at least after two weeks of full-time operation. It is a time-consuming and dangerous process.

Most of the suppliers of flourmill tooling were in New England so a good miller would need market contacts who could put him in touch with those suppliers regardless of the wars and other political activities. Moreover, the miller needed to develop connections with other millers in other areas who might have knowledge of new technology. This is how the circular saw blade came to Madawaska as did the water turbine, the steam engine, etc.

Family Mill Culture…

As expressed so beautifully in Louise-Anne Couturier Cormier's poetic prose titled "Le Moulin Morneault", a family mill involved the entire family, the children of course (See Figure 2-4 above), but especially the wife of

d'un billot de 3 pieds de diamètre. Beaucoup d'autres fonctionnalités peuvent être considérées.

Un moulin à farine ordinairement prend au moins deux étages et peut-être même un troisième étage. Une force clé qui est importante pour un moulin à farine est la gravité, car la gravité joue un rôle important dans le traitement de la farine. Un moulin typique prendra un sac de grain jusqu'à un point où le grain est acheminé vers le bas dans la paire de meules et broyé. À partir de là, le grain transformé, qui est une combinaison de l'amande moulue du grain et de l'enveloppe moulue, est baratté dans un « tambour à pansement » qui utilise la gravité pour tamiser et séparer la farine des balles. (voir les figures 2-7 et 2-8) Ainsi, 2 à 3 étages d'équipement sont généralement nécessaires pour un moulin à farine.

Un autre problème structurel est qu'un moulin à farine génère beaucoup de vibrations par l'activité de broyage, d'agitation et de tamisage de certains des composants, en particulier la paire de meules. Et les vibrations peuvent détruire une bâtisse en secouant ses joints. Pour éviter qu'une bâtisse de moulin ne vibre, la structure sur laquelle reposent les meules doit être isolée de l'enveloppe extérieure et la fondation du bâtiment. Il y a des « petits secrets du métier » pour ce faire et certains outils sont nécessaires pour une menuiserie compliquée. (voir figures 2-7 et 2-8.)

Avec la structure en place, maintenant le meunier a besoin de concevoir son moulin: d'abord, le groupe de puissance; toutes les roues, poulies, essieux pour connecter la roue à eau ou turbine d'eau à l'extérieur de l'outillage intérieur du moulin. L'outillage serait les scies, les composants du moulin à farine ou l'équipement de cardage de laine. Si le meunier avait accès à un fournisseur d'équipement de moulins, il commanderait les partis corrects et les assemblerait lorsque les pièces seraient livrées. Sinon, (et c'est surtout vrai des premières années dans le territoire du Madawaska), le meunier devrait fabriquer presque tout. En règle générale, les seules pièces qui ne pouvaient pas être fabriquées étaient celles qui étaient faites de fer, acier ou de pierre. Dans certains cas, même certaines pièces de fer pourraient être fabriquées si le meunier avait des outils de forgeron. Ainsi, dans le cas des premières

the miller. (See Appendix I for an excerpt of Louise-Anne Couturier Cormier's beautiful literary work.) As customers brought their logs from their forests, their sacks of grain from their fields and their giant bundles of fleece wrapped in bed sheets, their orders would typically take several hours and sometimes several days to mill. So, the customers would have to be fed in the meantime, and perhaps even accommodated overnight. The miller's wife would always be prepared to host some of their customers for meals and overnight stays depending on who was coming. It was all part of the miller's service.

Finally, while conducting his services for his clients, the local village miller sometimes came to understand some of his client's financial situations and problems and was often consulted by his clients for advice regarding finances. Sometimes the advice went further than matters of finance. Charles Morneault, the miller of St Jacques' Moulin Morneault as an example, was highly respected for his sage advice and counsel.

A significant part of the miller's transactions was exchanges or barters; the miller's services would be paid for in logs or pounds of grain or fleece. Cash was hard to get some time, so payment was more easily done by exchanging logs, grain, or fleece. Many millers would also keep accounts on their customers where the customer would pay in the future. In many cases, a kind-hearted miller would choose to forgive a debt for a less fortunate client. So, indeed, the village miller often became a good friend and an advisor, a consultant to many local farmers and villagers.

But perhaps more important is the fact that the family mill culture continued to provide generation after generation of trained millers and sawyers as fathers apprenticed and educated their sons in their trade.

années, la roue à eau et les roues, essieux, poulies et leviers devraient être fabriqués par une variété de feuillus comme le frêne, le noyer, le bouleau, l'érable ou le chêne. Les ceintures étaient faites de peau ou de matériaux tissés. Ainsi, le meunier devait avoir une large collection d'outils en fonction de la façon dont il était autosuffisant. À la fin des années 1700, les meuniers au territoire du Madawaska devaient être très autonomes ou être prêts à faire plusieurs voyages à Rivière du Loup ou à Rimouski pour des matériaux et des pièces.

Enfin, les pièces du moulin qui seraient assemblées en dernier étaient celles qui devaient être commandées à un fournisseur comme les lames de scie, les composants de broyage, de tamisage et de séparage du moulin à farine et les outils de peignage du moulin à carder de laine. On s'attendait également à ce que les meuniers « dress » ou aiguisent le motif sur leur paire de meules. Cela devait être fait au moins après deux semaines d'opération à temps plein. C'était un procès long et dangereux.

La plupart des fournisseurs d'outillage des moulins à farine se trouvaient en la Nouvelle-Angleterre, de sorte qu'un bon meunier aurait besoin de contacts avec le marché qui pourraient le mettre en contact avec ces fournisseurs qui n'ont pas participé aux guerres et à d'autres activités politiques. De plus, le meunier devait établir des liens avec d'autres meuniers d'autres régions qui pourraient connaître les nouvelles technologies. C'est ainsi que la lame circulaire de scie est arrivée à Madawaska tout comme la turbine d'eau, la machine à vapeur, etc.

Culture du moulin familial...

Comme exprimé joliment en la prose poétique de Louise-Anne Couturier Cormier intitulée « Le Moulin Morneault », un moulin familial touche toute la famille (voir figure 2-4 dessus), en particulier l'épouse du meunier. (voir l'annexe I pour un extrait de la belle œuvre littéraire de Louise-Anne.) Comme les clients apportent leurs billots de leurs bois, leurs poches de grains de leurs champs et leur baluchon de toison enveloppée avec des draps de lit, leurs commandes prennent généralement plusieurs heures et parfois plusieurs jours pour moudre. Ainsi, les clients devraient être nourris

dans l'intervalle, et peut-être même hébergés du jour au lendemain. La femme du meunier serait toujours prête à accueillir certains de leurs clients pour les repas et les nuitées.

Enfin, le meunier du village local, en conduire ses services pour ses clients, arrivait parfois à comprendre une partie de la situation financière de son client et était souvent consulté par ses clients pour obtenir des conseils sur les finances. Parfois, les demande pour conseils allaient plus loin que les questions financières. Charles Morneault, le meunier du Moulin Morneault de St Jacques, par exemple, était bien respecté pour son sage conseil et sa réflexion.

Une partie importante dans les affaires du meunier était des échanges; les services du meunier seraient payés en billot, en livres de grain ou en toison. L'argent était difficile à obtenir en ce temps, donc le paiement se faisait plus facilement en échangeant des billots, du grain, ou de la toison. De nombreux meuniers et scieurs tiendraient également des comptes sur leurs clients là où le client paierait à l'avenir. Ainsi, en effet, le meunier du village souvent devenait un bon ami et un conseiller, un consultant pour de nombreux fermiers et villageois locaux.

Mais peut-être plus important encore est le fait que la culture des moulins familiale a continué de fournir génération après génération des meuniers et scieurs qualifiés, tandis que les pères faisaient l'apprentissage et entraînement de leurs fils dans leur métier.

A Personal Note...

My grandfather Joachim did not have a formal education but somehow, he could determine how large of a dam or what size steam-engine was needed to power a sawmill or flourmill. Today, people that can do that are called engineers. Joachim had apprenticed under his father, Joseph, on building and operating a mill.

He bartered his milling services and was able to determine how many logs or bags of grain to accept as payment for his milling work. At the end of the week, he would sit down with my grandmother, Annie and together, they would calculate all the transactions for the week. How many logs he had sawn, or how many bags of grain he milled for each customer. Grandmother would manage the books since she had an elementary school education. In some cases, Grandmother would remind him that a customer owed him for several months and sometimes years. Grandpère would sometimes tell her: "Well now Annie, Lézime has a large family and is poorer than us. Tear the page."[16]   JRT

Une Note personnelle...

Mon grand-père Joachim n'a pas eu aucune formation formelle, mais il pouvait figurer la taille d'une écluse ou d'une machine à vapeur pour un moulin à scie ou à farine. Aujourd'hui, les gens qui peuvent faire c'a sont appelés ingénieurs. Joachim avait appris auprès de son père, Joseph, comment bâtir et faire marcher un moulin.

Il échangeait ses services de meunerie et pouvait figurer le nombre de billots ou de poches de grains comme paiement pour son ouvrage. À la fin de la semaine, il s'asseyait avec grand-mère, Annie et ensemble, ils calculaient dans leur livres toutes les affaires de la semaine. Combien de billots il avait scié, combien de poches de grains il avait meunier pour chaque habitant. Grand-mère gérerait les livres car elle était bien instruite. Dans certains cas, grand-mère lui rappelait qu'un monsieur lui devait pour plusieurs mois et parfois plusieurs années. Temps en temps, Grandpère lui disait: « Ben là, Annie, Lézime a une grande famille et est plus pauvre que nous autre là. Déchire la page. »[17]   JRT

Figure 2-8. Joachim Thériault, 39, with his 10-year-old son, Théodule (my father) in 1925 visiting with his sister Flavie and her husband, Claude Daigle in Baker Brook, present-day 3659 Main Street. [Source: 111: Thérèse Martin Collin Collection]

Figure 2-8. Joachim Thériault, 39, avec son fils de dix ans, Théodule (mon père) en 1925 en visite chez sa sœur Flavie et son mari Claude Daigle à Baker Brook, 3659 Rue principale contemporain. [Source: 111 : Collection de Thérèse Martin Collin.]

---

[16] As told by Mme Jeannine Thérriault Lévesque, daughter of Joachim. [Source: 20]

[17] Tel que raconté par Mme Jeannine Thérriault Lévesque, fille de Joachim. [Source: 20]

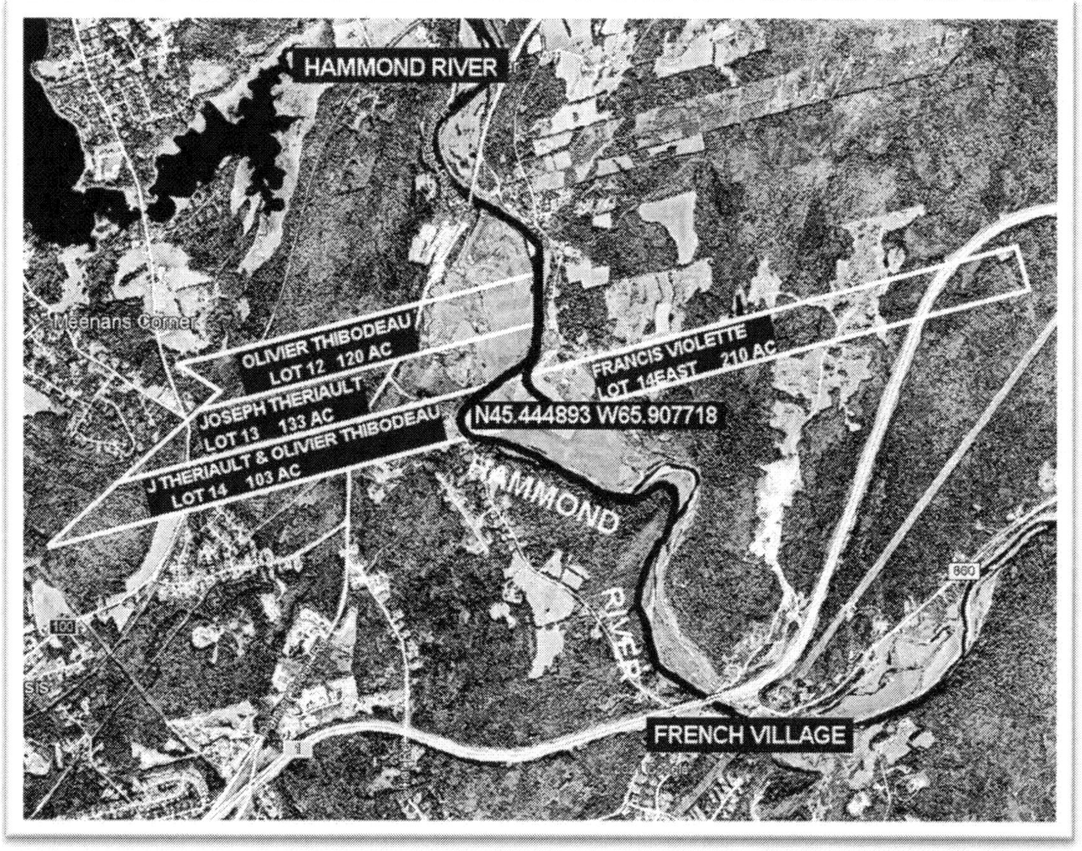

Figure 3-1. 1768. Land Grant Lots for Acadian Families in 'French Village' in the Lower St John. As marked on the map, **LOT 14 JOINTLY BELONGED TO JOSEPH THERIAULT III AND OLIVIER THIBODEAU.** Lot 14 EAST belonged to Francis Violette. The Thibodeau-Theriault mill was probably on a brook emptying into the Hammond River. [Source: 3, A Violette History, pg. 150]

Figure 3-1. 1768. Concessions octroyé au familles acadiennes à 'French Village' du Bas-Saint-Jean. Comme marqué sur la carte, **LE LOT 14 APPARTENAIT CONJOINTEMENT A JOSEPH THERIAULT III ET OLIVIER THIBODEAU.** Lot 14EAST appartenait à Francis Violette. Le moulin Thibodeau-Theriault était probablement sur un ruisseau que vidait dans la rivière Hammond. [Source: 3, A Violette History, pp. 150]

Figure 3-2. 1859 Colton's Map of Maine. Madawaska Settlements Inset showing the area where the Thibodeau families settled. [Source: 137, "1859 Colton's Maine".]

Figure 3-2. 1859 Carte du Maine par Colton. Encart des établissements du Madawaska montrant la région où les familles Thibodeau se sont installées. [Source: 137, "1859 Colton's Maine".]

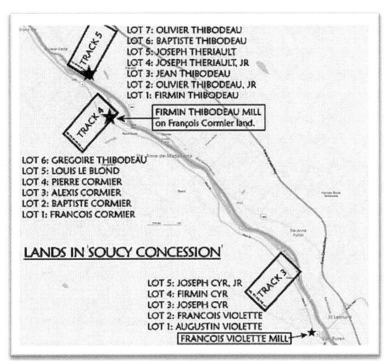

Figure 3-3. Lands and Mills in "Soucy Concession". STAR in Track 4 shows location of Firmin Thibodeau mill. STAR in Track 3 shows location of François Violette mill. Distance between the two STARS is 10 miles. The STAR in Track 5 is the location of Firmin Thibodeau home. [Source: 3,A Violette History, pg. 200]

Figure 3-3. Terres et moulins aux « Concession Soucy ». ÉTOILE en Track 4 montre la place du moulin Firmin Thibodeau. ÉTOILE en Track 3 montre la place du moulin François Violette. La distance entre les deux ÉTOILES est 10 miles. L'ÉTOILE en piste 5 est la place de la maison Firmin Thibodeau. [Source: 3, A Violette History, pg. 200]

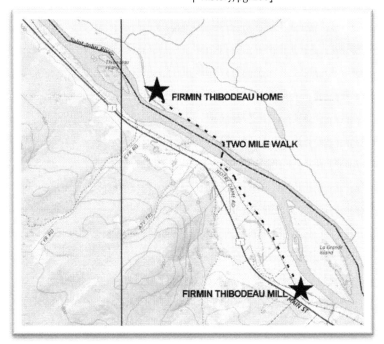

Figure 3-4. Map showing the probable locations of the Firmin Thibodeau home on the north bank and his mills on the south bank in present-day Grand Isle, Maine. The distance between the two was about two miles. Graphic by JRTheriault

Figure 3-4. Carte montrant les places probables de la maison de Firmin Thibodeau sur le bord nord et de ses moulins sur le bord sud dans Grande Isle, Maine contemporain. La distance entre les deux était d'environ deux milles. Graphique par JRTheriault

FIRMIN THIBODEAU MILL ⚙ MOULIN FIRMIN THIBODEAU
GRAND ISLE... 1789.

3.

A Little History of the Thibodeau's …

According to Father Thomas Albert [Source: 38, p.96], some of the first settlers that came to the St John Valley in 1785 included "… Pierre Duperré, Paul Pothier, Joseph Daigle, Baptiste Fournier, Joseph Daigle, son, Jacques Cyr, François Cyr, Firmin Cyr, Alexandre Ayotte, Antoine Cyr, **Baptiste Thibodeau**, Louis Sansfaçon…" among others. While most Acadian settlers were farmers, at least one family, was also skilled in building and operating mills. **That was Jean-Baptiste dit Cramatte Thibodeau called 'Baptiste' by his friends.** Born in 1706, he was the grandson of Pierre Thibodeau and Jeanne Terriot of Port Royal and had apprenticed under his father, Jean and of course, his grandfather, Pierre. As he arrived with his family to the Madawaska territory in 1785, he was the family elder at the age of 79 who would help his family establish their new home as he had done so many times before in Beausejour, in Shepody, NB, (See Figure 2-1) in French Village in the Lower St John, in Kamouraska, QC and back again in the Lower St John.

Thibodeau's and Mills...

Capitaine Pierre Thibodeau (1631-1704) was a master millwright and miller. He was born in Poitou, France and immigrated to Acadia around 1651. He first brought the milling technology to Acadia around 1654 where he built his windmill on Pré Ronde on the Rivière au Dau-

Un peu d'histoire des Thibodeau...

Selon le père Thomas Albert [Source: 38, p.96], certains des premiers habitants qui ont arrivés dans la vallée du Haut Saint-Jean en 1785 incluaient : « … Pierre Duperré, Paul Pothier, Joseph Daigle, Baptiste Fournier, Joseph Daigle, fils, Jacques Cyr, François Cyr, Firmin Cyr, Alexandre Ayotte, Antoine Cyr, **Baptiste Thibodeau**, Louis Sansfaçon… » entre autres. Alors que la plupart de ces acadiens étaient fermiers, au moins d'une famille, qui était qualifié dans la construction et la marche des moulins. **C'était Jean-Baptiste dit Cramatte Thibodeau appelé « Baptiste » par ses amis.** Petit-fils de Pierre Thibodeau et de Jeanne Terriot de Port Royal, Baptiste avait fait son apprentissage sous son père, Jean et bien sûr, son grand-père, Pierre. Lorsqu'il arriva avec sa famille sur le territoire du Madawaska en 1785, il était l'aîné de la famille à l'âge de 79 qui aiderait sa famille à s'établir en leur nouveau pays comme il l'avait fait bien quelquefois auparavant à Beausejour, à Chipoudie, au Nouveau-Brunswick, dans la 'French Village', au Bas-Saint-Jean, (voir figure 2-1) à Kamouraska, au Québec, et de nouveau encore dans le Bas-Saint-Jean.

Les Thibodeau et les moulins...

Le capitaine Pierre Thibodeau (1631-1704) était maître-meunier. Il est né dans Poitou, en France, et a immigré en Acadie vers 1651. Il a d'abord apporté la technologie des moulins en Acadie vers 1654 où il a construit son moulin à vent au Pré Ronde sur la Rivière au Dauphin

phin (present-day Annapolis River). In 1660, Pierre married Jeanne Terriot, elder daughter of his neighbor, Jehan.

Later, with the help of four of his sons; Pierre l'ainé, Jean, Antoine, and Michel, along with the important help and presence of the loyal Malecites, he founded Shepody (aka in French; Chipoudie) in 1698 in southern New Brunswick (present-day Hopewell Hill, NB) where he built a mill. Thereafter, he was called "Meunier de Shepody"[18]. In 1699, Pierre was awarded the title of 'Seigneur of Chipoudie' (Lord of Shepody). The Thibodeau

Facts that support the proposal that Jean-Baptiste dit Cramatte Thibodeau (aka 'Baptiste' Thibodeau) accepted his sons-in-law Joseph III Theriault, François Violette and possibly Joseph Cyr, as apprentices to the milling trade (1765-1785) while he trained his own grandson, Firmin, during their stay in the 'Lower St John':

- Baptiste was one of the key people that his grandfather, Pierre depended on at the Thibodeau mill in Shepody. Baptiste was trained by his grandfather, who was 'Capitaine, miller of Port Royal' and 'Lord of Shepody' and by his father.

- Olivier Thibodeau jointly owned a lot on the Hammond River in Lower St John with Joseph Theriault and had the opportunity to train Joseph, his son, Firmin Thibodeau as well as François Violette.

- Baptiste's grandson, Firmin demonstrated expertise in milling when he arrived in Madawaska. [Source: 38, *History of Madawaska*] Born in 1770, when he arrived in Madawaska as a 20-year-old, he could only have apprenticed in Lower St John.

- Wherever the Thibodeau's lived, they were involved in milling.

family continued to be involved in other Acadian settlements including Grand Pré, Beaubassin, Beausejour, and later in Caraquet, the Madawaska territory and further northwest in Montmagny, Quebec where the Thibodeau's operated a mill. The settlement of Shepody (See Figure 2-1) continued to thrive until 1755 when it was destroyed by the English as part of their Great Eviction operations.

(rivière Annapolis contemporain). En 1660, Pierre a marié Jeanne Terriot, fille aînée de son voisin, Jehan.

Plus tard, avec l'aide de quatre de ses fils; Pierre l'ainé, Jean, Antoine, and Michel, et avec l'aide et la présence importantes des fidèles Malécites, il a fondé Chipoudie (en anglais; Shepody) en 1698 dans le sud du Nouveau-Brunswick (Hopewell Hill, NB contemporain) où il a construit un moulin. Par la suite, ils l'appelaient « Meunier de Chipoudie[25] ». En 1699, Pierre reçoit le titre de « Seigneur de Chipoudie ». La famille Thibodeau a continué d'être impliquée dans d'autres villages acadiens, y

Des faits qui appuient la proposition selon laquelle Jean-Baptiste dit Cramatte Thibodeau (alias « Baptiste » Thibodeau) a accepté ses gendres Joseph III Thériault, François Violette et peut-être Joseph Cyr, comme apprentis de la minoterie (1765-1785) pendant leur séjour en le 'Bas St Jean':

- Baptiste était l'une des personnes clés dont dépendait son grand-père, Pierre, au moulin Thibodeau de Chipoudie. Baptiste a été formé par son grand-père, qui était Capitaine, meunier de Port Royal et « Seigneur de Chipoudie » et par son père.

- Olivier Thibodeau possédait conjointement une terre sur la rivière Hammond dans le Bas-Saint-Jean avec Joseph Thériault et a eu l'occasion d'apprenti Joseph, son fils, Firmin Thibodeau ainsi que François Violette.

- Le petit-fils de Baptiste, Firmin, a fait preuve d'expertise dans les moulins à son arrivée à Madawaska. [Source: 38, Histoire de Madawaska] Né en 1770, alors qu'il avait 20 ans en arrivant à Madawaska, il n'aurait pu faire son apprentissage qu'en Bas-Saint-Jean.

- Partout où vivaient les Thibodeau, ils étaient impliqués dans les moulins.

compris Grand Pré, Beaubassin, Beauséjour, et plus tard Caraquet, le territoire du Madawaska et plus au nord-ouest à Montmagny, Québec où un Thibodeau à bâti un moulin. La colonie de Chipoudie (voir figure 2-1) a continué de prospérer jusqu'en 1755, date à laquelle elle a été détruite par les Anglais dans le cadre de leurs opérations « Grand Dérangement ».

Comme petit-fils de Pierre, Baptiste a été apprenti dans le métier de la famille des moulins. Son père, Jean, était

---

18 Pierre was a miller, not a sawyer. When he founded Shepody however, he expanded his expertise to include the saw. In those days, the saw was a simple frame 'up and down' saw with one or more parallel blades. (See Fig. 2-5)

25 Pierre était meunier, pas scieur. Quand il a fondé Chipoudie cependant, il a élargi son expertise pour inclure la scie. À cette époque, la scie était une scie à cadre « montante et descendant » avec une ou plusieurs lames. (voir fig. 2-5)

As a grandson of Pierre and son of Jean, Jean-Baptiste dit Cramatte Thibodeau was apprenticed in the family's milling trade. His father, Jean, was one of Pierre's sons involved with him at the Shepody settlement[19] and the sawmill and flourmill that Pierre and his sons built there. The knowledge and practices of the milling technology were kept in the family and passed from one generation to another and sometimes to sons-in-law. So, the milling industry in the upper St John River valley was strongly associated with the Thibodeau family. According to Béatrice Craig, the Thibodeau family formed a Millers' Guild to regulate the knowledge and expertise of the trade at least within the Acadian community. [Source: 9, pp. 106-107]

Baptiste was a member of the third generation of the Thibodeau family and the last generation born in Acadia. He was born and raised in the village of Rivière au Canards in Grand Pré. In the winter of 1727, Baptiste was 21 years old when he married Marie Blanche, the daugh-

l'un des fils de Pierre qui travaillait avec lui dans la colonie de Chipoudie[9] et leur moulin à scie et moulin à farine que Pierre et ses fils y ont bâtis. Les connaissances et les pratiques de la technologie des moulins ont été conservées dans la famille et transmises d'une génération à l'autre et parfois à des gendres. Ainsi, les affaires des moulins dans la vallée du haut Saint-Jean était fortement associée avec la famille Thibodeau. Selon Béatrice Craig, la famille Thibodeau a formé une guilde des meuniers pour régler les connaissances et l'expertise du métier au moins au sein de la communauté acadienne. [Source: 9, pp. 106-107]

Baptiste était membre de la troisième génération des Thibodeau et de la dernière génération née en Acadie. Il est né et a grandi dans le village de Rivière au Canards à Grand Pré. En l'hiver 1727, Baptiste avait 21 ans quand qu'il a marié Marie Blanche, la fille de François Leblanc et Jeanne Hébert de Grand Pré. Baptiste et Marie Blanche ont élever leur famille de sept enfants : cinq filles et deux

About the Pierre Thibodeau Family...

Pierre Thibodeau and Jeanne Terriot raised sixteen children in the years from 1661 to 1689: (1) Marie, (2) Marie, (3) Marie, (4) Anne-Marie, (5) Catherine, (6) Pierre l'aîné, (7) Jeanne, (8) Jean, (9) Antoine, (10) Pierre le jeune, (11) Michel, (12) Cécile, (13) Anne-Marie, (14) Claude, (15) Catherine-Josèphe and (16) Charles.

A propos de la famille Pierre Thibodeau...

Pierre Thibodeau et Jeanne Terriot ont élevé seize enfants dans les années 1661 à 1689 : (1) Marie, (2) Marie, (3) Marie, (4) Anne-Marie, (5) Catherine, (6) Pierre l'aîné, (7) Jeanne, (8) Jean, (9) Antoine, (10) Pierre le jeune, (11) Michel, (12) Cécile, (13) Anne-Marie, (14) Claude, (15) Catherine- Josèphe et (16) Charles.

ter of François LeBlanc and Jeanne Hébert in Grand Pré. Baptiste and Marie Blanche set out to raise their family of seven children: five daughters and two sons in Grand Pré. Until the Great Eviction in 1755 when the Shebody settlement was destroyed by the English, Baptiste had been fully involved and was well experienced in the family mills.

Sometime before 1755 and the Great Eviction, they left their native Grand-Pré to settle in Beausejour[20] at the east end of the Bay of Fundy. A few years later as conditions worsened, they migrated on the St Lawrence with other Acadians to Kamouraska in Lower Canada. After spend-

fils à Grand Pré. Jusqu'à le Grand Dérangement de 1755, quand que le village de Shebody a été détruit par les Anglais, Baptiste avait été pleinement impliqué et avait beaucoup d'expérience dans les moulins familials.

Quelque temps avant le Grand Dérangement, ils ont laissé leur Grand-Pré natif pour se déménager à Beauséjour[11] au fond est de la baie de Fundy. Quelques années plus tard, alors que les conditions empiraient, ils ont migré au St Laurent avec d'autres Acadiens à Kamouraska du Bas-Canada. Après y avoir passé quelques années, ils sont retournés dans le sud quelque temps avant 1767 pour s'installer dans la partie basse de la rivière Saint-Jean[12] où ils ont continué à élever leurs enfants. Là, la fa-

---

[19] Shepody, NB; N45.770566 W64.656469
[20] Beausejour; N45.864225 W64.291505

ing a few years there, they returned south sometime before 1767 to settle in the Lower St John River area[21] where they continued to raise their children. There, the Thibodeau family settled with the Thériault, Violette and Cyr families and several other Acadian families in the years prior to their migration to the Madawaska territory. See Figure 3-1 for a map of the Lower St John and the properties of the Thibodeau, Thériault and Violette families.

The Apprentices…

In their time in the Lower St John River area in the 1760's, Baptiste was 61 and was relying more and more on his two sons, Jean Baptiste II and Olivier who were now married and raising their families. As shown in Figure 3-1, we know that the Thibodeau, Thériault and Violette families were living on neighboring lots. [Source: 3,

---

About the Firmin Thibodeau Family…

Firmin Thibodeau and Marie Euphrosine Cyr raised fourteen children in the years from 1766 to 1811: (1) Olivier, (2) Paul Gregoire, (3) Madeleine, (4) Paul, (5) Toussaint, (6) George, (7) Jean-Baptiste, (8) Modeste, (9) Louis, (10) Vital (11) Salomée, (12) François, (13) Julie, (14) Eusèbe.

It should be noted in discussing Firmin Thibodeau's family, that he was one of many nephews of Marguerite Blanche Thibodeau who married Joseph Cyr in Beausejour, Acadia in 1758. Marguerite was better known in the Madawaska territory as 'Tante Blanche', a heroine who rescued many during a two-year famine which started in 1797.

---

p.150] **In fact, a fourth lot which included the Hammond River, and some brooks was jointly owned by Olivier Thibodeau and Joseph Theriault III. One reason for the joint ownership could have been the joint operation of a mill.** Baptiste knew Joseph III before Joseph married his daughter, Marie Madeleine. Surrounded by mills, Joseph no doubt wanted to learn the milling trade.

Moreover, with François Violette's land just across the Hammond River close-by, the arrangement probably also included François as well. It could also have been that with all the disasters and migrations since 1755, Baptiste may not have had the opportunity even to train

mille Thibodeau s'est installée avec les familles Thériault, Violette, Cyr et plusieurs autres familles acadiennes dans les années avant leur migration vers le territoire du Madawaska. Voir figure 3-1 pour une carte du Bas St Jean et les propriétés des familles Thibodeau, Thériault et Violette.

Les Apprentis…

Dans les années 1760, Baptiste avait 61 ans et dépendait de plus en plus sur ses deux fils, Jean Baptiste II et Olivier, qui étaient maintenant mariés et qui élevaient leur famille. Comme on voit en figure 3-1, nous savons que les familles Thibodeau, Thériault et Violette vivaient sur des lots voisins. [Source: 3 , p.150] **En fait, un quatrième lot appartenait conjointement à Olivier et Joseph III. L'une des raisons pour la copropriété est l'opération conjointe d'un moulin.** Baptiste connaissait certaine-

---

A propos de la famille Firmin Thibodeau…

Firmin Thibodeau et Marie Euphrosine Cyr ont élevé quatorze enfants au cours des années 1766 à 1811 : (1) Olivier, (2) Paul Grégoire, (3) Madeleine, (4) Paul, (5) Toussaint, (6) George, (7) Jean-Baptiste, (8) Modeste, (9) Louis, (10) Vital (11) Salomée, (12) François, (13) Julie, (14) Eusèbe.

Nous devrons noter en discutant la famille de Firmin Thibodeau, qu'il était l'un des nombreux neveux de Marguerite Blanche Thibodeau qui épousa Joseph Cyr à Beausejour, Acadie en 1758. Marguerite était mieux connue au Madawaska sous le nom de « Tante Blanche », une héroïne qui a sauvé plusieurs pendant la famine de deux ans qui a commencé en 1797.

---

ment Joseph III avant même que Joseph a marié sa fille, Marie Madeleine. Entouré de moulins, Joseph voulait sans doute apprendre les moulins.

De plus, François Violette étant voisin aussi, l'arrangement incluait sans doute François également. Sa pourrait qu'avec toutes les catastrophes et les migrations depuis 1755, Baptiste n'a peut-être même pas eu l'occasion de former ses fils, Jean-Baptiste et Olivier, et donc, il les a inclus comme apprentis également.

À l'exception de leur passage dans le Bas-Saint-Jean, nous savons par nos histoires familiales que ni François Violette ni Joseph Thériault n'ont eu l'occasion, au cours des années précédentes, d'apprendre l'industrie des

---

[21] French Village, NB; N45.444893 W65.907718

his own sons, Jean-Baptiste, and Olivier and so, he may have included them as apprentices as well.

Except for their time in the Lower St John, we know from our family histories that neither François Violette nor Joseph Thériault had the opportunity, in their previous years, to learn the milling industry. They were too young. But we know that very soon after Olivier Thibodeau and François Violette arrived in Madawaska in 1785, Olivier's son, Firmin and François Violette both built mills soon after their arrival. [Source: 3] The knowledge, skills, and experience to build and operate a mill take years to achieve. One way that the families could have built their mills soon after arriving is if they had been trained before arriving sometime during their stay in the Lower St John area.

Given the trust and sense that was established between the Thibodeau's, the Theriault's, and the Violette's in the Lower St John, we will assume that the three families collaborated to train their younger generations to enhance their prospects for success during their years in the Madawaska territory.

Destination: Madawaska…

Baptiste Thibodeau was 79 years old when he arrived in 1785 in the Madawaska territory with his wife, Marie Blanche Leblanc, and their adult children along with their families. His two married sons, Jean-Baptiste and Olivier were in their mid-50's and no doubt were experienced with mills. They arrived with their families as did Baptiste's daughter, Lucie who was married to François Violette. See Figure 2-2.

The family associations that were formed in the years while living in the Lower St John River area continued during the move of the Thibodeaus, Thériaults, Violettes and Cyrs to the Madawaska territory. On 26 August 1789, Joseph Cyr, another son-in-law, on behalf of himself and his brothers-in-law, Olivier Thibodeau, Joseph Thériault and François Violette, petitioned Governor Carleton for land in the upper St John River area of the Madawaska territory and the islands above Grand Falls. The petition would be answered five years later August 2, 1794 with a land grant of a concession called the 'Soucy Concession', so-called because the Soucy name is

moulins. Ils étaient trop jeunes. Mais nous savons que très peu de temps après l'arrivée d'Olivier Thibodeau et de François Violette au Madawaska en 1785, le fils d'Olivier, Firmin, et François Violette, construisirent tous deux des moulins peu après leur arrivée. [Source: 3] Les connaissances, les compétences et l'expérience nécessaires pour la construction et l'opération d'un moulin prend des années à atteindre. Une manière que les familles peuvent avoir construit leurs moulins peu après leur arrivée est qu'elles aient été entraînées avant d'arriver quelque temps pendant leur séjour dans la région du Bas-Saint-Jean.

Donné la confiance et le sentiment qui s'est établie entre les Thibodeau, les Thériault et les Violettes au Bas-Saint-Jean, nous supposerons que les trois familles se sont aidées en l'entraînement de leurs jeunes afin d'améliorer leurs chances de succès au cours de leurs années au Madawaska.

Destination : Madawaska…

Baptiste avait 79 ans quand qu'il est arrivé en 1785 au territoire du Madawaska avec sa femme, Marie Blanche Leblanc et leurs enfants adultes ainsi que leurs familles respectives. Ses deux fils mariés, Jean-Baptiste et Olivier étaient au milieu de la cinquantaine et sans aucun doute connaissait les moulins. Ils sont arrivés avec leurs familles, tout comme la fille de Baptiste, Lucie, mariée avec François Violette. (voir figure 2-2.)

Les associations familiales qui se sont formées au cours des années au Bas-Saint-Jean ont continué durant le voyage des Thibodeau, Thériault, Violette et Cyr vers le Madawaska. Le 26 août 1789, Joseph Cyr, au nom de lui-même et de ses beaux-frères, Olivier Thibodeau, Joseph Thériault et François Violette, demanda au gouverneur Carleton des terres dans la partie du haut Saint-Jean du territoire du Madawaska et des îles au-dessus du Grand-Sault. Cette demande a reçu une réponse cinq ans plus tard, le 2 août 1794, par l'octroi d'une concession foncière d'une concession appelée « Concession Soucy », ainsi parce que le nom Soucy est le premier pétitionnaire cité dans la concession foncière. (voir figure 3-3 pour les dispositions de la concession de Soucy.)

Évidemment, les hommes s'étaient déjà rendus dans la vallée du haut Saint-Jean pour explorer et examiner la région, avait marquer leurs octrois et commencer leurs

the first petitioner cited in the land grant. (See Figure 3-3 for the provisions of the Soucy Concession.)

Obviously, the men had already traveled to the upper St John Valley to explore and examine the area, to mark their claims and to begin their plans for the move. Joseph Thériault and his family decided to stay back in their Lower St John homes until at least 1790 perhaps to keep their joint mills in operation down south. But also, we know that Joseph was trying to decide whether to join his father and the rest of his family in their move to Caraquet in northeastern New Brunswick. The others, Baptiste, Olivier and Firmin Thibodeau and François Violette moved earlier to the St John valley around 1785. The Theriault's eventually decided on Madawaska and came up around five years later.

Finding a Place for a Mill...

When the Thibodeau's arrived in Madawaska, no land was available that would support a mill. The Thibodeau's settled on their lot on Track 5 on the north bank of the St John River just east of Rivière Verte. Finding no good lots with a brook, Firmin, Baptiste's grand-

---

About the Thibodeau mill...

The Firmin Thibodeau mill is listed as MILL 143 in the "*Survey of Historic Mills of the St John Valley*" (see Volume Two).

---

son, looked at other options for getting a mill as he worked to develop his farmland on Track 5 on the north bank. One such option came up in his discussions with François Cormier, his friend and neighbor across the St John River, who had a lot on the south bank in Grand Isle (Lot 1 on Track 4) which had a small brook[22]. (See Figures 3-3 and 3-4.) No doubt eager to have a mill in his neighborhood, François sold to Firmin a right-of-way

plans pour déménager leurs familles. Joseph Thériault et sa famille ont décidé de rester dans le Bas-Saint-Jean au moins jusqu'en 1790, peut-être pour maintenir leurs moulins communs en marche dans le sud. Mais aussi, nous savons que Joseph essayait de se décider s'il devait joindre son père et le reste de sa famille en leur déménagement à Caraquet, au nord-est du Nouveau-Brunswick. Les autres, Baptiste et Firmin Thibodeau et François Violette, se sont installé plus tôt dans la vallée Saint-Jean vers 1785. Les Thériault ont finalement décidé pour Madawaska et sont arrivés envers cinq ans plus tard.

Cherchez un endroit pour un moulin...

Lorsque les Thibodeau sont arrivés à Madawaska, aucun terrain n'était disponible pour soutenir un moulin. Les Thibodeau se sont installés sur leur terrain sur la voie 5 sur le bord nord de la rivière Saint-Jean, juste à l'est de rivière Verte. Ne trouvant pas de bons lots avec un ruisseau, Firmin, le petit-fils de Baptiste, a examiné d'autres possibilités pour obtenir un moulin alors qu'il travaillait sur ses terres de la voie 5 sur le bord nord. L'une de ces possibilités est venue en parlant avec François Cormier,

---

A propos du moulin Thibodeau...

Le moulin Firmin Thibodeau entré dans le « Enquête des moulins historiques de la vallée du Haut Saint-Jean » comme MILL 143 (voir Tome Second).

---

son ami et voisin de l'autre côté de la rivière Saint-Jean, qui avait un lot sur le bord sud de Grand Isle (lot 1 sur la voie 4) et il avait un petit ruisseau[18]. (voir les figures 3-3 et 3-4.) Sans doute désireux d'avoir un moulin dans son voisin, François vendit à Firmin un droit de chemin et un petit morceau de sa terre sur le ruisseau où Firmin construira son moulin. [26]

Alors que les Cormier s'installaient sur leurs terrains de la voie 4 au rive sud, les Thibodeau ont fait de même sur leurs lots de la voie 5 au rive nord et dès qu'ils pouvaient,

---

[22] Firmin Thibodeau Mill, Grand Isle, ME; N47.262870 W68.089310

[26] Deane & Kavanagh Enquête de 1831 rapporte pour le lot de Francis Cormier sur le bord sud de la rivière Saint-Jean à Grand Isle que François Cormier « ...a vendu à Firmin THIBODEAU une terre pour un moulin. Firmin construisit un moulin à farine et à scie. L'avantage pour un moulin là-bas est pauvre... ». Aussi, le Père Thomas Albert à noter sur page 368 de son 'Histoire du Madawaska' : « Il a vendu à Firmin Thibodeau un site de moulin. Ce dernier y a construit un moulin à farine et une scierie. » Toutefois, le père Albert écrit à tort à la page 166 : « Le capitaine Firmin Thibodeau, petit-fils du Seigneur Meunier de Shépody, a acheté le moulin de François Cormier à Grande-Isle. »

and a small piece of his land by the brook where Firmin would build his mill.[23]

As the Cormier's settled on their lots on Track 4 on the south bank, the Thibodeau's did the same on their Track 5 lots on the north bank and as soon as they could, the Thibodeau's started work on their mill sometime around 1788. There was no reason for Firmin and his sons to delay.

Baptiste, his sons Olivier and Jean-Baptiste and his grandsons including Firmin went to work on their mill across the river on their small patch of land that François Cormier's sold them about two miles away. Firmin's mill was a sawmill paired with a flourmill. (See description for MILL 143 in Grand Isle in Volume II *Historic Mill Survey*.) Firmin's mill became well-known for its fine flour despite the small and meager brook which powered his mill. Close inspection of the brook today confirms that the brook is small and meager as Deane & Kavanagh mentioned in their report. Fortunately for Firmin, a flourmill does not require much horsepower. But, Firmin had paired a sawmill with his flourmill. So, we do not know how much lumber sawing Firmin did with his sawmill, but it may not have been a powerful saw.

As Father Albert wrote that François Cormier and François Violette were the first millers in Grand Isle and Van-Buren, respectively. More correctly, it was Firmin Thibodeau who was that first miller of Grand Isle.

Later in 1790, Firmin no doubt helped his brother-in-law François Violette build his flourmill that he and his descendants used very successfully. (See Chapter 5 for the history of the François Violette MILL 172)

Father Thomas Albert correctly noted[24] that "Capitaine" Firmin Thibodeau, grandson of the Lord-miller of Shépody, was a great miller. Over the years, he worked on improving his flourmill by probably incrementally improving the "dressing cylinder" on the mill, (see Figure 2-7) to produce an extraordinary fine, white flour.

les Thibodeau ont commencé à travailler sur leur moulin deux-trois ans après arrivé, peut-etre 1788. Firmin et ses fils n'avaient aucune raison de retarder.

Baptiste, ses fils Olivier et Jean-Baptiste et ses petits-fils, dont Firmin, sont allés travailler sur leur moulin de l'autre côté de la rivière, sur leurs petit morceau de terres que François Cormier lui avait vendu, à environ deux milles de là. Le moulin de Firmin était un moulin à scie jumelée à un moulin à farine. (voir description du MILL 143 en Grand Isle dans le tome II Registre de moulins historique.) Le moulin de Firmin est devenu bien connu pour sa farine fine malgré le petit ruisseau qui faisait marché son moulin. Une inspection minutieuse du ruisseau aujourd'hui confirme que le ruisseau est petit et maigre comme Deane & Kavanagh l'a mentionné dans leur rapport. Heureusement pour Firmin, un moulin à farine n'a pas besoin beaucoup de puissance. Mais Firmin avait jumelé son moulin à scie avec son moulin à farine. Donc, nous ne savons pas combien de sciage de bois Firmin a fait avec sa scierie, mais ce n'était peut-être pas une scie puissante.

Comme l'a écrit le père Albert, François Cormier et François Violette ont été les premiers meuniers de Grand Isle et de Van-Buren, respectivement. Plus correcte, c'est Firmin Thibodeau qui fut le premier meunier de Grand Isle.

Plus tard en 1790, Firmin a sans doute aidé son beau-frère François Violette à bâtir son moulin à farine que lui et ses descendants ont faite marché avec beaucoup de succès. (voir chapitre 5 de l'histoire du François Violette MILL 172.)

Le père Thomas Albert nota à juste titre que « capitaine » Firmin Thibodeau, petit-fils du Seigneur-Meunier de Shépody, était un grand meunier. Au fil des ans, il a travaillé sur son moulin à farine en améliorant probablement progressivement le « dressing cylinder » sur le moulin,(voir Figure 2-7) pour produire une extraordinaire fine farine blanche.

---

[23] Deane & Kavanagh Survey of 1831 noted the following for Francis Cormier's lot on the south bank of the St John River in Grand Isle that Cormier "… sold to Firmin THIBODEAU a piece of land for a mill. Firmin built a gristmill and a sawmill. The advantage for a mill there is poor…". Also, Father Thomas Albert noted on page 368 of 'Histoire du Madawaska': "He (François Cormier) sold Firmin Thibodeau a mill site. He (Firmin Thibodeau) built a flour mill and a sawmill there." However, Father Albert incorrectly writes on page 166 " Captain Firmin Thibodeau, grandson of the Lord Miller of Chépodie, bought François Cormier's mill at Grande-Isle."

[24] Father Thomas Albert spoke of Firmain as Pierre's grandson. Firmain, who was Baptiste's grandson and Olivier's son, was Pierre's 2nd great-grandson.

His reputation quickly spread, and he became known in some quarters as 'Lord of Madawaska'. Firmin and the Thibodeau family's expertise in milling became well known in the valley. So much so, that some cartographers highlighted the area where the Thibodeau's settled in Track 5. For example, the Colton's map of 1859 (See Figure 3-2) marks the Thibodeau area on the map with the family name.

The details of the future of the Thibodeau mill in Grand Isle, Maine are not known but we do know that by 1881 there were very few mills in Grand Isle. In fact, no mills were listed in the Maine Register for Grand Isle. But we do know that Michel Martin's mill was operational with its new circular saw.

For a technical description of this mill, see MILL 143 in the 'Grand Isle, Maine' section of the *Survey of Historic Mills* (Chapter 15, Volume Two).

Sa réputation s'est rapidement répandue, et il s'est fait connaître dans certains milieux comme « Seigneur de Madawaska ». Firmin et l'expertise de la famille Thibodeau dans le fraisage sont devenus bien connus dans la vallée. À tel point que certains cartographes ont mis en évidence la region où les Thibodeau se sont installés sur la voie 5. Par exemple, la carte de 1859 du Colton (voir figure 3-2) marque la région de Thibodeau sur la carte avec le nom de famille.

Les détails de l'avenir du moulin Thibodeau de Grand Isle, ne sont pas connus, mais nous savons qu'en 1881, il y avait très peu de moulins à Grand Isle. En fait, aucun moulin n'était inscrit au « *Maine Register* » pour Grand Isle. Mais nous savons que le moulin Michel Martin marchait encore avec sa nouvelle scie circulaire.

Pour une description technique de ce moulin, voir MILL 143 dans la section « Grand Isle, Maine » en *l'Enquête de moulins historique* (chapitre 15, tome second).

4. PAUL POTHIER MILL | MOULIN PAUL POTHIER

Figure 4-1. Probable location of the Paul Pothier Mill in the St John Valley. Graphic by JRTheriault.

Figure 4-1. Place probable du moulin Paul Pothier dans la vallée Saint-Jean. Graphique par JRTheriault.

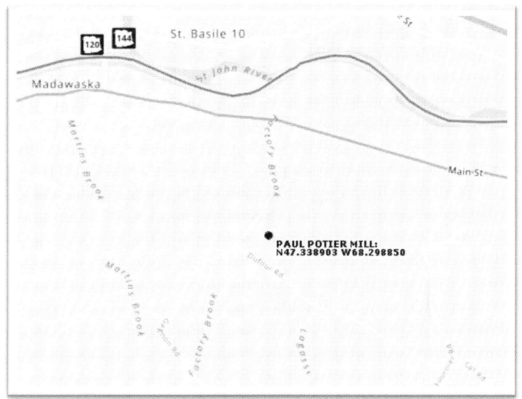

Figure 4-2 . Probable location of the Paul Pothier Mill in Madawaska, Maine. Graphic by JRTheriault.

Figure 4-2. Place probable du moulin Paul Pothier à Madawaska, Maine. Graphique par JRTheriault.

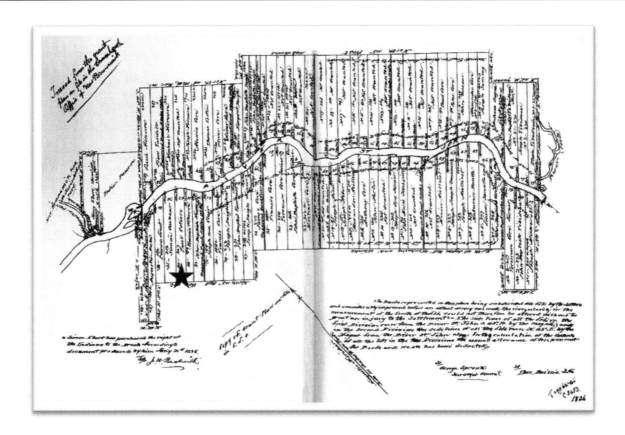

Figure 4-3. Grant Plan on file for present-day Madawaska, Maine showing lot (See black STAR) for Paul Pothier. [Source: 118]

Figure 4-3. Plan de subvention au dossier pour Madawaska, Maine, montrant le lot (voir ÉTOILE noire) de Paul Pothier. [Source: 118]

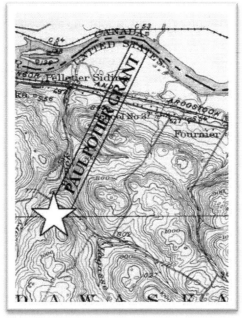

Figure 4-4. Contour Map of Northern Maine showing Paul Pothier lot with Lagassé Brook running through the lot to the St John. [Source: 132, modified.]

Figure 4-4. Carte des contours du nord du Maine montrant le lot de Paul Pothier avec le ruisseau Lagassé qui traverse le terrain jusqu'à la rivière St Jean. [Source: 132, modifié.]

4. PAUL POTHIER MILL │ MOULIN PAUL POTHIER

PAUL POTHIER MILL ⚙ MOULIN PAUL POTHIER
SAINT DAVID... 1790.

4.

The first group of Acadians to settle the Madawaska territory, arrived from the Lower St John in June 1785. Some settled on the south bank of the St John across from the mouth of the Madawaska River. Their names were Pierre Duperré, Paul Pothier, Joseph Daigle, Baptiste Fournier, Joseph Daigle, Jr., Jacques, and François Cyr, Firmin and Antoine Cyr, Alexander Ayotte, Baptiste Thibodeau, and Louis Sampson.

About the Pothier Family...

Paul Pothier and Judith Thibodeau were married and lived for 16 years in the Lower St John with the other Acadians after migrating from Beaubassin. We know only that they had one daughter, Marie-Joe Pothier who married Paul Moricaud.

Paul was doubly related to the Thibodeau's in that he was brother of Madeleine Pothier, wife of Olivier Thibodeau. Paul originally had come from Beaubassin, Acadia with his neighbors to the southern bank of the St John. **It was in this relationship to the Thibodeau family that he became a miller.**

OWNER: PAUL POTHIER (1790 – c.1800)

Father Thomas Albert introduced Paul Pothier in his book as the one who perhaps built the first flourmill in the St John valley.

In fact, we know now that Paul Pothier was not the first, but one of the first to build a mill in the valley. [Source: 76] While Paul Pothier built his mill in 1790, Firmin Thibodeau built his mill not far from Pothier's mill in 1789 according to the Deane and Kavanagh Survey. Paul built his mill on his lot on the Lagassé

Le premier groupe d'Acadiens à coloniser le territoire du Madawaska sont arrivé du Bas Saint-Jean en juin 1785. Certains se sont installés sur le rive sud de Saint-Jean en face de l'embouchure de la rivière Madawaska. Leurs noms étaient Pierre Duperré, Paul Pothier, Joseph Daigle, Baptiste Fournier, Joseph Daigle, Jr., Jacques et François Cyr, Firmin et Antoine Cyr, Alexander Ayotte, Baptiste Thibodeau et Louis Sampson.

À propos de la famille Pothier...

Paul Pothier et Judith Thibodeau se sont mariés et ont vécu 16 ans dans le Bas Saint-Jean avec les autres Acadiens après avoir émigré de Beaubassin. On sait seulement qu'ils ont eu une fille, Marie-Jos Pothier qui a marié Paul Moricaud.

Paul était doublement parent avec les Thibodeaus en ce qu'il était frère de Madeleine Pothier, épouse d'Olivier Thibodeau. Paul originalement a venu de Beaubassin, en Acadie. **C'est dans cette parenté avec la famille Thibodeau qu'il a devenu un meunier.**

PROPRIÉTAIRE : PAUL POTHIER (1790 – c.1819)

Le père Thomas Albert présente Paul Pothier dans son livre comme celui qui a peut-être construit le premier moulin à farine dans la vallée Saint-Jean.
En fait, nous savons aujourd'hui que Paul Pothier a été un des premiers à bâtir un moulin dans la vallée. Alors que Paul Pothier a construit son moulin en 1790, Firmin Thibodeau a construit son moulin pas loin du moulin de Pothier en 1789 selon le Deane and Kavanagh recensement. Paul a construit son moulin sur

Brook (probably at this location: N47.338903 W68.298850), a small brook that drains into the St John River about one mile downstream from his mill. (See Figures 4-1 through 4-4.) The mill was probably powered by an undershot waterwheel (See Figure 2-6) and was tooled with a single run of stones and a wool carding machine.

About the Pothier Mill...

The Paul Pothier mill is listed as MILL 95 in the "*Register of Historic Mills of the St John Valley*" (See Volume Two).

Paul Pothier operated the mill for some period before relinquishing the mill to his son-in-law, Paul Morichaud.

OWNER: PAUL MORICHAUD (c.1800 – c.1819)

We do not know the exact dates of Morichaud's ownership, but we know that he operated the mill for some period. The Survey in 1831 further reported that, the mill had been destroyed by fire many years before and had been rebuilt. The mill probably burned down and was rebuilt during this period of ownership. The mill ceased operations in 1819.

OWNER: PAUL DUFOUR (c.1819 – after 1831)

At the time of the survey in 1831, the mill was owned by David Dufour but was not in working condition. The Survey further reported that, the mill had been destroyed by fire many years before and had been rebuilt. The mill was still standing but in poor condition and had ceased operations in 1819.

For a technical description of this mill, see MILL 95 in the 'Madawaska, Maine' section of the *Survey of Historic Mills* (Chapter 15, Volume Two).

son terrain au ruisseau Lagassé (probablement à cet place : N47.338903 W68.298850), un petit ruisseau qui se jette dans de la rivière Saint-Jean environ un mille en aval de son moulin. (voir figures 4-1 à 4-4.) Le moulin était tout probablement alimentée par une roue à eau au-dessus et était outillé avec une seule paire de meules et une cardeuse à laine.

À propos du moulin Pothier...

Le moulin Paul Pothier est listé sous le nom de MILL 95 dans le « *Enquête des moulins historiques de la vallée Saint-Jean* » (voir tome second).

Paul Pothier a faite marché son moulin pendant une certaine période avant de le céder à son gendre, Paul Morichaud.

PROPRIÉTAIRE : PAUL MORICHAUD (c.1800 – c.1819)

Nous ne connaissons pas les dates exactes de la propriété de Morichaud, mais nous savons qu'il a faite marché le moulin pour un certain temp. L'Enquête de 1831 a aussi rapporté que le moulin avait été détruite par un incendie de nombreuses années auparavant et avait été reconstruite. Le moulin a probablement brûlé et a été reconstruit pendant ce temp de possession. Le moulin a cessé ses activités en 1819.

PROPRIÉTAIRE : PAUL DUFOUR (c.1819 – après 1831)

Au moment de l'enquête en 1831, le moulin appartenait à David Dufour mais n'était pas en état de marche. L'Enquête a aussi signalé que le moulin avait été détruite par un incendie de nombreuses années auparavant et avait été reconstruite. Le moulin était encore debout mais en mauvais état et avait cessé ses activités en 1819.

Pour une description technique de ce moulin, voir MILL 95 dans la section « Madawaska, Maine » en *l'Enquête de moulins historique* (chapitre 15, tome second).

5. FRANÇOIS VIOLETTE MILL | MOULIN FRANÇOIS VIOLETTE

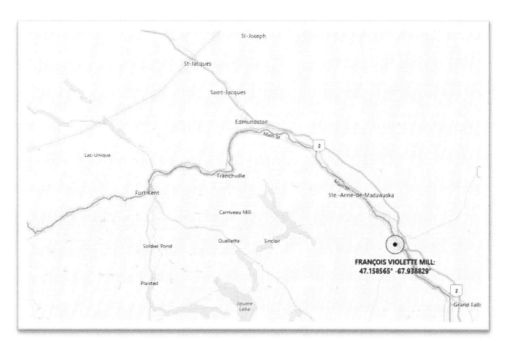

Figure 5-1. Actual location of François Violette Mill in the St John Valley. Graphic by JRTheriault. | **Figure 5-1. Place actuel du Moulin François Violette dans la vallée Saint-Jean.** Graphique par JRTheriault.

Figure 5-2. The mill built by François Violette probably had an 'Breastshot' waterwheel like this mill. This mill is powered by an 'Breastshot' waterwheel which requires a small dam and holding pond to create its power. Graphic from public domain. | **Figure 5-2. Le moulin construit par François Violette probablement avait une roue à eau «de poitrine » comme ce moulin.** Ce moulin était alimenté par une roue à eau « de poitrine » qui nécessite un petit barrage et un étang de rétention pour créer sa puissance. Graphique du domaine public.

5. FRANÇOIS VIOLETTE MILL | MOULIN FRANÇOIS VIOLETTE

Figure 5-3. The mill built by François Violette in Van-Buren; Maine was rebuilt by his grandson Augustin around 1830. This is the mill built by Augustin. The enclosed left-end of the building (which is covered) is where the waterwheel once was. [Source: 92, pg.107]

Figure 5-3. Le moulin construit par François Violette à Van-Buren, Maine a été reconstruit par son petit-fils Augustin envers 1830. Ceci est le moulin construit par Augustin. Le bout gauche du moulin (qui est couvrit), est ou était autrefois la roue à eau. [Source: 92, pg.107]

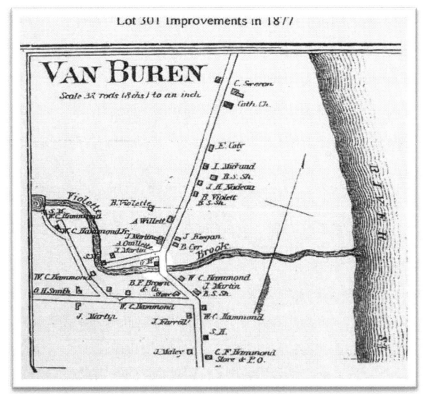

Figure 5-4. 1877 Map detail of François Violette mill site. François Violette Gristmill (GM) shown highlighted. [Source: 7, "Aroostook County Maine Atlas of 1877"]

Figure 5-4. 1877 Carte détaillée du site du moulins François Violette. François Violette moulins à farine (GM) montré en surbrillance. [Source: 7, "Aroostook County Maine Atlas of 1877"]

5. FRANÇOIS VIOLETTE MILL | MOULIN FRANÇOIS VIOLETTE

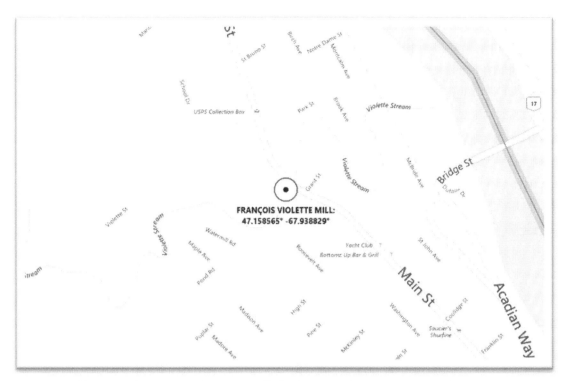

Figure 5-5. Actual location of François Violette 1791 Mill. Graphic by JRTheriault.

Figure 5-5. Place contemporain du Moulin François Violette 1791. Graphique par JRTheriault.

Figure 5-6. Actual location of François Violette 1791 Mill. Graphic by JRTheriault.

Figure 5-6. Place contemporain du Moulin François Violette 1791. Graphique par JRTheriault.

Figure 5-7. Satellite photo of Violette homestead and grist mill. Graphic by JRTheriault.

Figure 5-7. Photo satellite de la ferme Violette et du moulin à farine. Graphique par JRTheriault.

Figure 5-8. Photo of Violette homestead in 2019. Google photo.

Figure 5-8. Photo du domicile de Violette en 2019. Google photo.

5. FRANÇOIS VIOLETTE MILL | MOULIN FRANÇOIS VIOLETTE

FRANÇOIS VIOLETTE MILL VAN-BUREN… 1791.

MOULIN FRANÇOIS VIOLETTE

5.

After the initial round of petitions for groups of people, the process for petitioning was subsequently done one person at a time. Aside from his Lot (2) in Track 3 of the Soucy Concession (See Figure 3-3 above), François Violette petitioned for other lots including a lot which was along the Picquanositac Brook in present-day Van-Buren, later named the Violette Brook. Obviously, François saw it and submitted the claim before his friend and brother-in-law, Olivier Thibodeau saw it. Had Olivier seen it first, he surely would have claimed it. But François Violette had been able to get up to the Madawaska territory earlier and as a result, he had first choice for his land. The location chosen by François for his mill was at these coordinates: N47.158565 W67.938829 in present-day Van-Buren, Maine.

It should be noted here that the act of petitioning for a property did not mean that you had to be prepared to occupy the property immediately. In fact, many of the settlers came up without their families to first view the land, familiarize themselves with the territory and began looking for a property that was not already claimed.

Finding one, the individual would mark it by either felling a tree or cutting the bark off a tree on the side of the property that was most visible from the bank of the St John River. Then the individual would petition for that property. At some point before the grant was awarded a few years later, the government would tell

Après les premières pétitions pour des groupes de personnes, le procès de pétitions après ont été fait une personne à la fois. À part de son lot (2) dans la voie 3 de la concession de Soucy (voir figure 3-3), François Violette a demandé pour d'autres lots, dont un lot le long du ruisseau Picquanositac dans Van-Buren contemporain, plus tard appelé ruisseau Violette. Évidemment, François l'a vu et a soumis sa pétition avant son ami et beau-frère, Olivier Thibodeau. Si Olivier l'avait vu en premier, il l'aurait sans doute pris. Mais François Violette a pu se rendre plus tôt au Madawaska et, par conséquent, il a eu le premier choix pour sa terre. L'endroit choisi par François pour son moulin était à ces coordonnées: N47.158565 W67.938829 dans Van-Buren, Maine contemporain.

Il convient de noter ici que l'acte de pétition pour une propriété ne signifiait pas que vous deviez être prêt à occuper la propriété immédiatement. En fait, de nombreux colons sont venus sans leurs familles pour voir d'abord la terre, se familiariser avec le territoire et commencer à chercher une propriété qui n'était pas déjà prit.

En trouvant un, l'individu le marquait en abattant un arbre ou en coupant l'écorce d'un arbre sur le côté de la propriété qui était le plus visible sur le bord de la rivière Saint-Jean. Ensuite, l'individu demandait cette propriété. À un moment donné avant que l'octroi soit accordé quelques années plus tard, le gouvernement dirait au pétitionnaire que la propriété serait accordée.

5. FRANÇOIS VIOLETTE MILL | MOULIN FRANÇOIS VIOLETTE

the petitioner that the property would be granted. After receiving the grant document for the property, the individual could plan to move his family on the property.

Once François was told that he would receive his grant for the Violette Brook tract, he was ready to begin the preparations and plans to build the flourmill.

As explained in Chapter 2 "To Build a Family Mill", designing a flourmill is complicated and typically requires three floors of equipment. (See Figure 2-8.) Much of the equipment is bought from a mill manu-

About the Violette Family...

François Violette and Marie Luce Thibodeau raised fifteen children in the years from 1770 to 1796: (1) Marguerite Genevieve, (2) Augustin, (3) Marie Geneviève, (4) François II, (5) Charles Amand, (6) Louis, (7) Marie Anne Josephte, (8) Madeleine, (9) Dominique, (10) Benoni, (11) Marie Vérérande, (12) Alexandre, (13) Pierre Hilarion, (14) Elisabeth, (15) Joseph Isaac. After Marie Luce was deceased, François remarried to Marie Rose Cormier. Together, they had five children from 1803 to 1810: (1) Joseph, (2) Marie Victoire, (3) Jean Régis, (4) (Male), (5) Jean Félix. After Marie Rose was deceased, François remarried to Geneviève Tardif. Together, they had three children from 1814 to 1818.

facturer but additional pieces must be fabricated by the millwright to connect the various pieces together on each floor. In most cases as far back as Pierre Thibodeau's experience at Shepody, the core of the tooling was ordered and purchased from New England vendors.

As noted in the previous chapter on the Firmin Thibodeau Mill, there is no record of François Violette having any experience in milling prior to his arrival in the St John river valley. Yet when he arrived at the Madawaska territory, he was sufficiently knowledgeable and skilled to be able to construct and operate a flour mill. Given François Violette's relationship with the Firmin Thibodeau family as discussed in Chapter 3 and based on family relationships illustrated in Figure 2-3 "Mill Technology Transfer in the St John Valley", our hypothesis is that François learned milling from his father-in-law Baptiste Thibodeau and his

Après avoir reçu le document de subvention pour la propriété, la personne pouvait emménager sa famille sur la propriété.

Une fois que François a été informé qu'il recevrait son octroi pour le secteur du ruisseau Violette, il était prêt à commencer ses préparatifs et les plans de construction du moulin à farine.

Comme expliqué au chapitre 2 « Bâtir un moulin familial », la conception d'un moulin à farine est compliquée et nécessite généralement trois étages d'équipement. (voir Fig. 2-8) Une grande partie de l'équipement est achetée d'un fabricant, mais des pièces sup-

À Propos de la famille Violette...

François Violette et Marie Luce Thibodeau ont élevé quinze enfants dans les années 1770 à 1796: (1) Marguerite Geneviève, (2) Augustin, (3) Marie Geneviève, (4) François II, (5) Charles Amand, (6) Louis, (7) Marie Anne Josephte, (8) Madeleine, (9) Dominique, (10) Benoni, (11) Marie Vérérande, (12) Alexandre, (13) Pierre Hilarion, (14) Elisabeth, (15) Joseph Isaac. Après le décès de Marie Luce, François s'est remarié avec Marie Rose Cormier. Ensemble, ils ont eu cinq enfants de 1803 à 1810: (1) Joseph, (2) Marie Victoire, (3) Jean Régis, (4) (Homme), (5) Jean Félix. Après le décès de Marie Rose, François se remarie avec Geneviève Tardif. Ensemble, ils ont eu trois enfants de 1814 à 1818.

plémentaires doivent être fabriquées par le meunier pour relier les différentes pièces à chaque étage. Dans la plupart des cas, remontant à l'expérience de Pierre Thibodeau chez Chipoudie, le cœur de l'outillage a été commandé et acheté auprès de fournisseurs de la Nouvelle-Angleterre.

Excepté comme mentionné dans le chapitre précédent sur le moulin Firmin Thibodeau, rien n'indique que François Violette ait aucune expérience dans les moulins avant son arrivée dans la vallée Saint-Jean. Pourtant, il était suffisamment bien informé et qualifié à son arrivée pour pouvoir bâtir et faire marcher un moulin à farine. Étant donné la relation de François Violette avec la famille Firmin Thibodeau telle que discutée au chapitre 3 et basé sur les relations familiales illustrées en la figure 2-3 « Transfert de technologie de moulin dans la vallée St Jean », notre hypothèse est que François a appris le fraisage de son beau-

brother-in-law Olivier during their years in the Lower St John area (See Figure 2-1 and 3-1.) as did Joseph Theriault and possibly also, Joseph Cyr. There, the Thibodeau's built a mill jointly with at least the Theriault's and perhaps also the Violette's which served the settlement however temporary it might have been.

Back in Madawaska, Olivier and Firmin Thibodeau probably built their mill first with some labor help from François and his sons. Surely, the favor was returned when François built his flourmill on the present-day Violette Brook in Van-Buren in 1791. (See Figures 5-1 through 5-5) Unlike their next-door neigh-

> ### About the Violette Mill...
>
> The François Violette mill is listed as MILL 172 in the "Register of Historic Mills of the St John Valley" of Historic Mills of the St John Valley" (see Volume Two).

bor situation in the Lower St John, their properties in the St John Valley were about 10 miles apart which made collaboration difficult. So, François Violette was no doubt left to do more work than he would otherwise have had to do.

We know little about the design of the François Violette mill except that it was tooled as a flourmill probably with a single 'run of stones', meaning a pair of millstones. According to the *Violette Family Association* (Source: 3, pg. 179) a dam was constructed at the location of the mill which created a pond upstream of the mill. With the dam, the mill probably employed a Breastshot waterwheel as shown in Figure 2-6. In their Survey of 1831, Deane & Kavanagh noted that the mill has '…long since worn out." And that François' son, François, Jr had begun to make improvements to the mill four years before in 1827.

OWNER: FRANÇOIS VIOLETTE JR. (1826– c.1830)
The surveyors further noted that François, the son, had moved onto the mill's lot in 1828.

père Baptiste Thibodeau et son beau-frère Olivier pendant leurs années dans la région du Bas St Jean (voir figure 2-1 et 3-1.), tout comme Joseph Theriault III et Joseph Cyr. Là, les Thibodeau ont construit un moulin conjointement avec au moins les Thériault et peut-être aussi les Violette qui ont servi la colonie, aussi temporaire qu'elle ait pu être.

De retour à Madawaska, Olivier et Firmin Thibodeau ont très probablement construit leur moulin d'abord avec l'aide de François et de ses fils. Certainement, la faveur a été rendue lorsque François a construit son moulin à farine sur le ruisseau Violette actuel à Van-

> ### À Propos du moulin Violette...
>
> Le Moulin François Violette est inscrit comme MILL 172 dans le « Enquête des moulins historique de la vallée Saint-Jean » (voir tome second).

Buren en 1791. (voir les figures 5-1 à 5-5). Contrairement à leur situation voisine dans le Bas-Saint-Jean, leurs propriétés dans la vallée Saint-Jean étaient à environ 16 km les unes des autres ce qui a rendu la collaboration difficile. Ainsi, François Violette était sans aucun doute obligé de faire plus de travail qu'il n'aurait autrement dû en faire.

Nous savons peu de choses du dessin du moulin François Violette, mais il a été outillé comme un moulin à farine probablement avec une seule « paire de pierres », ce qui signifie une paire de meules. Selon la *Violette Family Association* (réf: 3, p. 179), un barrage a été construit à la place du moulin qui a créé un étang en amont du moulin. Avec le barrage, le moulin a probablement utilisé une roue à eau de poitrine, comme montré en la figure 2-6. Dans son enquête de 1831, Deane & Kavanagh ont noté que le moulin était « … depuis longtemps épuisé ». Et que le fils de François, François, Jr avait commencé à apporter des améliorations au moulin quatre ans passé en 1827.

5. FRANÇOIS VIOLETTE MILL | MOULIN FRANÇOIS VIOLETTE

OWNER: AUGUSTIN VIOLETTE (c.1830 – 1844)

François Jr. conveyed the mill to his brother, Augustin Violette around 1830. According to a note on the property deed, Augustin made several significant improvements to the mill including adding the tooling for sawing. He also shut down the single run of stones for milling flour.

OWNER: BELONI VIOLETTE (1844 – 1899)

Augustin conveyed the mill to Beloni Violette in 1844. Sometime prior to 1899, Beloni re-activated the single run of stones in the mill for milling flour.

OWNER: FREDERICK VIOLETTE (1899 – 1911)

Beloni conveyed the mill to Frederick Violette in 1899 after which the tooling for wool carding was installed in the upper floor of the mill.

OWNER: SUZANNE PARENT VIOLETTE (1911– after 1953)

In 1911, Frederick conveyed the mill to Suzanne Parent Violette who operated the mill until sometime after 1950. Soon after, in a final transaction, the mill was sold to Paul Marquis in 1953 who demolished the mill along with its ancient waterwheel.

For a technical description of this mill, see MILL 172 in the 'Van Buren, Maine' section of the Survey of Historic Mills (Chapter 15, Volume Two).

PROPRIÉTAIRE : FRANÇOIS VIOLETTE JR. (1826 - c.1830)

Les arpenteurs ont également noté que François, le fils, avait emménagé sur le terrain du moulin en 1828.

PROPRIÉTAIRE : AUGUSTIN VIOLETTE (1830-1844)

François Jr. a passé le moulin à son frère, Augustin Violette vers 1830. Selon une note sur l'acte de propriété, Augustin a apporté plusieurs améliorations importantes au moulin, notamment l'ajout de l'outillage pour le sciage. Il a également fermé les seules paires de pierres pour moudre la farine.

PROPRIÉTAIRE : BELONI VIOLETTE (1844-1899)

Augustin a passé le moulin à Beloni Violette en 1844. Quelque temps avant 1899, Beloni a réactivé la seule paire de pierres du moulin pour moudre la farine.

PROPRIÉTAIRE : FREDERICK VIOLETTE (1899-1911)

Beloni a passé le moulin à Frederick Violette en 1899, après quoi l'outillage pour le cardage de la laine a été installé à l'étage en haut du moulin.

PROPRIÉTAIRE : SUZANNE PARENT VIOLETTE (1911– après 1953)

En 1911, Frederick a passé le moulin à Suzanne Parent Violette qui a fait fonctionner le moulin jusqu'à peu après 1950. Peu après, dans une transaction finale, le moulin a été vendu à Paul Marquis en 1953 qui a démoli le moulin avec son ancienne roue à eau.

Pour une description technique de ce moulin, voir MILL 172 dans la section « Van Buren, Maine » en *l'Enquête de moulins historique* (chapitre 15, tome second).

5. FRANÇOIS VIOLETTE MILL | MOULIN FRANÇOIS VIOLETTE

5. FRANÇOIS VIOLETTE MILL | MOULIN FRANÇOIS VIOLETTE

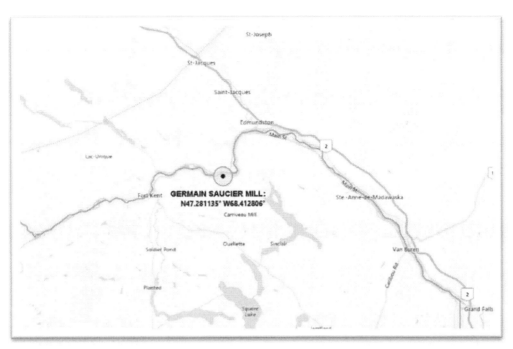

Figure 6-1. Location of Germain Saucier mill on the Upper St John Valley map. Graphic by JRTheriault.

Figure 6-1. Place du moulin Germain Saucier sur la carte de la vallée du haut Saint-Jean. Graphique par JRTheriault.

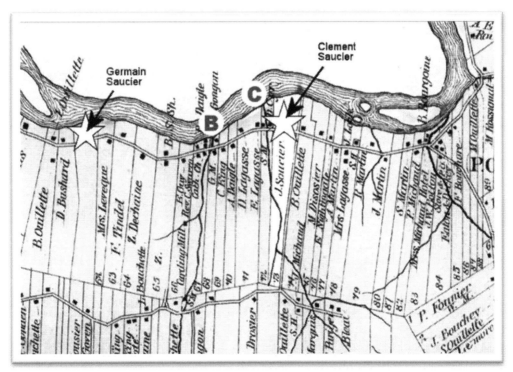

Figure 6-2. Location of Clement Saucier lot with the two local brooks, the Dickey Brook which empties into the St John at "B" and the Cyr brook which empties at "C". The approximate location of the Germain Saucier property is shown with a star as is the actual location of the Clement Saucier property. [Source: 7, Modified copy of Roe & Colby's map of 1877 of Frenchville.]

Figure 6-2. Place du lot Clement Saucier avec les deux ruisseaux, le ruisseau Dickey qui se jette dans le St Jean en « B » et le ruisseau Cyr qui se jette en « C ». La place approximatif de la propriété Germain Saucier est indiqué par une étoile, de même que la place réel de la propriété Clement Saucier. Carte Roe & Colby de 1877 de Frenchville modifié. [Source: 7, Carte Roe & Colby de 1877 de Frenchville modifié.

6. GERMAIN SAUCIER MILL | MOULIN GERMAIN SAUCIER

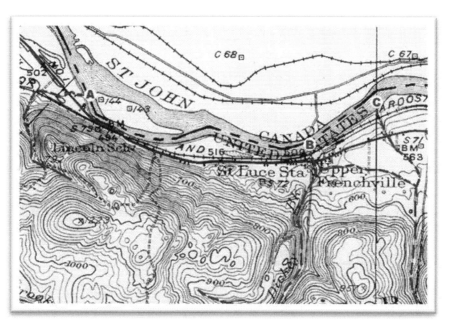

Figure 6-3. Location of brooks close to Saucier lot. Daigle Brook that empties in the St John at point "A", Dickey Brook at point "B", and Cyr Brook at point "C". [Source: 132, "National Wild and Scenic Rivers System" modified.]

Figure 6-3. Place des ruisseaux proche du lot Saucier. Ruisseau Daigle qui se vide en la St Jean au point «A», ruisseau Dickey au point «B» et ruisseau Cyr au point «C». [Source: 132, "National Wild and Scenic Rivers System" modifié.]

Figure 6-4. Location of Germain Saucier Mill (star) on Clement Saucier property. Graphic by JRTheriault.

Figure 6-4. Place du moulin Germain Saucier (étoile) sur la propriété Clément Saucier. Graphique par JRTheriault.

GERMAIN SAUCIER MILL ⊛ MOULIN GERMAIN SAUCIER
UPPER FRENCHVILLE... 1808

6.

Father Thomas Albert, in his "*History of Madawaska*", establishes clearly that Germain Saucier was one of the first settlers of the 'Chautauqua' area (present-day Frenchville) and operated one of the first flourmills in the St John valley. While we do not know where Germain acquired his training in mills, we do know from Father Albert and others that Germain was a miller and a member of the first group of French-Canadians to settle the Madawaska territory after the Acadians arrived in 1785.

About the Saucier Family...

PARISH RECORDS: Henri Saucier and Charlotte Mignier-Lagacé were married in Ste Anne de la Pocatière in 1784. They had the following children: Germain, Clément, and Jean-Baptiste. Germain married Irene-Suzanne Martin in St Basile (1809) and had the following children: Clement, Germain and Henri. Germain remarried to Sophie Bellefleur Gatté in 1824 and had the following children: Oscar, Olivier. Clement married Judith Boucher in St Basile (1810). They had at least one child: Joseph. Jean-Baptiste married Emelie Marquis in St Basile (1819)

According to the 1831 Survey by Deane & Kavanagh, the first Saucier to acquire land in present-day Frenchville was Germain's older brother, Clement, who at the age of 33 purchased Lot 73 in 1808. (See Figure 6-2.) Five years later, his younger brother Germain also acquired two lots in 'Chautauqua'. The approximate location is shown in Figure 6-2. The Deane & Kavanagh Survey places Germain's lot about 1.5 miles upriver

Le père Thomas Albert, dans son *"Histoire de Madawaska"*, établit clairement que Germain Saucier était l'un des premiers colons de la région de "Chautauqua" (Frenchville contemporain) et qu'il faisait marcher l'un des premiers moulins à farine de la vallée Saint-Jean. Bien que nous ne sachions pas où Germain a acquis son entraînement dans les moulins, nous savons par le père Albert et d'autres que Germain était un meunier et un membre du premier groupe de Canadiens-Français à s'installer sur le territoire du Madawaska après l'arrivée des Acadiens en 1785.

À Propos de la famille Saucier...

REGISTRES PAROISSIALES: Henri Saucier et Charlotte Mignier-Lagacé se sont mariés à Ste Anne de la Pocatière en 1784. Ils avaient les enfants suivants: Germain, Clément et Jean-Baptiste. Germain a épousé Irène-Suzanne Martin à St Basile (1809) et a eu les enfants suivants: Clément, Germain et Henri. Germain s'est remarié à Sophie Bellefleur Gatte en 1824 et a eu les enfants suivants: Oscar, Olivier. Clément a épousé Judith Boucher à St Basile (1810). Ils ont eu au moins un enfant: Joseph. Jean-Baptiste a épousé Émelie Marquis à St Basile (1819)

Selon l'enquête de 1831 de Deane & Kavanagh, le premier Saucier à acquérir des terres à Frenchville, contemporain, était le frère aîné de Germain, Clément, qui à l'âge de 33 ans, a acheté le lot 73 en 1808. (voir figure 6 -2.) Cinq ans plus tard, son frère cadet Germain a également acquis deux lots à 'Chautauqua'. La place approximatif est illustré à la figure 6-2. L'enquête Deane & Kavanagh place le terrain de Germain à environ 1,5

from Clement's property going toward Fort Kent, about ¾ mile west of the Saint-Luce Church. It is interesting to note that there are no brooks in the vicinity of Germain's two properties, yet Germain is running a flourmill somewhere.

Figure 6.2 shows that Clement's property included a very sizable 'Cyr Brook'. At the time of the 1877 map, the lot was owned by Clement's son, Joseph. The map also shows that the brook empties in the St. John River at location 'C' on Lot 72 then owned by Damas Cyr (MILL 68.00).

 The only other brook in this area is the Dickey Brook which empties at location 'B'. There is the Daigle brook about 2 miles west of the Saint-Luce Church which empties in the St John at location 'A' as shown in the 1932 Topography Map of Upper Frenchville in Figure 6-3. Unfortunately, the brook is not in Frenchville but in Fort Kent.

About the Saucier Mill...

The Germain Saucier mill is listed as MILL 69 in the "Register of Historic Mills of the St John Valley". (See Vol Two) The mill was probably located at: N47.281135 W68.412806 on Cyr Brook running through Clement Saucier's land. Its tooling included a single run of stones for milling flour. The source of power was a waterwheel probably an undershot. The quite simple flourmill was a one- or two-man operation. The mill was in operation from around 1808 until sometime before 1831.

So, unfortunately, Germain's property did not include a brook. To the two brothers, this was not a problem. Clement had a good-sized brook on his property, so the brothers struck an agreement wherein Germain built his mill on the Cyr Brook passing through Clement's property as shown in Figure 6-4. Taking into consideration Father Albert's assessment that Germain was one of the first to operate a flour mill in the area, Germain probably built the mill soon after Clement purchased his land in 1808. The two brothers started their families around the same time when they married: Germain in 1809 and Clement in 1810.

Unfortunately, this arrangement was relatively short-lived. About 20 years later when Deane & Kavanagh

mile en amont de la propriété de Clément en direction de Fort Kent, à environ ¾ mile à l'ouest de l'église de Saint-Luce. Il est intéressant de noter qu'il n'y a pas aucun ruisseau proche des deux liens de Germain, pourtant Germain avais un moulin à farine en quelque part.

La figure 6.2 montre que la propriété de Clément comprenait un « ruisseau Cyr » qui est très important. Au moment de la carte de 1877, le terrain appartenait au fils de Clément, Joseph. La carte montre également que le ruisseau se vide dans la rivière Saint-Jean à la place « C » sur le lot 72 appartenant alors à Damas Cyr (MILL 68,00).

Le seul autre ruisseau dans cette région est le ruisseau Dickey qui se vide à la place « B ». Il y a le ruisseau Daigle à environ 2 milles à l'ouest de l'église de Sainte Luce qui se vide en la St Jean à la place « A » comme montre la carte topographique de 1932 d'Upper Frenchville à la figure 6-3. Malheureusement, le ruis-

À Propos du moulin Saucier...

Le moulin Germain Saucier est inscrit comme MILL 69 dans le « Enquête des moulins historique de la vallée St Jean ». (voir tome second) Le moulin était probablement situé à: N47.281135 W68.412806 sur Cyr Brook traversant les terres de Clément Saucier. Son outillage comprenait une seule paire de meules pour moudre la farine. La source de pouvoir était une roue à eau probablement un type sous-dépassement. Le moulin à farine assez simple était une opération à un ou deux hommes. Le moulin a marché à partir d'environ 1808 jusqu'à quelque temps avant 1831.

seau n'est pas à Frenchville mais à Fort Kent.

Donc, malheureusement, la propriété de Germain n'avait pas aucun ruisseau. Pour les deux frères, ce n'était pas un problème. Clément avait un ruisseau de bonne taille sur sa propriété, alors les frères ont conclu un accord selon lequel Germain a construit son moulin sur le ruisseau Cyr sur la propriété de Clément, comme montre la figure 6-4. Compte tenu du père Albert selon laquelle Germain était l'un des premiers à faire marcher un moulin à farine dans la région, Germain a probablement construit son moulin peu de temps après que Clément a eu acheté sa terre en 1808. Les deux frères ont commencé leur famille à peu près au même

conducted their survey, there was no mill on the Saucier property at that time. There are no records in the US Census of Germain and his flourmill. Also, other mills were being built close by around this time, e.g., the Edward Guy mill on Dickey Brook and the Damas Cyr mill on the Cyr Brook.

Clement transferred his Lot 73 to his son Joseph, in 1855. Five years later in 1860, Clement was retired and living with his wife, Julie and a servant next door to his son, Joseph. Clement died at the age of 98 in 1873. His brother Germain died at the age of 99 in 1884.

In 1886, Joseph Saucier sold Lot 73 to Romain and Elise Coté (who were the owners of a 176-acre farm that abutted Lot 73). It is interesting to note and important to the history of the George Corriveau Jr. mill (MILL 69.04) that Romain & Élise Coté, were George Corriveau Jr's mother- and father-in-law. And of course, his father, George Corriveau, Sr was the owner of MILL 45.00 of Caron Brook, NB.

The history of the George Corriveau Jr. Mill is presented in 'The Corriveau Mills' chapter.

For a technical description of this mill, see MILL 69 in the 'Upper Frenchville, Maine' section of the Survey of Historic Mills (Chapter 15, Volume Two).

temps qu'ils se sont mariés: Germain en 1809 et Clément en 1810.

Malheureusement, cet arrangement a été relativement de courte durée. Environ 20 ans plus tard, lorsque Deane & Kavanagh ont mené leur enquête, il n'y avait pas de moulin sur la propriété Saucier à l'époque. Il n'y a aucun enregistrement dans le recensement américain de Germain et son moulin à farine. De plus, d'autres moulins étaient en construction à proximité à cette époque, par exemple le moulin Edward Guy sur le ruisseau Dickey et le moulin Damas Cyr sur le ruisseau Cyr.

Clément a passé son lot 73 à son fils Joseph, en 1855. Cinq ans plus tard, en 1860, Clément était en retraite et vivait avec sa femme, Julie et une servante à côté de son fils, Joseph. Clément est décédé à l'âge de 98 ans en 1873. Son frère Germain est décédé à l'âge de 99 ans en 1884.

En 1886, Joseph Saucier a vendu le lot 73 à Romain et Élise Coté (qui étaient les propriétaires d'une ferme de 176 acres qui jouxtaient le lot 73). Il est intéressant de noter et important pour l'histoire du moulin George Corriveau Jr. (MILL 69.04) que Romain et Élise Coté étaient la belle-mère et le beau-père de George Corriveau Jr. Et bien sûr, son père, George Corriveau, Sr., était le propriétaire du MILL 45.00 de Caron Brook, NB.

L'histoire du moulin George Corriveau Jr. est présentée dans le chapitre « Les moulins Corriveau ».

Pour une description technique de ce moulin, voir MILL 69 dans la section « Upper Frenchville, Maine » en *l'Enquête de moulins historique* (chapitre 15, tome second).

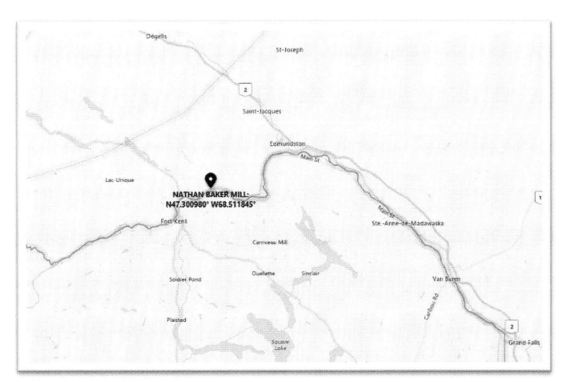

Figure 7-1. Actual Location of Nathan Baker Mill in St John Valley. Graphic by JRTheriault.

Figure 7-1. Place actuel du Moulin Nathan Baker en la vallée Saint-Jean. Graphique par JRTheriault.

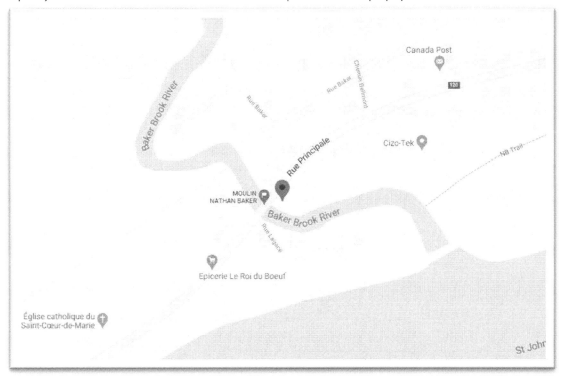

Figure 7-2. Actual location of Nathan Baker Mill in Baker Brook, NB. Graphic by JRTheriault.

Figure 7-2. Place actuel du Moulin Nathan Baker en Baker Brook, NB. Graphique par JRTheriault.

Nathan and John built their mill in this very location on the left (east side of the brook and south of the road through the village). The inset above shows the view on the north side of the bridge. There is not alot of drop in the elevation of the brook, so the Bakers may have dammed the brook and used raceways to direct the water to the mill.

Figure 7-3. Details of Nathan Baker's Mills. The two mills (sawmill and flourmill) were located on the east side of the river (left) and Nathan's house was built on the west bank of the river (right). Graphic by JRTheriault.

Figure 7-3. Détails des Moulins Nathan Baker. Les deux moulins (un moulin à scie et moulin à farine) étaient situés sur le côté est de la rivière (à gauche) et la maison de Nathan a été construite sur le bord ouest de la rivière (à droite). Graphique par JRTheriault.

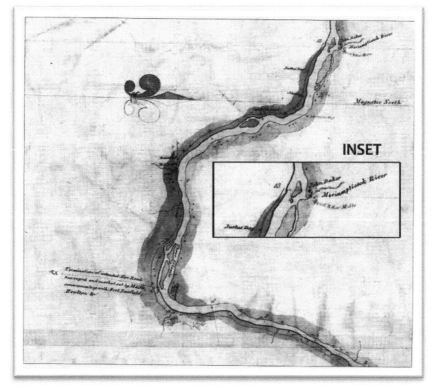

INSET

Figure 7-4. Section of 1840 map by New Brunswick surveyor John Wilkinson, showing in the INSET, John Baker's house above (west) of the Méruimticook River (present-day Baker Brook River) and below (east) the "Grist & Sawmills". [Source: 86, pg.141]

Figure 7-4. Carte de 1840 du survivant du Nouveau-Brunswick John Wilkinson, montrant en l'insérer la maison de John Baker au-dessus (à l'ouest) de la rivière Méruimticook (Rivière Baker Brook contemporain) et au-dessous (à l'est) des « Grist & Saw Mills ». [Source: 86, pg.141]

7. NATHAN BAKER MILL | MOULIN NATHAN BAKER

Figure 7-5. Probable configuration of Nathan Baker's sawmill. Public domain photo.

Figure 7-5. Configuration probable du moulin à scie de Nathan Baker. Photo du domaine public.

NATHAN BAKER MILL ⚙ MOULIN NATHAN BAKER
BAKER BROOk... 1817

7.

Around 1816, a small group of people left Moscow, in Somerset County, Maine, to explore lumbering on the upper St. John River. They were 'Capitaine' Nathan Baker, the brothers John and James Harford and 'Capitaine' Fletcher, all were American citizens. After a journey of about 250 miles in birch canoes taking some fifteen days, they arrived at the stream, known then as the Méruimticook River on the north bank of the St John River, 20 miles west of Saint-Basile. (See Figures 7-1, 7-2) At that time, the only other settlers in the upper valley were Acadians who arrived in 1785 and 1790. Few, if any, of the French Canadians had yet begun to migrate from Lower Canada. At that time, it was well-known that the international boundary was being disputed by the United States and England.

OWNER: NATHAN BAKER (1817 – 1821)
Nathan Baker and his wife decided to settle there. With the help of his friends, Stimpson, Fletcher and John Harford, Nathan built his house and mills about 300 yards from the mouth off the Méruimticook River where today New Brunswick Highway 120 crosses the Baker Brook River. (See Figure 7-3, 7-4.) The tooling for the mill was configured for a double up-and-down saw and a single run of stones for milling grain. According to Father Albert, this was the first sawmill constructed in the St John Valley.

His lot included about 200 acres, with two separate mills: a sawmill with a framed "up-and-down" saw with double ganged blades and a flourmill, a two-story dwelling house, a large frame barn, sheds, and out houses. The property was later bounded on the

Vers 1816, un petit groupe de personnes est parti de Moscou, dans le comté de Somerset, au Maine, pour explorer la coupe du bois dans la vallée du haut Saint-Jean. Ils étaient « Capitaine » Nathan Baker, les frères John et James Harford et « Capitaine » Fletcher, tous étaient citoyens américains. Après un voyage d'environ 250 milles en canots de bouleau qui a pris une quinzaine de jours, ils sont arrivés au ruisseau, connu sous le nom de la rivière Méruimticook, sur le bord nord de la rivière Saint-Jean, à 32 kilomètres à l'ouest de Saint-Basile. (voir figures 7-1, 7-2.) À cette époque, les seuls autres colons de la vallée du haut Saint-Jean étaient des Acadiens arrivés en 1785 et 1790. Peu, voire aucun, des Canadiens-Français n'avaient encore commencé à émigrer du Bas-Canada. À ce temp, c'était bien connu que la frontière internationale était contestée par les États-Unis et l'Angleterre.

PROPRIÉTAIRE : NATHAN BAKER (1817-1821)
Nathan Baker et sa femme se sont décidé de s'installer. Avec l'aide de ses amis, Stimpson, Fletcher et John Harford, Nathan a construit sa maison et ses moulins à environ 300 mètres de l'embouchure de la rivière Baker Brook où, aujourd'hui, la route 120 du Nouveau-Brunswick traverse la rivière Baker Brook. (voir figures 7-3, 7-4.) L'outillage de ses moulins ont été configuré pour deux scies à cadre « montante et descendant » et une seule paire de meules pour moudre la farine. Selon le père Albert, il s'agissait de le premier moulin à scie construite dans la vallée Saint-Jean.

east side by land owned by Firmin Thibodeau and on the west by Nathaniel Bartlett's land. The Baker house was on the west bank of the Méruimticook River while the barn and mills were on the east bank. [Source: 94]

Soon after, others arrived from the Kennebec region of Maine. These new settlers were John Baker, brother of Nathan, Jesse Wheelock, James Bacon, Charles Studson, Barnabas Hunnawell, Walter Powers, Daniel Sav-

---

About the Baker Family...

Nathan Baker and Sophie Rice raised four children in the years from 1809 to 1819: (1) Amanda, (2) Lavinda, (3) Sophronia, and (4) Enoch.

---

age, Randall Harford, Nathaniel Bartlett, Augustus Webster, and Amos Maddocks. Some settled around the Baker Brook area and others settled further up the river in the present-day Saint-François area. John Baker stayed in Saint-François for a while but later continued to the Bay Chaleur to build mills and carry-on lumbering there. [Source: 61]

In 1820, John Baker returned to live with his brother Nathan at the Madawaska settlement, and partnered with him in the lumbering business with Samuel Nevers (a merchant of St. John, NB, who was licensed by the New Brunswick provincial government to cut timber). John and Nathan worked as 'timber cruisers' for Nevers, seeking new finds of timber.

OWNER: JOHN BAKER (1821 – 1842)

In 1821 Nathan Baker died. The conditions of his death and the location of his burial are not known. John Baker continued to carry on the lumbering business under Nevers and took charge of managing the operations of Nathan's mills. In 1822, he married Nathan's widow, Sophia Rice Baker. At this time, Sophia had five children from her marriage with Nathan: three daughters and one son, Enoch and a fifth child reported in the Census of 1820 with no indication of gender. John and Sophia did not have any children,

So, all Bakers in Madawaska descend from Nathan.

Son terrain comprenait environ 200 arpents, avec deux moulins séparés : un moulin à scie avec une scie à cadre « montante et descendant » à lames doubles et un moulin à farine, une maison d'habitation à deux étages, une grande grange à charpente, des remises et des maisons extérieures. La propriété a ensuite été délimitée du côté est par des terres appartenant à Firmin Thibodeau et à l'ouest par des terres de Nathaniel

---

À Propos de la famille Baker...

Nathan Baker et Sophie Rice ont élevé quatre enfants dans les années 1809 à 1819 : (1) Amanda, (2) Lavinda, (3) Sophronia, et (4) Enoch.

Bartlett. La maison Baker était sur le bord ouest de la rivière Méruimticook tandis que la grange et les moulins étaient sur le bord est. [Source: 94]

Peu de temps après, d'autres sont arrivés de la région de Kennebec dans le Maine. Ces nouveaux colons étaient John Baker, frère de Nathan, Jesse Wheelock, James Bacon, Charles Studson, Barnabas Hunnawell, Walter Powers, Daniel Savage, Randall Harford, Nathaniel Bartlett, Augustus Webster et Amos Maddocks. Certains se sont installés autour de Baker Brook et d'autres se sont installés plus en amont de la rivière dans la région contemporaine de Saint-François. John Baker est resté à Saint-François pendant un temps, mais plus tard, il s'est rendu au Bay de Chaleur pour bâtir des moulins et exploiter du bois. [Source: 61]

En 1820, John Baker retourna vivre avec son frère Nathan au Madawaska et s'associa avec lui dans les affaires du bois avec Samuel Nevers (un marchand de St. John, N.-B., autorisé par le gouvernement provincial du Nouveau-Brunswick à couper du bois). John et Nathan travaillaient comme « croiseurs du bois » pour Nevers, à la recherche de nouveaux champs de bois.

Still in that time, the political status of the Madawaska territory was unresolved. It was neither American nor English property. Although both the state of Maine and the province of New Brunswick issued deeds, none were legitimate.

During these several years, the operational status of the mills is not known and there is no evidence that John Baker was involved in the day-to-day operation of the mills. Many different people were reported to

About the Baker Mill...

The Nathan Baker mill is listed as MILL 58 in the "Register of Historic Mills of the St John Valley" (See Volume Two)

have been operating the mills for John Baker and at other times, many of his associates filed a variety of transactions to sell or buy the two Baker lots that included his house, and on Lot #67, the two mills, barns, and other outbuildings.

OWNER: ENOCH BAKER (1842 – 1847)...

Finally, on August 9, 1842, the Treaty of Webster & Ashburton was agreed upon by the United States and Britain which established the St. John River as the international boundary from Grand Falls to the confluence of the St. Francis River. Apparently, ownership of the Baker property was granted to Sophia Baker's son, Enoch Baker because of the treaty. [Source: 9] John Baker in the meantime, was living in St. François, a few miles upriver from Baker Brook, with his wife, Sophia, and their children.

Figure 7-4 shows a section of the 1840 map by New Brunswick surveyor John Wilkinson with the Baker Brook settlement at the top. The enlargement shows John Baker's house above (west) of the Méruimticook River and below (east) the "Grist & Sawmills".

PROPRIÉTAIRE: JOHN BAKER (1821 – 1842)

En 1821, Nathan Baker est décédé. Les conditions de sa mort et le lieu de son enterrement ne sont pas connus. John Baker a continué à exploiter les affaires du bois pour Nevers et a pris en charge la gestion des opérations des moulins de Nathan. En 1822, il épousa la veuve de Nathan, Sophia Rice Baker. À cette époque, Sophia avait cinq enfants de son mariage avec Nathan : trois filles et un fils, Énoch et un cinquième enfant déclarés dans le recensement de 1820

À Propos du moulin Baker...

Le Moulin Nathan Baker est inscrit comme MILL 58 dans le « Enquête des moulins historique de la vallée Saint-Jean » (voir tome second).

sans indication de sexe. John et Sophia n'ont pas eu d'enfants,

Donc tous les 'Bakers' du Madawaska descend de Nathan.

Toujours à cette époque, le statut politique au territoire du Madawaska n'était pas résolu. Ce n'était ni une propriété américaine ni anglaise. Bien que l'État du Maine et la province du Nouveau-Brunswick aient émis des actes, aucun n'était légitime.

Au cours de ces quelques années, l'état de fonctionnement des moulins n'est pas connu et rien n'indique que John Baker était impliqué dans la marche quotidienne des moulins. De nombreuses personnes différentes auraient faite marcher les moulins de John Baker et, à d'autres moments, bon nombre de ses associés ont déposé diverses transactions pour vendre ou acheter les deux lots Baker qui comprenaient sa maison, et sur le lot n ° 67, les deux moulins, granges et autres bâtisses extérieures.

PROPRIÉTAIRE: ENOCH BAKER (1842 – 1847)

Enfin, le 9 août 1842, le traité de Webster & Ashburton a été conclu par les États-Unis et la Grande-Bretagne qui ont établi la rivière Saint-Jean comme le frontière internationale commençant au Grand-Sault à le confluent de la rivière Saint-Francis en la rivière Saint-

OWNER: FREDERICK HATHEWAY (1847 – 1871)

In 1847, Enoch sold the mill, its water privileges, and the mill lot (#67) to Frederick Hatheway, a St. John merchant, for £500. [Source: 9]

There is no evidence of a dam around the area of the Moulin Baker on present-day Baker Brook River. So, we can assume that the waterwheel was an 'under-shot' design where the water from the millrace flows under the wheel as shown in Figure 2-6. The mill in this illustration is shown as an example of the type of mill that Nathan Baker probably built in 1817.

The two mills were on the east side of the Baker Brook with the sawmill probably upstream from the flour-mill. Since the two mills required different levels of horsepower, the wheel designs were different; at least in size if not also in type, i.e., overshot, undershot, breast-shot, etc., depending on the flow of water at that location.

Over the next 20 years the mill was sold no less than 28 times. Buyers and sellers included a wide array of persons: Hatheway, Wiley and Burray of Madawaska, Turner and Whitney from Maine, Jesse Wheeloch, one of Baker's original confederates, Hilaire Pelletier, a local French lumberer, Collins Whitaker, brother in law of lumberer Shepherd Carrie from Houlton, Edward Jewitt from the lumbering firm of Jewett and March of Saint-John, who paid $5000 for the property, Prudent Gagnon, a local merchant and miller, as well as several members of the Baker family: John, his wife Sophia, her sons Enoch and John, Enoch's French Canadian wife Madeleine Ouellette, and the younger John's wife Sarah.

OWNERS: PRUDENT GAGNON, ENOCH & JOHN BAKER (1871 –1900)

In the end, lot #67 was divided into two lots such that in the 1871 census, Prudent Gagnon is listed as owning a flourmill that is under repair and is worth $1100 on one half of the original site and Baker is listed as owning a sawmill worth $1000 on the remainder of the site. Ultimately, the Bakers sold their interest in their mill and sold to Gagnon for $300 five years later. (See MILL 58.04)

Jean. Apparemment, la propriété de Baker a été accordée au fils de Sophia Baker, Énoch à cause du traité. [Source: 9] Entre-temps, John Baker vivait à Saint-François, à quelques kilomètres en amont de Baker Brook, avec sa femme, Sophia, et leurs enfants.

La figure 7-4 montre une section de la carte de 1840 de l'arpenteur du Nouveau-Brunswick John Wilkinson avec l'établissement de Baker Brook au sommet. L'agrandissement montre la maison de John Baker au-dessus (à l'ouest) de la rivière Méruimticook et au-dessous (à l'est) des « Grist & Sawmills ».

PROPRIÉTAIRE: FREDERICK HATHEWAY (1847 – 1871)

En 1847, Énoch a vendu le moulin, ses privilèges sur l'eau et le lot du moulin (# 67) à Frederick Hatheway, un marchand de Saint-Jean, pour 500 £. [Source: 9]

Il n'y a aucune preuve d'une écluse autour du Moulin Baker sur la rivière Baker Brook. Ainsi, nous pouvons supposer que la roue à eau était une conception « sous-dépassement » où l'eau de la course du moulin coule sous la roue comme montré en figure 2-6. Le moulin dans cette illustration est montré comme un exemple du type de moulin que Nathan Baker a probablement construit en 1817.

Les deux moulins étaient situés du côté est du ruisseau Baker, le moulin à scie étant probablement en amont du moulin à farine. Étant donné que les deux moulins nécessitaient des niveaux de puissance différents, les modèles de roues étaient différents; au moins en taille sinon en type, c'est-à-dire, en-dessous, au-dessus, de poitrine, etc., en fonction de l'écoulement de l'eau à cet endroit.

Au cours des 20 années suivantes, le moulin a été vendu pas moins de 28 fois. Les acheteurs et les vendeurs comprenaient un large éventail de personnes : Hatheway, Wiley et Burray de Madawaska, Turner et Whitney du Maine, Jesse Wheeloch, l'un des confédérés d'origine de Baker, Hilaire Pelletier, un forestier Français local, Collins Whitaker, beau-frère du bûcheron Shepherd Carrie de Houlton, Edward Jewett de la firme de sciage de Jewett et March de Saint-John, NB, qui a payé 5000 $ pour la propriété, Prudent Ga-

The 1891 Canadian Census reports Prudent Gagnon at 68 years old and his wife, Genevière Daigle continuing to live by themselves (no children) in the Baker Brook area. He reported himself as being employed but made no mention of working as a miller or of owning a mill. So, we should assume that he stopped operating the mill sometime before 1891. The Baker mill property on the Baker Brook River was demolished and removed by 1900.

For a technical description of this mill, see MILL 58 in the 'Baker Brook, NB' section of the Survey of Historic Mills (Chapter 15, Volume Two).

gnon, un marchand et meunier proche, ainsi que plusieurs membres de la famille Baker : John, son épouse Sophia, ses fils Énoch et John, l'épouse Canadienne-Française d'Énoch, Madeleine Ouellette et l'épouse du jeune John Sarah.

PROPRIÉTAIRES: PRUDENT GAGNON, ENOCH & JOHN BAKER (1871 – 1900)

En fin du compte, le lot # 67 a été divisé en deux lots de sorte qu'au recensement de 1871, Prudent Gagnon est inscrit comme propriétaire d'un moulin à farine en réparation et vaut 1100 $ sur la moitié du site d'origine et Baker est inscrit comme propriétaire d'un moulin à scie d'une valeur de 1 000 $ sur le reste du site. En fin de compte, les Bakers ont vendu leur participation dans leur moulin et vendu à Gagnon pour 300 $ cinq ans plus tard. (voir MILL 58.04)

Le recensement canadien de 1891 révèle que Prudent Gagnon à 68 ans et sa femme, Genevière Daigle, continuent de vivre seuls (sans enfants) dans la région de Baker Brook. Il s'est signalé comme étant employé mais n'a fait aucune mention de travailler comme meunier ou de posséder un moulin. Donc, nous devons supposer qu'il a cessé les affaires des moulins quelque temps avant 1891.

 La propriété du moulin Baker sur la rivière Baker Brook a été démolie et enlevée en 1900.

Pour une description technique de ce moulin, voir MILL 58 dans la section « Baker Brook, NB » en l'*Enquête de moulins historique* (chapitre 15, tome second).

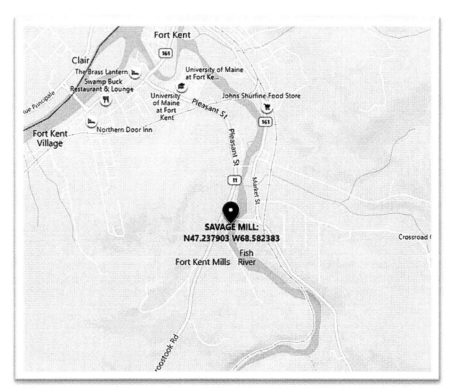

Figure 8-1. Present-day map showing location of the Daniel Savage Mill in the St John Valley on the west bank of the Fish River. Graphic by JRTheriault

Figure 8-1. Carte contemporaine montrant la place du Moulin Daniel Savage dans la vallée Saint-Jean sur le bord ouest de la rivière Fish. Graphique par JRTheriault.

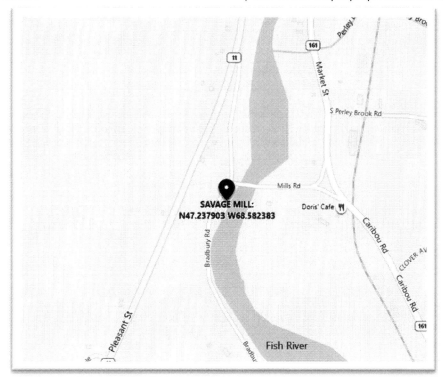

Figure 8-2. location of the Daniel Savage Mill on the west bank of the Fish River. Graphic by JRTheriault

Figure 8-2. Place du Moulin Daniel Savage sur le bord ouest de la rivière Fish. Graphique par JRTheriault.

8. DANIEL SAVAGE MILL | MOULIN DANIEL SAVAGE

Figure 8-4. Sawmill (MILL 47) owned by Daniel Savage from 1825 - 1836. One of the first businesses in Fort Kent of the early 1800's. Mill was located on the west side of the Fish River, is shown from the customer entrance side. The Fish River is behind the mill. [Source: 37, *Greater Grand Isle Historical Society* Collection].

Figure 8-4. Moulin à scie (MILL 47) appartenant à Daniel Savage de 1825 à 1836. L'une des premières entreprises à Fort Kent au début des années 1800. Moulin était situé sur le côté ouest de la rivière Fish, est montré du côté de l'entrée du client. La rivière Fish est derrière le moulin. [Source: 37 , Collection de la '*Greater Grand Isle Historical Society*'.]

DANIEL SAVAGE MILL ⚙ MOULIN DANIEL SAVAGE
FORT kENT… 1825

8.

[**Author's Note:** *While the Daniel Savage Mill was not the traditional family mill, it was most definitely a 'custom' mill. Its purpose was to service the local village and its farmers. However, it was owned and operated by businessmen not a family except possibly for its first owner, Daniel Savage. It is included in our treatment of family mills because it was an important mill to the early settlers of the 'La Décharge' in present-day Fort Kent area.*]

Fort Kent was first settled by Acadians from the Lower St John and French-Canadians from Québec (Bas St Laurent). Later, the area was further settled by Americans from southern Maine which included some families but mostly businessmen.

From the very beginning and as recently as the 1940's, the area of present-day Fort Kent was called 'La Décharge' (The Discharge) by the francophones. This term is a reference to the Fish River discharge into the St John River.

According to the 1832 surveyors, Deane & Kavanagh, the first settler at this location was Joseph Nadeau, who came in 1829 and built a log house. His nearest neighbors were in Baker Brook, about seven miles east, down-river on the opposite side of the river. In 1836, his brother, Sifroid, settled on the 'point' at the mouth of the Fish River.

OWNER: DANIEL SAVAGE (1825 –1840).

Daniel Savage came from Anson, Maine west of Skowhegan and lived at Baker's Brook (present-day Baker Brook, NB). He built a mill on Fish River about a mile (as the 'crow flies') south of its mouth around 1825. As shown to us by the surveyors Deane & Kavanagh in their map (See Figure 1-4), the mill was on the west side of the Fish River across from the location

[**Note de l'auteur :** *Bien que le moulin Daniel Savage ne fût pas le moulin familial traditionnel, il s'agissait très certainement d'un moulin 'sur commande'. Son but était de desservir le village local et ses fermiers. Cependant, il appartenait et était faite marché par des hommes d'affaires et pas par une famille, sauf pour son premier propriétaire, Daniel Savage. Il fait partie de notre traitement des moulins familials, car il était un moulin important pour les gens de 'La Décharge' région de Fort Kent contemporain.*]

Fort Kent fut d'abord colonisé par des Acadiens du bas Saint-Jean et des Canadiens-Français du Québec (Bas St Laurent). Plus tard, la région a été colonisée par des Américains du sud du Maine qui comprenaient des familles mais surtout des hommes d'affaires.

Dès le début et aussi récemment que dans les années 1940, le quartier actuel de Fort Kent était appelé « La Décharge » par les francophones. Ce terme fait référence au débit de la rivière Fish dans de la rivière Saint-Jean.

Selon les enquêteurs américains de 1832, Deane & Kavanagh, le premier colon à cet endroit était Joseph Nadeau, qui est venu en 1829 et a construit une maison en rondins. Ses voisins les plus proches se trouvaient à Baker Brook, à environ sept milles à l'est, en aval de l'autre côté de la rivière. En 1836, son frère, Sifroid, s'installa sur la « pointe » à l'embouchure de la rivière Fish. François Thibodeau et Basile Albert sont également arrivés tôt.

8. DANIEL SAVAGE MILL | MOULIN DANIEL SAVAGE

of the present-day Tardif Mill (MILL 89.03) on east bank of Fish River at these coordinates: N47.237903 W68.582383 (See Figures 8-1 and 8-2) The mill was tooled with a frame saw with two ganged up and down blades. (See Figure 2-5.) The framed up-and-down saw preceded the circular saw which had not yet been invented. It was introduced in the St John Valley in 1870 by Michel Martin in Grand Isle. The

---

About the Savage mill...

The Daniel Savage mill is listed as MILL 47 in the "Register of Historic Mills of the St John Valley" (See Volume Two).

---

mill which included a dam, was powered by an overshot waterwheel.

Deane and Kavanagh reported that Daniel Savage built the mill but was not fully paid for his work so Savage kept the mill. Later Daniel Savage sold his share to Nathaniel Bartlett who was living close-by.

OWNER: BARTLETT & FRED HATHEWAY (1840 –1845).

Unknown to Savage, Fred Hatheway of Fredericton had a grant on this lot from the British government. When that grant was confirmed by the Commissioners in 1840, Savage gave up the mill and moved some eight miles further up the St John River on present-day Savage Island. Nathaniel Bartlett sold the mill to Hatheway for 200 £.

The saw tooling probably looked like the one in Figure 8-4 except instead of the single saw, there were two blades 'ganged together' as shown in Eric Sloane's drawing in Figure 2-5. Bartlett and Hatheway also improved the mill with tooling for a run of stones and for a wool carding machine in another part of the mill.

OWNER: NILES, WEST & SOPER (1845 –1852)

Hatheway continued the operation of the mill until 1845 when he sold the mill to Niles, West, and Soper, an Old Town, Maine lumbering firm.

West and Niles moved to Fort Kent, demolished, and removed the Savage mill and built a new one. The

---

PROPRIÉTAIRE: DANIEL SAVAGE (1825 –1840).

Daniel Savage venait d'Anson, Maine, à l'ouest de Skowhegan et vivait à Baker Brook. Il a construit un moulin sur Fish River à environ un mile (à vol d'oiseau) au sud de son embouchure vers 1825. Comme nous l'ont montré les arpenteurs Deane & Kavanagh dans leur carte (voir figure 1-4), le moulin se trouvait

---

À Propos du moulin Savage...

Le moulin Daniel Savage est inscrit comme MILL 47 dans le « Enquête des moulins historique du Madawaska » (voir tome second).

---

du côté ouest de la rivière Fish, en face de la place actuel du moulin Tardif (MILL 89.03), sur le bord est de la rivière Fish, aux coordonnées suivantes: N47.237903 W68.582383. (voir figures 8-1 et 8-2.) Le moulin était équipé avec une scie à cadre « montante et descendant » avec deux lames. (voir figure 2-5.) La scie à cadre « montante et descendant » précédait la scie circulaire qui n'avait pas encore été inventée. Il a été introduit dans la vallée du Saint-Jean en 1870 par Michel Martin à Grand Isle. Le moulin qui comprenait une écluse était alimenté par une roue à eau au-dessus.

Deane et Kavanagh ont signalé que Daniel Savage avait construit le moulin mais n'était pas entièrement payé pour son travail, alors Savage a gardé le moulin. Plus tard, Daniel Savage a vendu sa part à Nathaniel Bartlett qui ne vivait pas loin.

PROPRIÉTAIRE: BARTLETT & FRED HATHEWAY (1840 –1845).

À l'insu de Savage, Fred Hatheway de Fredericton avait une subvention sur ce lot du gouvernement britannique. Lorsque cette concession fut confirmée par les commissaires en 1840, Savage a abandonné le moulin et s'est installé quelque huit milles plus loin sur la rivière Saint-Jean sur l'actuelle île Savage. Nathaniel Bartlett a vendu le moulin à Hatheway pour 200 £.

L'outillage de scie ressemblait probablement à celui de la figure 8-4, mais au lieu de la scie simple, il y avait

tooling for the new mill included a new up-and-down (frame) saw, two clapboard saws and two shingle saws. Later, they added a store, a smithy, and a boat-house, as well as a house on the property. Finally, they constructed a bridge across the river. We assume that they removed the tooling for the earlier run of stones as well as the wool carding machine.

OWNER: HENRY WEST & CHARLES JENKINS (1852 –1866).

In 1852, Silas Niles died, and Henry West entered a partnership with Charles Jenkins. Two years later, a spring freshet, loaded with ice, snow and debris from the thawing river upstream, washed out the whole compound except the mill and cut a new channel for the river.

The partners rebuilt a new six-saw commercial mill to manufacture products for the British market. The US census of 1860 lists West and Niles as owners of a mill valued at $8,000, producing sawed lumber from logs and employing forty-five men. They produced $8,000 worth of boards and clapboards and $15,000 worth of ton timber. With this change, the mill ceased its family operations.

OWNER: ASA SMITH – GEORGE SEELEY (1866 – 1868).

In 1866, the mill was sold to Asa Smith of Bangor, Maine. Not long after, Smith sold the mill to George Seeley, a New Brunswick-born Fort Kent merchant. At that time, the mill had several single saws and a gang, and a flourmill with four pairs of stones.

In 1868, the mill was destroyed by fire and was never rebuilt.

For a technical description of this mill, see MILL 47 in the "Fort Kent, Maine' section of the Survey of Historic Mills (Chapter 15, Volume Two).

deux lames « groupées » comme montre en le dessin par Eric Sloane sur la figure 2-5. Bartlett et Hatheway ont également amélioré le moulin avec des outils pour une paire de pierres et pour une cardeuse de laine dans une autre partie du moulin.

PROPRIÉTAIRE: NILES, WEST & SOPER (1845 – 1852).

Hatheway à continuer à faire marcher le moulin jusqu'en 1845, date à laquelle il a vendu le moulin à Niles, West et Soper, une entreprise forestière de Old Town, Maine.

West et Niles ont déménagé à Fort Kent, ont démolis, et ont enlevé le moulin de Savage et en ont construit une nouvelle. L'outillage du nouveau moulin comprenait une nouvelle scie à cadre « montante et descendant » , deux scies à planches et deux scies à bardeaux. Plus tard, ils ont ajouté un magasin, une forge et un hangar à bateaux, ainsi qu'une maison sur la propriété. Enfin, ils ont construit un pont sur la rivière. Nous supposons qu'ils ont retiré l'outillage de la première paire de pierres ainsi que la carde de laine.

PROPRIÉTAIRE: HENRY WEST & CHARLES JEN-KINS (1852 –1866).

En 1852, Silas Niles est décédé et Henry West a conclu un partenariat avec Charles Jenkins. Deux ans plus tard, une crue printanière, chargée de glace, de neige et de débris provenant du dégel de la rivière en amont, a emporté l'ensemble du composé hors du moulin et a creusé un nouveau canal pour le riveur.

Les partenaires ont reconstruit un nouveau moulin commercial à six scies pour fabriquer des produits destinés au marché britannique. Le recensement américain de 1850 indique que West et Niles sont propriétaires d'un moulin d'une valeur de 8 000 $, produisant du bois scié à partir de grumes et employant 45 hommes. Ils ont produit pour 8 000 $ de planches et de planches à clin et pour 15 000 $ de tonnes de bois. Avec ce changement, le moulin a cessé ses opérations sur commande.

PROPRIÉTAIRE: ASA SMITH – GEORGE SEELEY (1866 –1868).

En 1866, le moulin est vendu à Asa Smith de Bangor, Maine. Peu de temps après, Smith a vendu le moulin à George Seeley, un marchand de Fort Kent né au Nouveau-Brunswick. À cette époque, le moulin avait plusieurs scies simples et un gang, et un moulin à farine avec quatre paires de pierres. En 1868, le moulin a été détruit par un feu et n'a jamais été reconstruit.

Pour une description technique de ce moulin, voir MILL 47 dans la section « Fort Kent, Maine » en *l'Enquête de moulins historique* **(chapitre 15, tome second).**

8. DANIEL SAVAGE MILL | MOULIN DANIEL SAVAGE

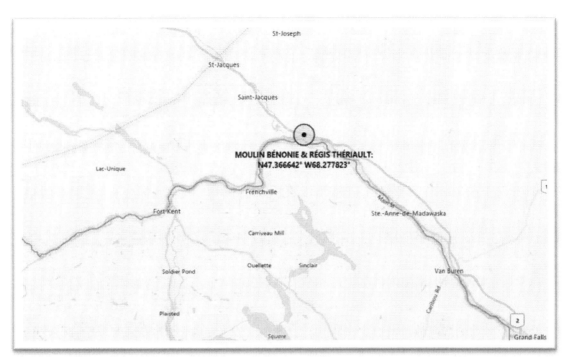

Figure 9-1. Location of the Regis Theriault Mill in the St John valley. Graphic by JRTheriault. | **Figure 9-1. Place du Moulin Regis Theriault** dans la vallée St. Jean. Graphique par JRTheriault.

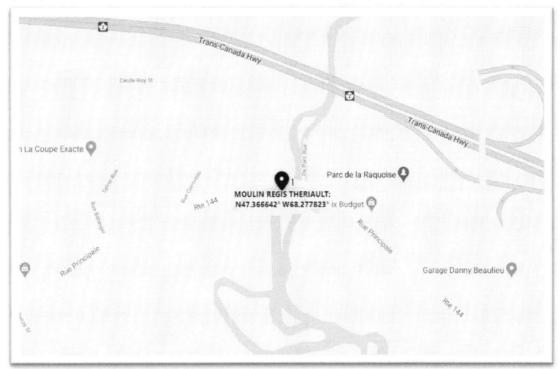

Figure 9-2. Actual location of the Regis Theriault mill in St Basile, NB. Mill was located on the Iroquois River on the south side of present-day NB Highway 144. Graphic by JRTheriault. | **Figure 9-2. Place contemporain du Moulin Regis Theriault** à St Basile, NB. Le moulin était situé sur la rivière Iroquois, du côté sud de la route 144 contemporain du Nouveau-Brunswick. Graphique par JRTheriault.

Figure 9-3. Actual location of the Régis & Benonie Theriault mill. Graphic by JRTheriault. | **Figure 9-3. Place contemporain** du moulin Régis & Benonie Theriault. Graphique par JRTheriault.

9. REGIS THERIAULT MILL | MOULIN REGIS THERIAULT

RÉGIS THERIAULT MILL 🕸 MOULIN RÉGIS THERIAULT
ST BASILE… 1839

9.

Despite their apprenticeship with Olivier and Firmin Thibodeau during their years in the Lower St John, Joseph Theriault III and his sons were not able to or chose not to build a mill when they arrived in Madawaska. Perhaps they were not able to find land with a suitable brook. Years later, Benonie (Joseph's third son) and Benoni's sons, Régis and Benonie decided to build a mill on some land Régis was leasing from the parish of St Basile.

About the Régis Theriault Family…

Régis and Benonie were the grandsons of Joseph Theriault III who migrated from the Lower St John. Régis and Julie Ringuette raised five children in the years beginning in 1837: (1) Lévite, (2) Flavie, (3) Christine, (4) Léocadie and (5) Julie.

Bénonie and Marguerite Martin raised twelve children in the years from 1827 to 1850: (1) Osithe, (2) Denis, (3) Paul, (4) Octave, (5) Louis, (6) Angelique, (7) Beloni, (8)Onésime, (9) Marguerite, (10) Christine, (11) François, and (12) Ubald.

On December 8, 1839, their pastor A. Langevin petitioned the Bishop of Québec that the brothers Régis and Bénonie Theriault who were currently leasing the parish farmland, were asking permission to "…build a sawmill and perhaps also a wool carding mill at a location close to the King's Highway, where there happens to be a beautiful river ideally suited for the mill and along

Malgré leur apprentissage avec Olivier et Firmin Thibodeau durant leurs années au Bas St Jean, Joseph Theriault III et ses fils n'ont pas pu ou ont choisi de ne pas bâtir un moulin après leur arrivée au Madawaska. Peut-être ils n'ont pas pu trouver une terre avec un ruisseau convenable. Des années plus tard, Benonie (le troisième fils de Joseph) et son fils, Régis et Bénonie sont décidé de bâtir un moulin sur un terrain qu'ils louaient de la paroisse de St Basile.

À Propos de la famille Régis Theriault…

Régis et Bénonie était les petits fils de Joseph Theriault III qui a migré du Bas St Jean. Régis et Julie Ringuette ont élevé cinq enfants dans les années commençant en 1837 : (1) Lévite, (2) Flavie, (3) Christine, (4) Léocadie et (5) Julie.

Bénonie et Marguerite Martin ont élevé douze enfants dans les années de 1827 à 1850 : (1) Osithe, (2) Denis, (3) Paul, (4) Octave, (5) Louis, (6) Angélique, (7) Beloni, (8) Onésime, (9) Marguerite, (10) Christine, (11) François, et (12) Ubald.

Le 8 décembre 1839, leur curé A. Langevin demanda à l'évêque de Québec que les frères Regis et Benonie Theriault qui louaient actuellement les terres de fermage de la paroisse demandaient la permission de « … bâtir un moulin à scies et peut-être à carder sur le haut d'une des terres, près du chemin du Roi, où il se trouve une très

which are large quantities of mature forest that may be harvested. "

belle rivière propice à cela, le long de laquelle il y a beaucoup de bois de sciage. »

About the Régis Thériault Mill...

The Bénonie & Régis Thériault mill is listed as MILL 100 in the "Register of Historic Mills of the St John Valley" (See Volume Two).

À Propos du moulin Régis Thériault...

Le Moulin Bénonie & Régis Thériault est inscrit comme MILL 100 dans le « Enquête des moulins historique de la vallée Saint-Jean » (voir tome second).

The location chosen by Regis and his younger brother, Benonie is on the Iroquois River after it crosses under the King's Highway, present-day NB Highway 144. Co-ordinates: N47.366642 W68.277823. (See Figures 9-1 through 9-3) Father Langevin's letter further explains that the mill will be located on parish property that is "...abutted on the south by Joseph Martin and abutted north by the present-day road (Hwy NB144) that runs between the parish land and land belonging to Antoine Bellefleur."

The Theriault brothers wanted assurance that the parish would allow them to continue leasing the land sufficiently long to allow them to get a return on their investment.

OWNER: RÉMI & BENONIE THERIAULT (1839 – 1864)

Eventually, the plan was approved and the Theriault brothers constructed their mill at the planned location in 1839. The mill was no doubt powered by a waterwheel and tooled for sawing construction lumber with a frame up and down saw with three gang blades, as well as a single run of stones for milling flour and tooling for carding wool. The flourmill and wool carding mill could have been powered by a second, smaller waterwheel. According to Father Thomas Albert, the quality of the flour produced by Capitaine Regis' mill was as high quality as the flour produced by Capitaine Firmin Thibodeau's mill. The mill was valued at two thousand dollars.

L'endroit choisi par Regis et son frère cadet, Benonie, se trouve sur la rivière Iroquois après que la rivière traverse le chemin du Roi, la NB Highway 144 contemporain. Coordonnées : N47.366642 W68.277823. (voir figures 9-1 à 9-3) La lettre du père Langevin explique plus en détail que le moulin sera situé sur la propriété paroissiale qui est « … contiguë au sud par Joseph Martin et abouté au nord par la route (NB144) qui passe entre la terre paroissiale et la terre d'Antoine Bellefleur. »

Les frères Theriault voulaient avoir l'assurance que la paroisse leur permettrait de continuer à louer le terrain suffisamment longtemps pour obtenir un retour sur leur investissement.

PROPRIÉTAIRE: RÉMI & BENONIE THERIAULT (1839 –1864)

Finalement, le plan fut approuvé et les frères Thériault construisirent leur moulin à la place prévu en 1839. Le moulin était sans aucun doute alimenté par une roue à eau et outillé pour scier du bois de construction avec une scie à cadre « montante et descendant » à trois lames, ainsi qu'une seule paire de meules pour moudre la farine et l'outillage pour carder la laine. Le moulin à farine et le moulin a cardé à laine auraient pu être alimentés par une deuxième roue a eau plus petite. Selon le père Thomas Albert, la qualité de la farine produite par le moulin de Capitaine Regis était aussi élevée que la farine produite par le moulin de Capitaine Firmin Thibodeau. Le moulin était évalué à deux mille dollars.

OWNER: LÉVITE THERIAULT (1864 –1887)

The mill was later acquired by Régis' only son, Lévite in 1864. In 1878, Levite furnished the construction lumber for the hospital being built by the Hospitalières de St Joseph congregation in St. Basile. Lévite successfully operated the mill until November 1887 when the mill was destroyed by fire.

For a technical description of this mill, see MILL 100 in the 'St Basile, NB' section of the Survey of Historic Mills (Chapter 15, Volume Two).

PROPRIÉTAIRE: LÉVITE THERIAULT (1864 –1887)

Le moulin a ensuite été acquis par le seul fils de Regis, Lévite, en 1864. En 1878, Lévite a fourni le bois pour l'hôpital qui était bâti par la Congrégation des Hospitalières de St Joseph à Saint-Basile. Lévite a faite marcher le moulin avec succès jusqu'en novembre 1887, date à laquelle le moulin a été détruit par un feu.

Pour une description technique de ce moulin, voir MILL 100 dans la section « St Basile, NB » en *l'Enquête de moulins historique* **(chapitre 15, tome second).**

9. REGIS THERIAULT MILL | MOULIN REGIS THERIAULT

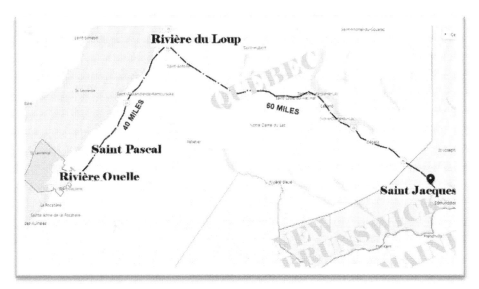

Figure 10-1. The Way from Rivière Ouelle to St Jacques. The map follows the way that the Terriault's, the Plourde's and the Saint-Onge's took to St Jacques from Rivière Ouelle. A total of 100 miles about 30 of which were by canoe on the Témiscouata. Graphic by JRTheriault

Figure 10-1. Le Chemin de Rivière Ouelle à St Jacques. La carte suit la route que les Terriault, les Plourde et les Saint-Onge ont pris pour se rendre à St Jacques de Rivière Ouelle. Un total de 100 milles dont une trentaine en canoë sur le Témiscouata. Graphique par JRTheriault.

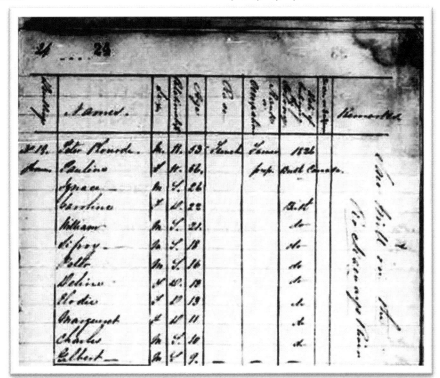

Page 10-2. 1851 Census of Canada showing Pierre Plourde and wife Apolline (Pauline) with 10 children and a note in the right column "Sawmill in the Rockaways River". 'Rockaways' being the English interpretation of the Iroquois River, commonly called by the French "la Roquaise". Also tells us that Pierre Plourde settled in Madawaska in 1826. [Source: 122, "1851 Census of Canada"]

Page 10-2. Recensement du Canada de 1851 montrant Pierre Plourde et son épouse Apolline (Pauline) avec 10 enfants et une note dans la colonne à droite « Sawmill in the Rockaways River ». « Rockaways » étant l'interprétation anglaise de la rivière Iroquois, communément appelée par les Français « la Roquaise ». Nous dits aussi que Pierre Plourde s'est installé au Madawaska en 1826. [Source: 122, "1851 Recensement du Canada"]

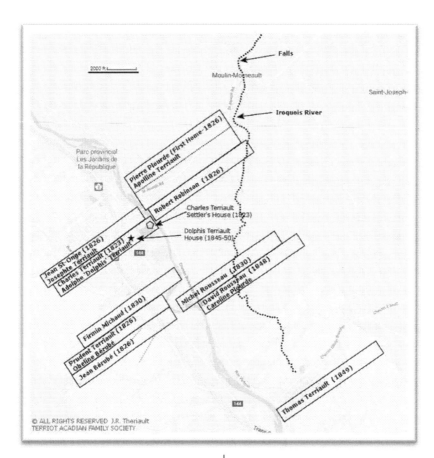

Figure 10-3. The First Grants in St Jacques. [Source: 30, Destination: Madawaska]

Figure 10-3. Premiers octrois en St Jacques. [Source: 30, Destination : Madawaska.]

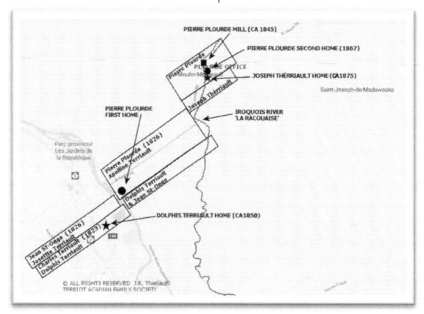

Figure 10-4. Follow-on Grants for Pierre Plourde Mill. [Source: 30, Destination: Madawaska]

Figure 10-4. Autres octrois pour le Moulin Pierre Plourde. [Source: 30: Destination: Madawaska]

Figure 10-5. Pierre Plourde Mill. Primitive folk-art painting by Louis Morneault, 2nd great-grandson of Pierre Plourde. Based on his personal recollections of the period before the sawmill was moved to the west side of the Iroquois River. Courtesy of the Morneault family.

Figure 10-5. Moulin Pierre Plourde. Peinture d'art populaire primitif par Louis Morneault. Deuxième arrière-petit-fils de Pierre Plourde. D'après ses souvenirs personnels de la période précédant le déménagement du moulin à scie du côté ouest de la rivière Iroquois. Courtoisie de la famille Morneault.

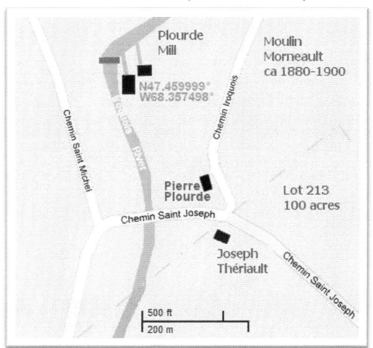

Figure 10-6. Moulin Morneault map with Plourde Mill (ca1890). [Source: 119, Consultation with Louis Morneault.]

Figure 10-6. Carte de Moulin Morneault avec le Moulin Plourde (c.1890). [Source: 119, Consultation avec /Louis Morneault.]

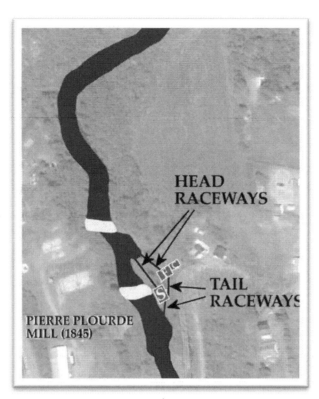

Figure 10-7. Sketch of the Pierre Plourde mill complex as designed by Pierre around 1845 as his plan for all three of his mills, the sawmill (S), flourmill (F) and wool-carding mill. The plan shows the head raceways coming from upriver and leading to each of the two waterwheels. Graphic by JRTheriault.

Figure 10-7. Plan du complexe du moulin de Pierre Plourde conçu par Pierre vers 1845 comme son plan pour les trois moulins, le moulin à scie (S), le moulin à farine (F) et le moulin à carder©. Le plan montre les dailles venant de l'amont et menant à chacune des deux roues à eau. Graphique par JRTheriault.

Figure 10-8. Dam that was enlarged and improved years after initially built by Pierre Plourde. [Source: 114, Pauline Morneault Collection.]

Figure 10-8. Barrage agrandi et amélioré des années après sa construction initiale par Pierre Plourde. [Source: 114, Collection Pauline Morneault.]

PIERRE PLOURDE MILL ⚙ MOULIN PIERRE PLOURDE
ST JACQUES... 1845

10.

Pierre Plourde (Jr) was born and raised in Rivière Ouelle in the Seigneury of Kamouraska on the St Lawrence River. (See Figure 10-1) He was the son of Pierre Plourde, Sr., and Josephte Paradis and a 6th generation descendant of François, the progenitor of the Plourde family who immigrated to Québec from France around 1670.

The Plourde family no doubt was a mill family experienced in sawing lumber, milling grain and carding wool. The Seigneury of Kamouraska was known to have had many mills of all varieties.

About the Plourde Family...

Pierre Plourde and Apolline Thériault raised twelve children in the years beginning in 1825: Ignace (1825), Mary (1827-10-12), Caroline (1829-04-17), Guillaume (William) (1830-12-11), Apolline (1832-05-28, died 1842), Sifroid (1833-12-22), Pierre (1835-08-12), Adeline (1836-11-05), Marguerite (1838-07-15), Élodie (1840-02-10), Charles (1841-06-16) and Jules (1842-07-22).

At the age of 23, Pierre decided that after several years of working under his father's apprenticeship, he was prepared to start his life. He first decided to marry a girl from St Pascal close by. (See Figure 10-1) Her name was Apolline Terriault. Her friends and family called her "Polenie". She was the daughter of

Pierre Plourde (Jr) est né et a grandi à Rivière Ouelle dans la seigneurie de Kamouraska sur le fleuve Saint-Laurent. (voir figure 10-1) Il était le fils de Pierre Plourde, et de Josephte Paradis et un descendant de 6e génération de François, l'ancêtre de la famille Plourde qui a immigré au Québec de France vers 1670.

La famille Plourde était sans aucun doute une famille des moulins à scie expérimentée dans le sciage du bois, la mouture des céréales et le cardage de la laine. La seigneurie de Kamouraska était connue pour avoir de nombreux moulins de toutes sortes.

À Propos la famille Plourde...

Pierre Plourde et Apolline Thériault ont élevée douze enfants en les années commençant en 1825 : Ignace (1825), Mary (1827-10-12), Caroline (1829-04-17), Guillaume (William) (1830-12-11), Apolline (1832-05-28, morte 1842), Sifroid (1833-12-22), Pierre (1835-08-12), Adeline (1836-11-05), Marguerite (1838-07-15), Élodie (1840-02-10), Charles (1841-06-16) et Jules (1842-07-22).

À l'âge de 23 ans, Pierre a décidé qu'après plusieurs années de travail sous l'apprentissage de son père, il était prêt à commencer sa vie. Il a d'abord décidé d'épouser une fille de St Pascal à proximité. (voir figure 10-1) Son nom était Apolline Terriault. Ses amis et sa famille l'appelaient « Polenie ». Elle était la fille

Charles, an Acadian whose family fled from Beaubassin, Acadia in 1759. They married October 22, 1821 in Rivière Ouelle.

Just a few months before, Apolline's brother, Charles, Jr., also married. He and his new bride, Léocade spoke of their plans to move to the Madawaska territory where many Acadians were coming up from the Lower St John region. The St John Valley in the Madawaska territory was known to be ideal for farming. Progress was being made to resolve the long-standing disagreement between the United States and England regarding the international boundary in the Madawaska territory and properties were being granted. For Charles, this was an opportunity to own land.

After their first child Thomas was born in the Spring of 1823, Charles acted on their plans. In 1823, he and his wife, Léocade made the 100-mile trek to the Madawaska territory to find and stake their claim. Pierre and Apolline continued with their lives on their farm in Rivière Ouelle. Occasionally, Charles came to Rivière du Loup to pick up supplies and visited the family to tell them about their new pioneering lives in the Madawaska territory.

Pierre and Apolline's first child was born in 1825. It was a son who they named Ignace. The following year, Pierre and Apolline decided to join Charles and his wife, Léocade in the Madawaska territory. Another sister of Charles, Josephte "Josie" and her husband Jean Saint-Onge also decided to join them.

On arriving in 1826 at their destination on the Madawaska River[27], Pierre and Apolline were fortunate to find an open claim across the Madawaska River from Charles' claim. (See Figure 10-3.) The lots were ample, typically 990 feet by 7400 feet, or roughly 180 acres. Jean and 'Josie' decided to wait until the lot abutting

de Charles, un Acadien dont la famille a fui Beaubassin, Acadie en 1759. Ils se sont mariés le 22 octobre 1821 à Rivière Ouelle.

Quelques mois auparavant, le frère d'Apolline, Charles, Jr., s'est également marié. Lui et sa nouvelle épouse, Léocade, ont parlé de leurs projets de déménager au territoire du Madawaska où de nombreux Acadiens venaient de la région du Bas St Jean. La vallée St Jean dans le territoire du Madawaska était connue pour être idéale pour l'agriculture. Des progrès étaient en cours pour résoudre le désaccord de longue date entre les États-Unis et l'Angleterre concernant la frontière internationale au territoire du Madawaska et des propriétés étaient accordées. Pour Charles, c'était une opportunité de posséder des terres.

Après la naissance de leur premier enfant, Thomas, en l'été 1822, Charles a donné suite à ses plans. En 1823, lui et sa femme, Léocade, ont parcouru les 100 milles du territoire du Madawaska pour trouver et revendiquer leur terrain. Pierre et Apolline ont continué leur vie avec leur ferme de Rivière Ouelle. À l'occasion, Charles est venu à Rivière du Loup pour ramasser des fournitures et a rendu visite à la famille pour leur parler de leur vie de pionnier au territoire du Madawaska.

Le premier enfant de Pierre et Apolline est né en 1825. C'est un fils qu'ils ont appelé Ignace. L'année suivante, Pierre et Apolline décident de rejoindre Charles et son épouse Léocade dans le territoire Madawaska. Une autre sœur de Charles, Josephte « Josie » et son mari Jean Saint-Onge ont également décidé de les rejoindre.

À leur arrivée en 1826 à leur destination sur la rivière Madawaska[32], Pierre et Apolline ont eu la chance de trouver un terrain ouverte sur la rivière Madawaska à

---

[27] Some sources claim that Pierre Plourde built his mill on the Iroquois River as early as 1814. Our account establishes very clearly that Pierre arrived in present-day St Jacques with his young family sometime between the birth of his son, Ignace in 1825 in Rivière Ouelle, Québec and the birth of his daughter, Margarite in present-day St Jacques in 1827. In the 1831 survey by Deane & Kavanagh, no mills were recorded to exist on the Iroquois River. The Canadian Census of 1851 does record a sawmill (see Figure 10-2 above) owned by Pierre Plourde on the Iroquois River in present-day Moulin Morneault. **The Canada Census of 1851 also records that Pierre arrived in St Jacques in 1826.**

[32] Certaines sources affirment que Pierre Plourde a construit son moulin sur la rivière Iroquois dès 1814. Notre histoire établit très clairement que Pierre est arrivé dans Saint-Jacques contemporain avec sa jeune famille entre la naissance de son fils Ignace à Rivière Ouelle, Québec et la naissance de sa fille, Margarite, à St Jacques, contemporain, en 1827. Dans le recensement de 1831 par Deane & Kavanagh, aucun moulin n'existait sur la rivière Iroquois. Le recensement canadien de 1851 enregistre un moulin à scie (voir figure 10-2 au-dessus) appartenant à Pierre Plourde sur la rivière Iroquois dans Moulin Morneault contemporain. **Le recensement du Canada de 1851 rapporte également que Pierre est arrivé à St Jacques en 1826.**

Charles' lot on the west would be available. No doubt, the two couples stayed with Charles and Léocade until their log houses were habitable.

Pierre set out to clear, till and farm his acreage on the Madawaska River. In the beginning of course, Pierre was by himself except for the occasional help he would get from his brothers-in-law, Charles Terriault and Jean St Onge for special cases.

Pierre found that his acreage, once cleared would be perfect for grain especially oats, lentils, barley, and wheat[28]. From the southern end of his land on the northern bank of the Madawaska, the terrain starts at an elevation of about 400 feet, goes up to about 700 feet in elevation at the northern end of his terrain 7400 feet away; a gentle slope which made the land easy to work.

By 1840, Peter had four sons, two of which were approaching their adolescent years. Of course, they were helpful, but they still could not do the work of adult men. So, until 1845 or so, Pierre continued to develop his farm acreage largely by himself. On average, a lone farmer with an oxen or horse, can clear about six acres of land a year depending on his other work to till, sow and harvest the cleared acreage. So, by 1845, Pierre had probably cleared and was harvesting as much as 150 of his 200-acre lot.

OWNER: PIERRE PLOURDE (1845-1869)

While exploring the land beyond his property, Pierre discovered the present-day Iroquois River situated a short distance beyond the northern boundary of his property. Paraphrasing the Morneault family history by the late Jean Morneault (Major, RCAF Retired):

"Pierre was a man with a huge capacity who enjoyed change. While traveling through his woods towards present-day St Joseph, Pierre noted that the topology quickly rose about 300 feet from the Madawaska river to an elevated terrain and then gradually sloped downward going north toward St Joseph, a condition

partir de la terre de Charles. (voir figure 10-3.) Les lots étaient vastes, généralement de 990 pieds sur 7400 pieds, soit environ 180 acres. Jean et 'Josie' ont décidé d'attendre que le lot prochain de celui de Charles à l'ouest soit disponible. Sans doute, les deux couples sont restés avec Charles et Léocade jusqu'à ce que leurs maisons en rondins soient habitables.

Pierre s'est mis à défricher, à labourer et à cultiver sa superficie sur la rivière Madawaska. Au début, Pierre était seul, sauf pour l'aide occasionnelle qu'il obtiendrait de ses beaux-frères, Charles Terriault et Jean St Onge pour des cas particuliers.

Pierre a constaté que sa terre, une fois défrichée, serait parfaite pour les céréales, en particulier l'avoine, les lentilles, l'orge et le blé[33]. Au bout sud de son terrain sur le bord nord de la Madawaska, le terrain commence à une altitude d'environ 400 pieds, monte à environ 700 pieds d'élévation au bout nord de son terrain à 7400 pieds; une pente douce qui rendait le terrain facile à travailler.

En 1840, Peter avait quatre fils, dont deux approchaient leur adolescence. Bien sûr, ils étaient utiles, mais ils ne pouvaient pas faire le travail d'un homme adultes. Ainsi, jusqu'en 1845 environ, Pierre a continué à développer sa terre agricole en grande partie par lui-même. En moyenne, un agriculteur isolé avec un bœuf ou un cheval peut défricher environ six acres de terre par année en fonction de ses autres travaux pour labourer, semer et récolter la terre défrichée. Donc, en 1845, Pierre avait probablement défriché et récoltait jusqu'à 150 a 200 acres.

PROPRIÉTAIRE: PIERRE PLOURDE (1845-1869)

En explorant les terres au-delà de sa propriété, Pierre a découvert la rivière Iroquois contemporain située à une courte distance au-delà du bout nord de sa propriété. Racontant l'histoire de la famille Morneault par feu Jean Morneault (major, retraité de l'RCAF) :

---

[28] From Lucie Anne Couturier Cormier 's « Le moulin Morneault »

[33] De « Le moulin Morneault » par Lucie Anne Couturier Cormier.

10. PIERRE PLOURDE MILL | MOULIN PIERRE PLOURDE

which is very suitable for buckwheat production. One day, Pierre and his sons were fishing as they were going up the little river (Iroquois River) when they came to a small waterfall. Pierre found the location perfect for a mill. The following Monday morning, Pierre and his giant-sized sons[29] came down … axe in hand and

---

About the Plourde Mill…

The Pierre Plourde mill is listed as MILL 80 in the "Register of Historic Mills of the St John Valley" (See Volume Two).

---

in no time the trees were falling and a site for a new mill was created."

Soon after, he placed a claim on that lot which included the 40-foot waterfall. (See Figure 10-4) He planned to make good use of that waterfall sometime later.

As he continued his farming, Pierre developed a plan for a family mill. His eventual goal was to process lumber, grain, and wool. To do this, he planned to build two separate mill buildings as shown in Figure 10-5: a sawmill driven by its own waterwheel, and a combination flourmill and wool carding mill in a different building driven by its own waterwheel. His plan was to build the sawmill first in its building and later, he would build the flourmill and the wool carding mill.

Pierre Plourde no doubt continued to work on his plans from the time that he and his sons discovered the fall on the Iroquois through the 1830's. No mention was made of any mill in Deane & Kavanagh's Survey of 1831. The sawmill was first documented in the Canadian Census of 1851 and no mention was made of the flourmill or wool carding mill, so the sawmill was built before the flourmill. (See Figure 10-

« Pierre était un homme avec une énorme capacité qui aimait le changement. En voyageant à travers ses bois vers St Joseph contemporain, Pierre a noté que la topologie s'est élevée rapidement à environ 300 pieds de la rivière Madawaska vers un terrain surélevé puis s'est pro-

---

À Propos du moulin Plourde…

Le moulin Pierre Plourde est inscrit comme MILL 80 dans le « Enquête des moulins historique de la vallée St Jean ». (voir tome second).

---

gressivement inclinée vers le nord en direction vers St Joseph, une condition qui est très convenable de produire du blé noir. Un jour, Pierre et ses fils pêchaient en remontant la petite rivière (rivière Iroquois) lorsqu'ils arrivèrent à une petite cascade. Pierre a trouvé la place idéal pour un moulin. Le lundi matin suivant, Pierre et ses fils géants[34] sont descendus… hache à la main et en rien de temps les arbres tombaient et un site pour un nouveau moulin a été créé. »

Peu de temps après, il a déposé une réclamation sur ce lot qui comprenait la cascade de 40 pieds. (voir figure 10-4.) Il prévoyait de faire bon usage de cette cascade un peu plus tard.

Tout en poursuivant son agriculture, Pierre a élaboré un plan pour un moulin familial. Son objectif final était de travailler le bois, le grain et la laine. Pour ce faire, il prévoyait de construire deux bâtisse de moulin distincts, comme montré en la figure 10-5 : un moulin à scie entraînée par sa propre roue à eau, et un moulin à farine jumelé avec un moulin à carder la laine dans un bâtiment différent entraîné par sa propre roue à eau. Son plan était de bâtir le moulin à

---

[29] We surmise by the reference to Pierre's 'giant-sized sons' that the earliest date that Pierre could have built his first mill was in 1845 when his elder son, Ignace was 20 years old and the others, William, Sifroy and Pierre were 15, 12 and 10 years old, respectively.

[34] Nous supposons par la référence aux « fils géants » de Pierre que la première date à laquelle Pierre aurait pu bâtir son premier moulin était en 1845 lorsque son fils aîné, Ignace avait 20 ans et les autres, William, Sifroy et Pierre avaient 15, 12 et 10 ans, respectivement.

2.) So, Pierre and his sons certainly built his sawmill before 1851 but more probably around 1845 when a few of his sons were strong enough to help[30].

The process for building the mill in general consisted of constructing:

1. the mill building and its internal works and tooling,
2. the raceways, both head and tail, and
3. the dam.

At this time, the circular saw was in the process of being invented and had not been introduced in the St John Valley[31], so the saw tooling was basically the 'Up and Down Frame Saw', also called the 'muley saw' with one or more blades. (See Figures 2-5)

After the sawmill building was constructed, the raceways were constructed to divert a stream of water from the river to the waterwheel. (See Figure 10-7) To avoid having to deal with running water during the construction of the head raceway, the elevation of the head raceway at the river was set higher than the level of the river. A second and separate head raceway would be constructed later for the flourmill and the wool carding mill. Once the head raceway was constructed, the tail raceway was constructed to return the water from the waterwheel to the river.

Once the raceways were completed, work began to construct the dam. (See Figure 10-8) Once completed, the gates were installed in the dam which raised the level of the dam and creates a pond behind the dam. Boards were added to the gate until the level of the pond rose above the level of the head raceway. At that point, the river water started down the head raceway to the waterwheel to drive the sawmill.

scie d'abord dans son bâtiment et plus tard, il construirait le moulin à farine et le moulin à carder la laine.

Pierre Plourde a sans aucun doute continué à travailler sur ses plans depuis que lui et ses fils ont découvert la chute des Iroquois dans les années 1830. Aucune mention n'a été faite d'un moulin dans le Deane & Kavanagh 's Survey of 1831. Le moulin à scie a été documentée pour la première fois lors du recensement du Nouveau-Brunswick de 1851 et aucune mention n'a été faite du moulin à farine ou du cardage de la laine, de sorte que le moulin à scie a été construite avant le moulin à farine. (voir figure 10-2.) Pierre et ses fils ont donc probablement construit son moulin à scie vers 1845, lorsque quelques-uns de ses fils étaient assez forts pour aider[35].

Le procès de construction du moulin consistait en général à bâtir :

1. Le moulin et ses ouvrages et outillages internes,
2. Les dailles, tête et queue, et
3. Le barrage.

À cette époque, la scie circulaire était en train d'être inventée et n'avait pas été introduite dans la vallée Saint-Jean[36]. L'outillage de scie était donc essentiellement une scie à cadre « montante et descendant » avec une ou plusieurs lames. (voir les figures 2-5.)

Après la construction du moulin à scie, la daille principale a été construit pour détourner un jet d'eau vers la roue à eau. (voir figure 10-7) Pour éviter d'avoir à faire face à l'eau courante pendant la construction du chemin de roulement principal, l'élévation du chemin de roulement principal à la rivière était plus élevée que le niveau de la rivière. Un deuxième chemin de roulement séparé sera construit ultérieurement pour

---

[30] The fact that (1) Pierre Plourde migrated to present-day St Jacques in 1826 after his first child was born in Kamouraska and before his second child was born in present-day St Jacques in 1827, (2) his mill was not there at the time of Deane & Kavanagh Survey of 1831, and (3) the sawmill was documented as being there in the Canada Census of 1851 contradicts "Le Moulin Morneault' by Lucie Morneault which says that Pierre Plourde built a gristmill on the Iroquois River in 1814.

[31] Michel Martin would be the first to introduce the circular saw in the St John Valley in 1870 in his sawmill (Sawmill #109) on the Thibodeau Brook in Grand Isle.

[35] Le fait que (1) Pierre Plourde ait migré vers Saint-Jacques contemporain en 1826 après la naissance de son premier enfant à Kamouraska et avant la naissance de son deuxième à Saint-Jacques contemporain en 1827, (2) son moulin n'était pas là au moment de l'enquête de Deane & Kavanagh de 1831, et (3) le moulin à scie a été documentée comme étant là dans le recensement du Canada de 1851 contredit «Le Moulin Morneault» par Lucie Morneault qui dit que Pierre Plourde a construit un moulin à farine sur la rivière Iroquois en 1814.

[36] Michel Martin sera le premier à introduire la scie circulaire dans la vallée St Jean en 1870 dans son moulin à scie (voir Moulin # 109) sur le ruisseau Thibodeau à Grand Isle.

10. PIERRE PLOURDE MILL | MOULIN PIERRE PLOURDE

With his sawmill in operation, Pierre Plourde began the work of milling the backlog of logs he had surely accumulated. In this process, he worked out any problems with the mechanics and the processing of the sawmill in general. In addition, some of his neighbors had equally accumulated a lot of logs to be sawn to produce construction lumber. This produced a significant amount of work for Pierre and his sons at their sawmill.

At this time, Pierre and his family continued to live in their first house on the northeast bank of the Madawaska River. He now had 12 children: six sons and six daughters. His last son, Jules was born in 1842.

Pierre continued his plan to add a flourmill and a wool-carding mill. The Canadian Census of 1851 tells us that his sawmill was in operation at that time, but the flourmill and wool-carding mills did not exist yet. At some point in the next 15 years after the Census, Pierre completed his plan to add a flourmill and a wool-carding mill to his mill complex. The mill complex continued to grow and ultimately received its own address: Plourde Office.

Around 1868, Pierre decided to build a house on his second lot on the Iroquois River. This would allow them to be closer to his mills. He turned his house on the Madawaska River to one of his sons and moved his family in their new house on the Iroquois River.

OWNER: DAVID ROUSSEAU (1869-1881)
In 1869, one of Pierre's sons-in-law, Pascal Morneault died of pleurisy. Pascal had married Pierre's daughter, Adeline in 1857. Pierre and his wife, Apolline decided to move in with Adeline to help take care of her seven children. Pierre turned his house on the Iroquois River over to his daughter Caroline and her husband David Rousseau. David was an experienced miller in Québec before emigrating to the Madawaska territory. So, David Rousseau took over operations of the triple mill. At that time, David and Caroline were the foster-parents of two of Dolphis Theriault's children, Joseph, and Claudia. Dolphis was one of Charles' three sons and therefore was a cousin of Caroline. Soon after Pascal died, David and Caroline also took the responsibility to raise Pascal's youngest son,

le moulin à farine et le moulin à carder la laine. Une fois le chemin de roulement de tête construit, le chemin de roulement de queue a été construit pour renvoyer l'eau de la roue a l'eau à la rivière.

Une fois que les dailles sont finies, les travaux ont commencé pour construire le barrage. (voir figure 10-8) Une fois fini, les portes ont été installées dans le barrage, ce qui a élevé le niveau du barrage et crée un étang derrière le barrage. Des planches ont été ajoutées à la porte jusqu'à ce que le niveau de l'étang dépasse le niveau de la daille principal. À ce moment-là, l'eau de la rivière a commencé le long de la daille principale jusqu'à la roue à eau pour faire marcher le moulin à scie.

Avec son moulin à scie en marche, Pierre Plourde a commencé à broyer l'arriéré de commande qu'il avait sûrement accumulé. Dans ce procès, il a résolu tous les problèmes avec la mécanique et le traitement du moulin à scie en général. De plus, certains de ses voisins avaient également accumulé beaucoup de billot à scier pour produire du bois de construction. Cela a produit une quantité importante de travail pour Pierre et ses fils dans leur moulin à scie.

À cette époque, Pierre et sa famille vivaient toujours dans leur première maison sur le bord nord-est de la rivière Madawaska. Il avait maintenant 12 enfants : six fils et six filles. Son dernier fils, Jules est né en 1842.

Pierre a poursuivi son projet d'ajouter un moulin à farine et un moulin à carder la laine. Le recensement canadien de 1851 nous indique que son moulin à scie était en activité à cette époque, mais que le moulin à farine et les moulins à carder n'existaient pas encore. À un moment donné au cours des 15 années qui ont suivi le recensement, Pierre a fini son plan d'ajouter un moulin à farine et un moulin à carder à son complexe de moulins. Le complexe du moulin a continué de croître et a finalement reçu sa propre adresse : le bureau de Plourde.

Vers 1868, Pierre décide de bâtir une maison sur son deuxième terrain sur la rivière Iroquois. Cela leur permettrait d'être plus proches de ses moulins. Il a passé sa maison sur la rivière Madawaska en un de ses fils

Philias. So, David had two apprentices, Joseph, and Philias, to learn the trade and to help him with the mills.

During the time that David Rousseau operated the Plourde mills, he significantly enhanced the condition and operation of the mills according to Morneault family historian, Jean Morneault. David continued to operate the mills with Joseph Theriault and Philias Morneault's help from 1869 until 1881. David and Caroline had planned to move back to the village of St Jacques and retire from his work of operating the mills. David was 52 years old.

OWNER: CHARLES MORNEAULT, PHILIAS MORNEAULT (1881-c.1922)

The family had planned to turn the mills over to the younger generation in 1881 which was in the process of getting married and starting their own families. Accordingly, the sawmill was inherited by Philias Morneault along with part of the mill lot and the flourmill and wool-carding mill was inherited by Charles Morneault also along with the rest of the mill lot. Charles Morneault had just married Dolphis Theriault's daughter, Pélagie in 1881.

Joseph Theriault had also recently married Théogenie Ouellet in 1882 and built his house on a property abutting Pierre Plourde's property. His house and farm were across the road from the house that Pierre Plourde built on the Iroquois River, so, they were neighbors. The heart of this hamlet was occupied by Charles Morneault who was operating his flourmill and wool-carding mill, his brother Philias Morneault who was operating his sawmill and their second cousin, Joseph Theriault who was helping his 'foster' brother Philias with the operation of his sawmill. All three were also farming and cultivating their crops.

This era continued until 1907 when Philias decided to move the sawmill to the other side of the river, to bring it closer to his house for convenience. At that same time, Joseph decided to sell his house and farm and move his family to Baker Brook where he planned to build his own sawmill and flourmill. Tragically, this was also the year that Joseph's older brother, Vital was killed on February 5, 1907 in an accident in

et a déménagé sa famille dans leur nouvelle maison sur la rivière Iroquois.

PROPRIÉTAIRE: DAVID ROUSSEAU (1869-1881)

En 1869, un des gendres de Pierre, Pascal Morneault, meurt de pleurésie. Pascal avait marié la fille de Pierre, Adeline en 1857. Pierre et sa femme, Apolline, décidèrent de déménager avec Adeline pour aider à prendre soin de ses sept enfants. Pierre cède sa maison sur la rivière Iroquois à sa fille Caroline et à son mari David Rousseau. David était un meunier d'expérience au Québec avant d'émigrer au Madawaska. Ainsi, David Rousseau a repris la marche des trois moulin. À cette époque, David et Caroline étaient les parents adoptifs de deux des enfants de Dolphis Theriault; Joseph et Claudia. Dolphis était l'un des trois fils de Charles et était donc un cousin de Caroline. Peu après la mort de Pascal, David et Caroline ont également pris la responsabilité d'élever Philias, le plus jeune fils de Pascal. Ainsi, David avait deux apprentis, Joseph et Philias, pour apprendre le métier et l'aider avec les moulins.

Pendant la période où David Rousseau faisait marcher les moulins de Plourde, il a considérablement amélioré l'état et le fonctionnement des moulins selon l'historien de la famille Morneault, Jean Morneault. David a continué à faire marcher les moulins avec l'aide de Joseph Theriault et de Philias Morneault de 1869 à 1881. David et Caroline avaient prévu de retourner au village de St Jacques et de se retirer de son travail avec les moulins. David avait 52 ans.

PROPRIÉTAIRE: CHARLES MORNEAULT, PHILIAS MORNEAULT (1881-c.1922)

La famille avait prévu de céder les moulins à la jeune génération en 1881 qui était en train de se marier et de fonder sa propre famille. Par conséquent, le moulin à scie a été héritée par Philias Morneault ainsi qu'une partie du lot et le moulin à farine et le carder à laine ont été hérités par Charles Morneault également avec le reste du lot du moulin. Charles Morneault venait d'épouser la fille de Dolphis Theriault, Pélagie en 1881.

Charles's flourmill. Vital was helping the Morneault workers in a procedure to replace the pair of stones in the flourmill. Vital was crushed by one of the stones as it was being installed.

OWNER: ALFRED MORNEAULT, LEVITE MORNEAULT c.1920 – c.1960

Sometime around 1920, Charles Morneault gave his elder son, Fred "Freddie" the responsibility for the operation of his flourmill and wool-carding mill. Freddie managed the operation until c.1960 when the flourmill and wool carding mill were shut down.

After he moved the sawmill on the southwest bank of the Iroquois River, Philias continued the operation of the sawmill until c.1925 when he transferred ownership of the sawmill to his younger son, Régis. Régis continued the operation of the mill until c.1960 when the sawmill was shut down.

For a technical description of this mill, see MILL 80 in the 'St Jacques, NB' section of the Survey of Historic Mills (Chapter 15, Volume Two).

Joseph Theriault avait également en 1882 épousé Théogenie Ouellet et construit sa maison sur une propriété au voisin à la propriété de Pierre Plourde. Sa maison et sa ferme étaient en face de la maison que Pierre Plourde avait construite sur la rivière Iroquois. Ainsi, le cœur de ce hameau était occupé par Charles Morneault qui faisait marcher son moulin à farine et son carder à laine, son frère Philias Morneault qui faisait marcher le moulin à scie et leur cousin au second degré, Joseph Theriault qui aidait son frère adoptif Philias avec la marche du moulin à scie. Tous trois cultivaient et cultivaient également leurs récoltes.

Cette ère s'est poursuivie jusqu'en 1907, lorsque Philias a décidé de déplacer le moulin à scie de l'autre côté de la rivière, pour la rapprocher de sa maison pour plus de commodité. À la même époque, Joseph décide de vendre sa maison et sa ferme et déménage sa famille à Baker Brook, où il prévoit de bâtir son propre moulin à scie et son moulin à farine. Malheureusement, c'est aussi l'année où le frère aîné de Joseph, Vital, est tué le 5 février 1907 dans un accident dans le moulin à farine à Charles. Vital aidait les travailleurs de Morneault dans une procédure de remplacement de la paire de pierres du moulin à farine. Vital a été écrasé par l'une des pierres lors de son installation.

PROPRIÉTAIRE: ALFRED MORNEAULT, LEVITE MORNEAULT (c.1920 – c.1960)

Vers 1920, Charles Morneault confie à son fils aîné, Fred « Freddie », la responsabilité de l'opération de son moulin à farine et de son carder à laine. Freddie a géré l'opération jusqu'en 1960 environ, date à laquelle le moulin à farine et le moulin à carder la laine ont été fermés.

Après avoir déménagé le moulin à scie sur le bord sud-ouest de la rivière Iroquois, Philias a faite marcher le moulin à scie jusqu'en 1925 environ, date à laquelle il a passé la propriété du moulin à scie à son fils cadet, Régis. Régis a poursuivi la marche du moulin jusqu'à environ 1960, date de la fermeture du moulin à scie.

Pour une description technique de ce moulin, voir MILL 80 dans la section « St Jacques, NB » en *l'Enquête de moulins historique* (chapitre 15, tome second).

10. PIERRE PLOURDE MILL | MOULIN PIERRE PLOURDE

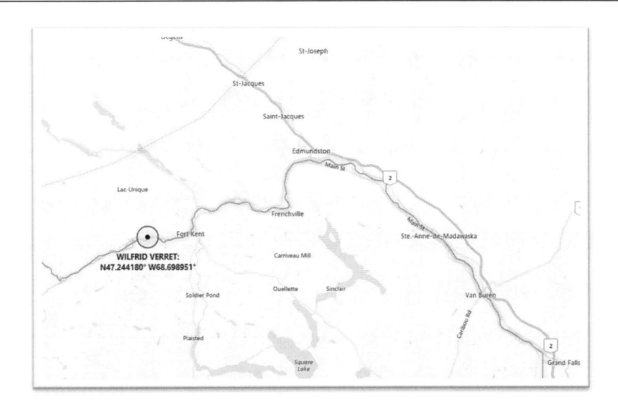

Figure 11-1. Actual location of the Wilfrid Verret Mill in the St John Valley. Graphic by JRTheriault.

Figure 11-1. Place actuel du moulin Wilfrid Verret dans la vallée Saint-Jean. Graphique par JRTheriault.

Figure 11-2. Actual location of the Wilfrid Verret Mill. [Source: Satellite photo modified.]

Figure 11-2. Place actuel du moulin Wilfrid Verret. [Source: photo satellite modifiée.]

Figure 11-3. Village of St François with mill pond at its center and with lumber approaching Wilfrid Verret mill from the logging camps. [Source: 6, Archives des Religieuses Hospitalières de St Joseph]

Figure 11-3. Village de St François avec l'étang du moulin en son centre et les billots approchant des chantiers le moulin de Wilfrid Verret. [Source: 6, Archives des Religieuses Hospitalières de St Joseph]

Figure 11-4. The miller's house for the Wilfrid Verret mill. [Source: 120, Dénis Thériault Family Photo Collection.]

Figure 11-4. La maison du meunier du moulin Wilfrid Verret. [Source: 120, Dénis Thériault Family Photo Collection.]

Figure 11-5. Dénis Theriault beginning his day by opening the sluice to the water turbine to start his mill. [Source: 120, Dénis Thériault Family Photo Collection.]

Figure 11-5. Dénis Theriault commence sa journée en ouvrant l'écluse de la turbine à eau pour mettre son moulin en marche. [Source: 120, Dénis Thériault Family Photo Collection.]

Figure 11-6. The miller loading the flourmill hopper with the grain to be processed. [Source: 120, Dénis Thériault Family Photo Collection.]

Figure 11-6. Le meunier charge la trémie du moulin à farine avec le grain. [Source: 120, Dénis Thériault Family Photo Collection.]

Figure 11-7. Dénis Thériault now working as sawyer turning logs into construction lumber with the help of two of his sons, Lucien "Bob" and Guy. [Source: 120, Dénis Thériault Family Photo Collection.]

Figure 11-7. Dénis Thériault travaille maintenant comme scieur sciant des billots en bois de construction avec l'aide de deux de ses fils, Lucien « Bob » et Guy. [Source: 120, Dénis Thériault Family Photo Collection.]

Figure 11-8. Ino Thériault, one of the miller's sons, 8th child of twelve, enjoying his time in the family garden. Raising children in a mill family is a special part of the Acadian and French-Canadian culture. Ino was six years old. [Source: 120, Dénis Thériault Family Photo Collection.]

Figure 11-8. Ino Thériault, 6e fils et 8e enfant de douze du meunier, profite de son séjour dans le jardin familial. Élever des enfants dans une famille de moulin fait partie de la culture acadienne et canadienne-française. Ino avait six ans à cette époque. [Source: 120, Dénis Thériault Family Photo Collection.]

SÉPHIRIN CYR MILL ⚙ MOULIN SÉPHIRIN CYR
ST FRANÇOIS DE MADAWASKA... c. 1848

II.

The records for the first grant of this land to Séphirin Cyr around 1848 mention a mill which suggests that Séphirin had already settled on the land and had already built his mill in the vicinity of these coordinates: N47.244180 W68.698951. This was common practice for the first settlers in the Madawaska territory. This no doubt was one of the earliest mills in St François, if not the first.

Mr. Cyr clearly intended to serve the local community with his mill which was probably an overshot waterwheel-driven flour mill with perhaps tooling for an up-down frame saw (see Figure 2-5). The mill was powered by a dam with a head raceway from the dam to the over-shot waterwheel. The dam created a large pond at the center of the village which created a beautiful scene to welcome visitors to Saint-François. See Figure 11-3.

After some period, Séphirin turned the mill over to his son, Honoré. We do not know the exact configuration of the mill nor of any modifications that were made over the years that he or Séphirin owned and operated the mill.

OWNER: HONORÉ CYR (before 1875 – 1875)
Sometime before 1875, Séphirin' s son, Honoré acquired the mill (MILL 27.01). The miller's house is shown in Figure 11-4. The exact configuration of the

Le dossier de la première concession de ce terrain à Séphirin Cyr vers 1848 mentionne un moulin qui suggère que Séphirin s'était déjà installé sur le terrain et avait déjà construit son moulin à proximité de ces coordonnées: N47.244180 W68.698951. C'était une pratique courante pour les premiers colons du territoire du Madawaska. Ce fut sans aucun doute l'un des premiers moulins de Saint-François, sinon le premier.

M. Cyr avait clairement l'intention de desservir la communauté locale avec son moulin qui était probablement un moulin à farine à roue à l'eau dépassé avec peut-être l'outillage d'une scie à cadre « montante et descendant » (voir figure 2-5). Le moulin était alimenté par un barrage avec une daille du barrage à la roue à l'eau au-dessus. Le barrage a créé un grand étang au centre du village qui a créé une belle scène pour accueillir les visiteurs à Saint-François. voir figure 11-3.

Après quelque années, Séphirin remit le moulin à son fils, Honoré. Nous ne connaissons pas la configuration exacte du moulin ni aucune modification qui a été apportée au fil des années que lui ou Séphirin possédait et faisait marcher le moulin.

PROPRIÉTAIRE: HONORÉ CYR (avant 1875-1875).
Quelque temps avant 1875, le fils de Séphirin, Honoré acquiert le moulin (MILL 27.01). La maison du

mill is not known nor of any modifications that were made while Honoré owned and operated the mill.

OWNER: EUSÈBE VERRET (c.1875 - 1884)

Sometime around 1875, Eusèbe Verret purchased the mill (MILL 27.02) from Honoré Cyr. The pond which provides the waterpower for the mill is shown along with the village center in Figure 11-3.

While we do not know exactly the full configuration of the mill during the earlier Cyr period, we do know that when Eusèbe Verret purchased the mill, he and his son later added a planer, a wool carder and a pair of millstones. The 'up and down' frame saw was replaced with a circular saw. The flour mill included two separate tooling: a run of stones for buckwheat and a second for wheat. Figure 11-5 shows the mill dam.

It is noteworthy that Eusèbe purchased this property soon after arriving in the Madawaska region from Québec with his brother Joseph around 1875.

According to Roger P. Martin in 'Les Moulins de Rivière Verte', Joseph, also invested in the milling industry by purchasing the Burgess sawmill in 'Petits Sault', present-day Edmundston[37].

OWNER: WILFRID VERRET (1884 – 1949)

In 1884, Eusèbe bequeathed the mill (MILL 27.03) to his son, Wilfrid Verret.

The mill was owned by the Verret family for many years and became widely known as 'Moulin Verret' throughout the area. The family made many additions to the mill including tooling for a planer, two runs of millstones: one for buckwheat and a second for wheat (shown in Figure 11-6) and a wool carding mill.

To power this additional tooling, Wilfrid replaced the waterwheel with a cast iron water turbine. The sluice or head raceway to the waterwheel was also replaced with an iron sluiceway which directly fed the water from the dam down to the turbine. The date of the replacement is not known.

meunier est illustrée à la figure 11-4. La configuration exacte du moulin n'est pas connue ni des modifications qui ont été apportées pendant que Honoré possédait et faisait marcher le moulin.

PROPRIÉTAIRE: EUSÈBE VERRET (c.1875 - 1884)

Vers 1875, Eusèbe Verret a acheté le moulin (MILL 27.02) a Honoré Cyr. L'étang qui fournissait l'énergie hydraulique pour le moulin est montré avec le centre du village dans la figure 11-3.

Bien que nous ne connaissions pas exactement la configuration complète du moulin au cours de la période Cyr précédente, nous savons que lorsque Eusèbe Verret a acheté le moulin, lui et son fils ont ajouté plus tard une raboteuse, un carder en laine et une paire de meules. La scie à cadre « montante et descendant » a été remplacée par une scie circulaire. Le moulin à farine comprenait deux outils distincts: une paire de meules pour le sarrasin et une seconde pour le blé. La figure 11-5 montre le barrage du moulin.

Il est à noter qu'Eusèbe a acheté cette propriété peu de temps après son arrivée au Madawaska venant du Québec avec son frère Joseph vers 1875.

Selon Roger P. Martin dans « Les Moulins de Rivière Verte », Joseph a également investi dans l'industrie de la meunerie en achetant le moulin à scie de Burgess au « Petits Sault », aujourd'hui Edmundston[38].

PROPRIÉTAIRE: WILFRID VERRET (1884 - 1949)

En 1884, Eusèbe a passé le moulin (MILL 27.03) à son fils, Wilfrid Verret. Le moulin appartenait à la famille Verret depuis de nombreuses années et est devenu largement connu sous le nom de « Moulin Verret » dans toute la région. La famille a fait de nombreux ajouts au moulin, commençant avec l'outillage pour une raboteuse, deux paires de meules: une pour le sarrasin et une seconde pour le blé (illustré à la figure 11-6) et un moulin à carder la laine.

Pour alimenter cet outillage supplémentaire, Wilfrid a remplacé la roue à l'eau par une turbine à eau en fer. L'écluse a également été remplacé par une écluse

---

[37] We have been unable to find any information about the Burgess mill in 'Petit Sault' or to confirm its existence.
[38] Nous n'avons trouvé aucune information concernant le moulin de Burgess à 'Petit Sault' ou pour confirmer son existence.

In 1949, Wilfrid tragically slid from the mill into the water under the mill and drowned. Mill operation was stopped until the mill (MILL 27.04) was sold to Joseph & Gérard Boucher.

OWNER: JOS & GÉRARD BOUCHER (1949-1953).

No changes were made during this period. The mill was operated intermittently during this period. The mill (MILL 27.05) was sold to Dénis Theriault in 1953. Dénis was the son of Joachim, the miller of Baker Brook. Dénis operated the Thérriault mill for a few years in the late 1940's.

Figure 11-4 shows the miller's house. The mill building is beyond the range of the photo on the left.

OWNER: DÉNIS THÉRIAULT (1953-1959).

Dénis Thériault operated the mill for about six years. In Figure 11-6, Dénis is shown filling the grain hopper. He added tooling for cement block fabrication to the mill. In 1959, Dénis sold the mill. The mill was never restarted.

Sometime later, the mill and the dam were both dismantled, and the level of the pond was lowered essentially changing the large pond in the center of this beautiful village into a small brook.

For a technical description of this mill, see MILL 27 in the 'St François, NB' section of the Survey of Historic Mills (Chapter 15, Volume Two).

en fer qui alimentait directement l'eau du barrage jusqu'à la turbine. La date du remplacement n'est pas connue.

En 1949, Wilfrid a tragiquement glissé du moulin dans l'eau sous le moulin et s'est noyé. L'opération du moulin a été interrompue jusqu'à ce que le moulin (MILL 27.04) soit vendu à Joseph & Gérard Boucher.

PROPRIÉTAIRE: JOS & GÉRARD BOUCHER (1949-1953)

Aucun changement n'a été apporté durant cette période. Le moulin a fonctionné par intermittence pendant cette période. Le moulin (MILL 27.05) a été vendu à Dénis Theriault en 1953. Dénis était le fils de Joachim, le scieur et meunier de Baker Brook. Dénis a faite marché le moulin Thériault pendant quelques années au commencement des années 1940.

La figure 11-4 montre la maison du meunier. La bâtisse du moulin est au-delà du bord de la photo à gauche.

PROPRIÉTAIRE: DÉNIS THÉRIAULT (1953-1959).

Dénis Thériault a faite marcher le moulin pendant environ six ans. Sur la figure 11-6, Dénis est représenté en train de remplir la trémie à grains. Il a ajouté des outils pour la fabrication de blocs de ciment à le moulin. En 1959, Dénis a vendu le moulin et a retourné sa famille à Edmundston. Le moulin n'a jamais marché après.

Quelque temps plus tard, le moulin et le barrage ont été défaites et le niveau de l'étang a été abaissé, transformant essentiellement le grand étang au centre de ce beau village en un petit ruisseau.

Pour une description technique de ce moulin, voir MILL 27 dans la section « St François, NB » en *l'Enquête de moulins historique* (chapitre 15, tome second).

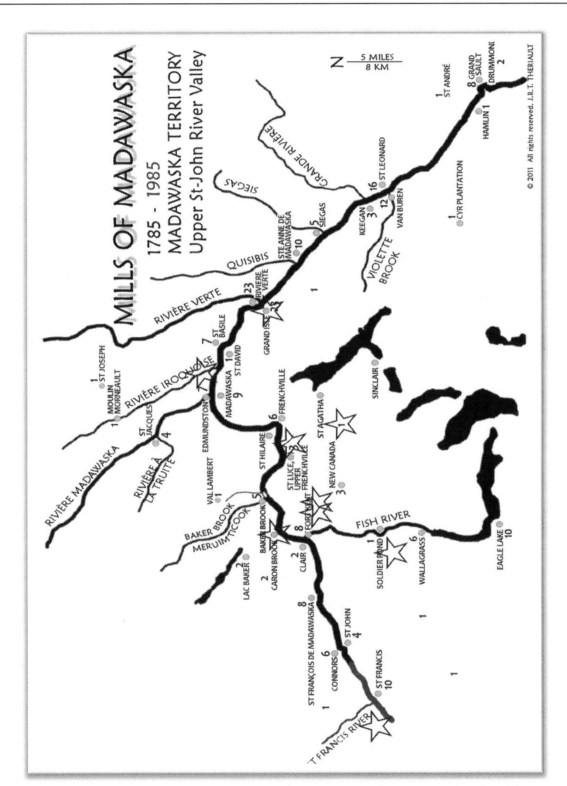

Figure 12-1. Corriveau Mills in the St John Valley. Each star represents a Corriveau mill. The numbers identify the total number of mills at each location. © 2021 JRTheriault

Figure 12-1. Moulins Corriveau dans la vallée St Jean. Chaque étoile représente un moulin Corriveau. Les chiffres indiquent le nombre total de moulins à chaque place. © 2021 JRTheriault

CORRIVEAU MILLS IN THE ST JOHN VALLEY:

	NAME	MILL	LOCATION	DATE	NEXT OWNER	NOTES:
1	JOSEPH CORRIVEAU, JR., son of Joseph, Sr.	108.00	GRAND ISLE, ME On Thibodeau Brook N47.3128185 W68.1547577	ca1850 – after 1880		Tooling: one gang saw (1 blade in gang). 1 run of stones, carder. Power: waterwheel
2	ÉTIENNE CORRIVEAU, SR, son of Joseph, Sr.[3]	79.00	ST AGATHA, ME On Flat Mountain Road where it crosses East Fork Dickey Brook N47.215576° W68.369881°	1880 – 1898	Ubald & Joseph Corriveau	Tooling: lumber saw, 1 run of stones, carder. Power: Steam engine or internal combustion engine.
	UBALD & JOSEPH CORRIVEAU, sons of Étienne, Sr.	79.01		1898– after 1953		Tooling: Saw and one run of stones
3	JOSEPH ÉTIENNE CORRIVEAU JR, son of Étienne, Sr. Builder/operator	32.00	WALLAGRASS, ME N47.166705° W68.604942°	Before 1899 – 1918	William Corriveau	Tooling: 1 run of stones, circular saw Power: steam engine
	WILLIAM CORRIVEAU, son of Étienne, Jr. Operator	32.01		1918-	Plourde	
4	AIMÉ CORRIVEAU, son of Étienne, Sr. Builder/operator	51.00	FORT KENT, ME on Fish River N47.244456° W68.578674°	Before 1894 – ca 1930	Ernest Corriveau	Tooling: 1 run of stones, added circular saw. Power: steam engine
	ERNEST CORRIVEAU, son of Aimé. Operator	51.01		Ca 1930 – after 1940		Tooling: 1 run of stones, circular saw, lumber, added shingle saw.
5	GEORGES CORRIVEAU, SR, son of Étienne, Sr. Builder/operator	45.00	CARON BROOK, NB On Ruisseau Caron N47.292163° W68.585691°	1893 – 1935	Alfred Corriveau	Tooling: circular saw, lumber; carder (historic carder, made in 1800-1820) Power: First with waterwheel; later (year unknown) converted to steam engine.
	ALFRED CORRIVEAU, son of Georges Sr.	45.01	Rebuilt on site of old mill	1935 – 1949 (Fire)	Luc Corriveau	
	LUC CORRIVEAU, son of Alfred.	45.02		1949 - 1980	Guille Corriveau	
	GUILLE CORRIVEAU, son of Luc.	45.03		1980 - 2012		
6	OCTAVE CORRIVEAU, son of Étienne, Sr. Builder/operator	98.00	ST BASILE, NB On Iroquois River N47.371821° W68.278432°	1885–1940	Octave, Vital, Theodule, Alfred Corriveau	Tooling: Lumber saw, added one run of stones (1924 bought from Maxime Bouchard, Rivière Verte). Power: waterwheel
7	ERNEST CORRIVEAU, son of Aimé. Builder/operator	9.00	ST FRANCIS, ME	Before 1904 – ca 1930		Tooling: 1 run of stones Power: waterwheel
8	GEORGES JOSEPH CORRIVEAU, JR., son of Georges Sr. Builder/operator	69.04	UPPER FRENCHVILLE, ME N47.281135° W68.412806°	1912 – 1958	Gidéon Corriveau	Purchased from Joe Lagassé Tooling: saw, lumber; 1 run of stones, (dated to 1907); carder; added planer Power: steam, later electricity.
	GIDÉON CORRIVEAU, son of Georges, Jr. Operator	69.05		1958 –1981		Power: electricity
9	JOSEPH GEORGES CORRIVEAU, son of Georges, Sr. Builder/operator. Immigrated to US in 1927.	227.00	FORT KENT, ME on Fish River	Ca 1927 – ca 1950		Tooling: one circular saw. Power: steam engine

Figure 12-2. The Corriveau Mills in the St John Valley. © 2021 JRTheriault

Figure 12-2. Les moulins Corriveau en la vallée St Jean. © 2021 JRTheriault

Note: The highlighted members of the Corriveau family owned and operated the mills identified below.

MILL	LOCATION	MILLERS (Highlighted)
	Van Buren	Joseph Marie Corriveau (1794-1851) & Emérance Robichaud, 1824, Kam., QC
108.00	Grand Isle	1. Joseph, Sr. (1825-1902) & Flavie Theriault, 1854, St Basile, NB
		1.1 Joseph Jr. & Margarite Violette, 1878, Lille ME
		1.2 Ubalde
		1.3 Octave & Jeanne Michaud, 1898, Lille, ME
79.00	St Agatha	2. Étienne, Sr. (1826-1898) & Marie Litalien, 1858, Rivière du Loup, QC
32.00	Wallagrass	2.1 Joseph Étienne (1859-) & Elisabeth Picard, 1879
32.01	Wallagrass	2.1.1 William
		2.1.2 Eusèbe
		2.1.3 Joseph (1908-)
51.00	Fort Kent	2.2 Aimé (1861-1936) & Domitilde Thibeault, 1882, Ste Luce
		2.2.1 Baptiste
		2.2.2 George
		2.2.3 Magloire
		2.2.4 Israel
9.00, 51.01	St Francis Fort Kent	2.2.5 Ernest (1886-1973)
		2.2.5.1 Adelard (1908-1977)
		2.2.5.2 Joseph Raoul (1915-)
		2.2.5.3 Arthur Corriveau (1920-)
		2.2.5.4 Joseph Patrick (1922-)
		2.2.5.5 Alphée
45.00	Caron Brook	2.3 Georges Sr.(1863-1935) & Marie Anne Landry, 1885, Ste Luce
45.00	Caron Brook	2.3.1 Alfred (1891-) & Edith Cyr
		Léo
45.00	Caron Brook	Luc
		Camille
		Guy
		Robert
69.04	Frenchville	2.3.2 Georges Joseph
		Camille
69.05	Frenchville	Gidéon
		Ronald
227.00	Fort Kent	2.3.3 Joseph Georges
98.00	St Basile	2.4 Octave (1865-) & Marie Désanges Morneault, 1888, Ste Luce
		2.4.1 Alfred
		2.4.2 Denis (1889-1971)
		2.4.3 Damase (1892-1894)
		2.4.4 Joseph (1895-1988)
98.00	St Basile	2.4.5 Theodule (1897-1939)
		2.4.6 Onésime (1901-1939)
98.00	St Basile	2.4.7 Alfred (1907-1953)
		2.5 Honoré (1869-1918) & Helene Gendreau, 1900, St Francis
		2.6 Élie (1874-)
98.00	St Basile	2.7 Vital (1875-1925)
79.01	St Agatha	2.8 Ubald (1878-1960) & Vitalina Thibeau,
		2.8.1 Joseph Wildrid (1905-)
		2.9 Louie (1882-)
79.01	St Agatha	2.10 Joseph (1883-1973) & Julie Trudelle, 1904, Ste Luce

Figure 12-3. Genealogy of Corriveau Families in the St John Valley. © 2021 JRTheriault

Figure 12-3. Généalogie des familles Corriveau dans la vallée St Jean. © 2021 JRTheriault

Figure 12-4. Corriveau Mill of Rang 1 West, Ste Modeste, QC. Joseph-Marie Corriveau standing in front of his flourmill with his family sitting lower left in the sideyard. [Source: 121, Georges Corriveau Sr. Family Collection.]

Figure 12-4. Moulin Corriveau du rang 1 Ouest, Ste Modeste, QC. Joseph-Marie Corriveau debout devant son moulin à farine avec sa famille assise en bas à gauche dans la cour. [Source: 121, Georges Corriveau Sr. Family Collection.]

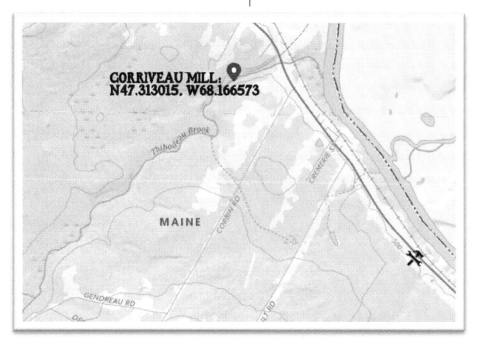

Figure 12-5. Thibodeau Brook in Grand Isle, Maine and the probable location of the Joseph Sr Corriveau Mill on Thibodeau Brook. Mills were typically located close to access roads. Graphic by JRTheriault.

Figure 12-5. Ruisseau Thibodeau à Grand Isle, Maine et la place probable du moulin Joseph Sr Corriveau sur le ruisseau Thibodeau. Les moulins étaient généralement situées proche des routes d'accès. Graphique par JRTheriault.

Figure 12-6. Map of the probable location of the Joseph Corriveau Mill in Grand Isle, Maine on the Thibodeau Brook. Google photo.

Figure 12-6. Carte de la place probable du moulin Joseph Corriveau à Grand Isle, Maine sur le ruisseau Thibodeau. Google photo.

Figure 12-7. Map showing location of Étienne Corriveau, Sr. Mill in St Agatha, Maine. Right: Google photo of present-day mill site. The ornate Italianate architecture of the house dates to the post-Civil War period. The remnants of a crumbling building close to the brook (highlighted) may be the remains of the mill? Graphic by JRTheriault.

Figure 12-7. Carte montrant la place du moulin Étienne Corriveau, Sr à Ste. Agathe, Maine. À droite: photo Google du site actuel du moulin. L'architecture orné 'Italianité' de la maison date du période d'après la guerre civile américain. Les restes d'un bâtiment en ruine près du ruisseau (souligné) sont peut-être les restes du moulin? Graphique par JRTheriault.

Lumber Manufacturers

Israel Ouellette 1899-1908 (also shingles)
Octave Cyr 1900
Larie Bouchard 1906-1909
Joseph Corriveau 1910-1937 Grist & Saw Mill 1910-1911
Edward Ouellette 1911

Jos Sirois & Jos Derosier hauling wood.

Alphonse Plourde 1918-1919
Hubald Corriveau 1918-1945 Grist Mill 1912-1913
Joseph Michaud & Said Ayoob Lumber Co. 1921-1925
Joseph Michaud 1926-1927
Joseph Plourde 1934-1937
Belone Boucher RFD # 1 1937-1945
Simon Tardif 1939-1948
Gilbert Martin 1946-1948?
Leo D. Parent 1952-1977?

Figure 12-8. 1900-1977 List of Mills in St Agatha. [Source: 1, "A Gazetteer of the State of Maine"]	**Figure 12-8. 1900-1977 Liste des moulins de Ste Agathe.** [Source: 1, "A Gazetteer of the State of Maine"]

WALLAGRASS PLANTATION.

One hundred and ten miles N. N. W. of Houlton, via Ashland. Eight miles south of Fort Kent, with which it has chief connection. Settled by Canadian French. Population, 1870, 297; 1880, 481; 1890, 595. Valuation, 1880—Polls, 85; Estates, $22,040; 1890—Polls, 106; Est., $49,654.

Postmaster—Germain Labé.
Assessors—M. Michaud, N. Labé, John Michaud.
Clerk—Eloi Michaud.
Constable and Collector—Thomas Michaud.
Clergyman—Jos. Marcoux, *Cath.*
Treasurer—Peter Saucier.
School Committee—Geo. F. Labé, *supt.*, Geo. Labé, Solo. Gagnon.
Merchants—Joseph Labé jr., Napoleon Labe, general stores.
Manufacturers—Hilaire Saucier, Joseph Moro, smiths; E. Careveault, lumber and grist mill.
Surveyor of Lumber—B. M. Brown.
Hotel—Germain Labé.

Figure 12-9. 1894-1921 State of Maine Yearbook Listing of Mills in Wallagrass showing the Joseph Étienne Corriveau mill. [Source: 1, "A Gazetteer of the State of Maine"]	**Figure 12-9. 1894-1921 Annuaire de l'État du Maine Liste des moulins de Wallagrass montrant le moulin Joseph Étienne Corriveau.** [Source: 1, "A Gazetteer of the State of Maine"]

Figure 12-10. Headstone for Joseph Étienne "Atteen" Corriveau in Wallagrass cemetery. Joseph died in 1918 at the age of 59. [Source: 12, Georges Corriveau Sr. Family Collection.]

Figure 12-10. Pierre tombale de Joseph Étienne « Atteen » Corriveau au cimetière de Wallagrass. Joseph est décédé en 1918 à l'âge de 59 ans. [Source: 121 , Georges Corriveau Sr. Family Collection.]

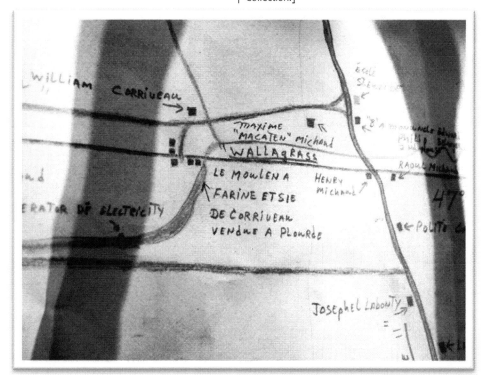

Figure 12-11. Actual location of William Corriveau mill as given in hand-drawn map of Wallagrass in the UMFK Acadian Archives. Mill was inherited by William from Étienne. [Source: 4, Acadian Archives, UMFK.]

Figure 12-11. Place actuel du moulin William Corriveau tel qu'indiqué sur la carte de Wallagrass dessinée à main aux Archives acadiennes de l'UMFK. Le moulin a été hérité par William de Étienne. [Source: 4 , Acadian Archives, UMFK.]

Figure 12-12. **Satellite photo showing actual location of Étienne Corriveau mill** in Wallagrass. Google photo.

Figure 12-12. **Photo satellite montrant la place actuelle du moulin d'Étienne Corriveau** de Wallagrass. Google photo.

FORT KENT.

One hundred and twenty-six miles N. N. W. of Houlton via Caribou and Van Buren. Terminus of stage lines to St. Francis. Settled by Acadian French refugees and others. Named from the fort erected in 1841, which was named for Gov. Kent. Incorporated Feb. 23, 1869, and embraces all of 18, R. 7, and most of 18 R. 6. Population—1870, 1034; 1880, 1512; 1890, 1826. Valuation, 1870—Polls, 172; Estates, $65,857; 1880—Polls, 243; Estates, $72,666; 1890—Polls, 252; Estates, $138,183.

Merchants—Page & Mallett, W. H. Cunliff & Sons, Nadeau & Michaud, Philip Moneault, Fort Kent Mill Co., gen'l stores; White & Brown, clothing and dry goods; Silas Niles, C. Nadeau, furniture; Isadore Bourgoin, confectionery; Nadeau & Mallett, hardware and farming tools; Jas. Robins, meats; Miss S. A. McCaslin, Mrs. H. A. Nadeau, millinery.

Manufacturers—Fort Kent Mill Co., lumber, grist-mill and carding mill; A. Corrideau, S. Daigle, grist-mills; Nadeau & Michaud, starch; P. D. Anderson, James Robins, harnesses; Abel Marquis, A. Michaud, H. A. Nadeau, Wm. Marquis, J. Michaud, smiths; Nadeau & Mallett, bricks; M. Gagnon, tannery; A. Dugal, tinsmith; A. Levesque, jeweller; D. Soucis, A. Simon, boots and shoes; Stephen Audibert, carriages.

Figure 12-13. **1894-1921 State of Maine Yearbook Listing of Mills in Fort Kent showing the Aimé Corriveau mill.** [Source: 1, "A Gazetteer of the State of Maine"]

Figure 12-13. **1894-1921 Annuaire de l'État du Maine Liste des moulins de Fort Kent montrant le moulin Aimé Corriveau.** [Source: 1, "A Gazetteer of the State of Maine"]

Figure 12-14. Satellite photo of the actual location of the Aimé Corriveau mill from 1892 to after 1940. Coordinates: N47.244456 W68.578674. Graphic by JRTheriault.

Figure 12-14. Photo satellite de la place actuel du moulin Aimé Corriveau de 1892 à 1940. Coordonnées: N47.244456 W68.578674. Graphique par JRTheriault.

Figure 12-15. Georges Corriveau Sr Mill in Caron Brook, NB in 1916. Georges was the son of Étiennes Sr. The mill was in operation from 1893-2012. Photo looks northwest across present-day NB 120 going to Baker Lake. [Source: 121]

Figure 12-15. Moulin Georges Corriveau Sr à Caron Brook, NB en 1916. Georges était le fils d'Étiennes Sr. Le moulin était en opération de 1893 à 2012. La photo fait face au nord-ouest sur le NB 120 actuel NB 120 allant au Lac Baker. [Source : 121]

Figure 12-16. Satellite photo of the Georges Corriveau Sr Mill in Caron Brook. Graphic by JRTheriault.

Figure 12-16. Photo satellite du moulin Georges Corriveau Sr au Caron Brook. Graphique par JRTheriault.

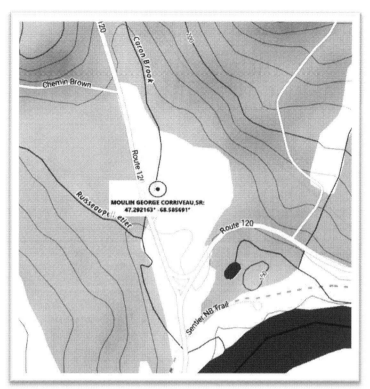

Figure 12-17. The Georges Corriveau Sr Mill on the stream Caron Brook on route NB120 going to Baker Lake. Graphic by JRTheriault.

Figure 12-17. Le moulin Georges Corriveau Sr sur le ruisseau Caron Brook sur la route NB120 allant au Lac Baker. Graphique par JRTheriault.

Figure 12-18. George Corriveau Sr and his new bride, Marie Anne Landry probably sitting for their wedding photo in 1885 in Ste Luce parish (present-day Upper Frenchville, Maine). On the right, George in his horse and carriage is seen probably on a delivery run. [Source: 121, Georges Corriveau, Sr. Collection.]

Figure 12-18. George Corriveau Sr et sa nouvelle épouse, Marie Anne Landry, assis probablement pour leur photo de mariage en 1885 dans la paroisse de Ste Luce (aujourd'hui Upper Frenchville, Maine). Sur la droite, George avec son cheval et sa calèche est probablement vu lors d'une livraison. [Source: 121, Georges Corriveau, Sr. Collection.]

Figure 12-19. Miller's house after 1935 when Alfred Corriveau inherited the mill from Georges Sr. This was the first house built at Caron Brook. The location of Georges Sr's house is not known. . [Source: 121, Georges Corriveau, Sr. Collection.]

Figure 12-19. La maison du meunier après 1935, date à laquelle Alfred Corriveau a hérité son moulin de Georges Sr. La place de la maison de Georges Sr n'est pas connue. [Source: 121, Georges Corriveau, Sr. Collection.]

Figure 12-20. Old mill after 1935 when owned by son, Alfred but before the fire. This was the mill that George Sr built around 1893. . [Source: 121, Georges Corriveau, Sr. Collection.]

Figure 12-20. Le vieux moulin après 1935 appartenant au fils, Alfred mais avant l'incendie. Il s'agit du moulin que George Sr a construit vers 1893. [Source: 121, Georges Corriveau, Sr. Collection.]

Figure 12-21. Grandson Luc working the family mill with the help of his sons in the 1950-1980 timeframe . [Source: 121, Georges Corriveau, Sr. Collection.]

Figure 12-21. Petit-fils Luc travaillant le moulin familial avec l'aide de ses fils dans la période 1950-1980. [Source: 121 , Georges Corriveau, Sr. Collection.]

Figure 12-22. The Corriveau family working the mill during the period that Luc worked the mill with his sons' help in the 1960's. [121, Georges Corriveau, Sr. Collection.]

Figure 12-22. La famille Corriveau travaillait le moulin pendant la période où Luc travaillait au moulin avec l'aide de ses fils dans les années 1960. [Source: 121, Georges Corriveau, Sr. Collection.]

Figure 12-23. The Georges Corriveau Sr flourmill rebuilt by his grandson Luc in 1949-1950. [Source: 121, Georges Corriveau, Sr. Collection.]

Figure 12-23. Moulin à farine de Georges Corriveau Sr reconstruit par son petit-fils Luc en 1949-1950. [Source: 121, Georges Corriveau, Sr. Collection.]

Figure 12-24. Maps showing location of Octave Corriveau MILL 98 (A) in St. Basile. **LEFT:** Shows the location of the mill on the Iroquois River which flows into the St John. Graphic by JRTheriault **RIGHT:** Shows the mill (white dot) relative to the local park beach (star). Satellite photo modified.

Figure 12-24. **Cartes montrants la place du moulin Octave Corriveau MILL** 98 à St. Basile. **GAUCHE:** indique l'emplacement du moulin (A) sur la rivière Iroquois qui se jette dans le St John. Graphic by JRTheriault **DROITE:** Montre le moulin (point blanc) par rapport à la plage du parc local (étoile). Satellite photo modified.

Figure 12-25. Local families bathing in the Iroquois River downriver from the Octave Corriveau mill seen highlighted in the center background with the Iroquois Street bridge passing behind. c.1970. [Source: 114, Pauline Morneault Collection.]

Figure 12-25. Familles locales se baigne dans la rivière Iroquois en aval du moulin Octave Corriveau vu en surbrillance dans l'arrière-plan du centre avec le pont de la rue Iroquois qui passe en arrière. c.1970. [Source: 114, Pauline Morneault Collection.]

Figure 12-26. A possible location of the Ernest Corriveau mill in St. Francis, ME. The area west (left) of the St Francis River is part of the United States even if it is north of the St John River. Modified map.

Figure 12-26. Une place possible du moulin Ernest Corriveau à St. Francis, ME. La partie ouest (à gauche) de la rivière St. Francis fait partie des États-Unis, même si elle est au nord de la rivière Saint-Jean. Carte modifié.

Figure 12-27. Satellite photo showing actual location of the Joseph Georges Corriveau Mill on the Fish River. Satellite photo modified.

Figure 12-27. Photo satellite montrant la place actuel du moulin Joseph Georges Corriveau sur la Fish River. Photo satellite modifiée.

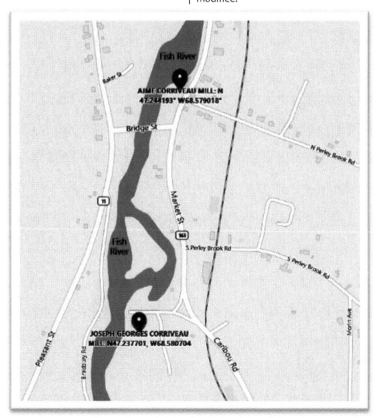

Figure 12-18. Map showing the area of the Fish River in Fort Kent, Maine where the uncle (Aimé Corriveau) and the nephew (Joseph Georges) had their two mills. Map modified.

Figure 12-18. Carte montrant la partie de la rivière Fish à Fort Kent, Maine, où l'oncle (Aimé Corriveau) et le neveu (Joseph Georges) avait leurs deux moulins. Carte modifié.

Figure 12-29. Joseph Georges Corriveau Mill in its early days on the Fish River in Fort Kent, ME. c. 1920. [Source: 121, Georges Corriveau, Sr. Collection.]

Figure 12-29. Moulin Joseph Georges Corriveau à ses débuts sur la rivière Fish à Fort Kent, ME. c. 1920. [Source: 121, Georges Corriveau, Sr. Collection.]

Figure 12-30. Joseph Georges Corriveau Mill in its finished configuration. [Source: 121, Georges Corriveau, Sr. Collection.]

Figure 12-30. Moulin Joseph Georges Corriveau dans sa configuration finale. [Source: 121, Georges Corriveau, Sr. Collection.]

Figure 12-31. Joseph Georges Corriveau Mill in operation.
[Source: 121: Georges Corriveau, Sr. Collection.]

Figure 12-31. Moulin Joseph Georges Corriveau en marche.
[Source: 121: Georges Corriveau, Sr. Collection.]

Figure 12-32. Joseph Georges Corriveau Mill with logs to saw.
[Source: 121, Georges Corriveau, Sr. Collection.]

Figure 12-32. Moulin Joseph Georges Corriveau avec des billots à scier. [Source: 121, Georges Corriveau, Sr. Collection.]

Figure 12-33. Joseph Georges Corriveau Mill preparing to transport the construction lumber. [Source: 121, Georges Corriveau, Sr. Collection.]

Figure 12-33. Moulin Joseph Georges Corriveau se préparant à transporter le bois de construction. [Source: 121, Georges Corriveau, Sr. Collection.]

THE CORRIVEAU MILLS LES MOULINS CORRIVEAU

GRAND ISLE... 1854 ST AGATHA... 1868
FORT KENT (2)... 1882. 1920 ST BASILE... 1890
CARON BROOK... 1893 WALLAGRASS... 1899
ST FRANCIS... 1904 UPPER FRENCHVILLE... 1912

12.

The Corriveau family is distinguished from other mill families by the number of mills that the family owned and operated from 1785 until 1985 in the St John valley. As shown in the Figure 12-1 map, the Corriveau family constructed and operated a total of nine mills including two in Fort Kent, and one each in Caron Brook, Grand Isle, St Agatha, St Basile, St. Francis, Upper Frenchville and Wallagrass. As with the Thibodeau family, the mill culture runs deep in the Corriveau ancestry.

Joseph-Marie Corriveau (1794-1851) of St Vallier de Bellechasse, Chaudière-Appalaches, Québec was a miller and sawyer as were his ancestors before him beginning with his great-grandfather[39]. (See Figure 12-4.) He and his wife, Émérance Robichaud married on October 11, 1824 and between 1825 and 1840, they raised 10 children. His elder son Joseph decided to migrate to the Madawaska territory around 1850. Joseph-Marie's

La famille Corriveau se distingue des autres familles de moulins par le nombre de moulins qu'elle avait de 1785 à 1985 en la vallée St Jean. Comme on voie en la Figure 12-1, la famille Corriveau avait neuf moulins, dont deux à Fort Kent et un en chacun de Caron Brook, Grand Isle, Ste Agathe, St Basile, St. Francis, Upper Frenchville et Wallagrass. Comme pour la famille Thibodeau, la culture des moulins est profondément ancrée dans l'ascendance Corriveau.

Joseph-Marie Corriveau (1794-1851) de St Vallier de Bellechasse, Chaudière-Appalaches, Québec était meunier et scieur, tout comme ses ancêtres commençant avec son arrière-grand-père[40]. (voir figure 12-4.) Joseph-Marie et son épouse, Émérance Robichaud, sont mariés le 11 octobre 1824 et entre 1825 et 1840, ils ont élevé 10 enfants. Son fils aîné, Joseph, a décidé de migrer au territoire du Madawaska vers 1850. Le deu-

---

[39] According to his descendant Luc Corriveau (1919-1983)
[40] D'après son descendant Luc Corriveau (1919-1983)

second son, Étienne decided to stay back and wait until after he started his family in the late 1860's.

1. GRAND ISLE. (MILL 108)
OWNER: JOSEPH CORRIVEAU SR.
c. 1854 – 1881

According to the US Census of 1870 and 1880, Joseph Corriveau, Sr. (1825-1902), son of Joseph-Marie, was married to Flavie Theriault in 1854 in St Basile, New Brunswick. Flavie was the great-granddaughter of Joseph III, who migrated from the Lower St John. Joseph and Flavie raised three sons and three daughters. (See Figure 12-3 through 12-6.) His sons were Joseph, Ubalde and Octave born in 1856, 1857 and 1872, respectively. Joseph-Marie built his mill on the Thibodeau Brook in Grand Isle sometime after he married in 1854. As shown in Figure 12-5, the brook flows from the southwest towards Grand Isle where it empties in the St. John River. The most probable location for the mill would be on the stretch of the brook closest to the public road for best access by his customers. The given coordinates are a probable location of the mill in Figure 12-5. The exact location of the mill on the brook is not known.

In the US Census, Joseph declared his trade as "Miller & Carder". He also operated a sawmill, so he was also a sawyer. The value of his real estate and personal estate was $1500 and $100, respectively.

In 1870, he invested $1200 in the year's operation for his flourmill and carding mill. His flourmill took 9 months to process 5,000 bushels of grain worth $2500 while his carding mill took 2 months to process 1500 pounds of wool fleece worth $450. In all, the flourmill produced $3000 worth of flour and meal while the carding mill produced $525 worth of carded wool.

In 1880, he invested about $1500 to build a custom mill with tooling for a single circular lumber saw, a muley saw (also called a frame "up and down" saw) and a single run of millstones for milling. Since he declared himself a carder, we assume that his mill included the tooling for a wool carder. His mill dam was 10-feet high, and his mill was powered by a 10-foot-wide water wheel that he estimated produced 12 horsepower.

A full-time workday at his sawmill was 12 hours. The mill employed one worker earning $1.50/day to operate the sawmill and two workers earning $1.00/day to operate the flourmill. Last year, the mill paid a total of $150 to the sawmill worker(s) and $150 to the flourmill workers. The sawmill ran fulltime 4 months out of the year and was idle for 9 months out of the year while the flourmill ran full-time for six months and ran half-time for the rest of the time. The sawmill used $300 worth of logs to produce 70 thousand board-feet of lumber this year. Joseph procured his lumber from his own land on Township 18-Range 4 (Madawaska). He cut and transported his own logs to the mill.

The flourmill processed a maximum of 60 bushels of grain per day; 200 bushels of wheat and 4,000 bushels of other grain at a total value of $1550. Sixty barrels of wheat flour was produced along with 8,000 pounds of buckwheat flour, 208,000 pounds of corn meal and 12,200 pounds of feed at a total value of $1870. This level of activity to produce several different kinds of flour suggests that Joseph's flourmill was tooled with more than one run of stones.

The mill was in operation sometime around his marriage in 1854 and ceased operation sometime after 1880. His tooling with the frame 'up and down' saw confirms that the sawmill was in operation before the circular saw came into use in the St John Valley in 1870.

Étienne Sr's Progeny…

In 1858, Joseph's brother Étienne (1826-1898)_ married Marie Litalien from Rivière du Loup, QC and started their family. (See Figure 12-3 In 1866, after their sixth child was born, they decided to move their family to the Madawaska territory. Their destination was St Basile NB where Étienne eventually located a property on the eastern end of the Iroquois River just before it empties in the St John as shown in figure 12-24. Étienne and Marie continued to raise their family in the St Basile area making plans for their mill when their sons were grown.

Years later as his elder sons were approaching their early 20's and getting married, they each made plans to build their mills in various locations.

s'est déclaré 'Carder', nous supposons que son moulin comprenait l'outillage pour un cardeur de laine. Le barrage de son moulin mesurait 10 pieds de haut et son moulin était alimenté par une roue à l'eau de 10 pieds de large qui, selon lui, produisait 12 puissances en chevaux.

Une journée de travail à plein temps dans sa scierie était 12 heures. Le moulin employait un travailleur gagnant 1,50 $ / jour pour faire marcher la scierie et deux travailleurs gagnant 1,00 $ / jour pour faire marcher le moulin à farine. L'année dernière, le moulin a versé un total de 150 $ aux travailleurs des scieries et de 150 $ aux travailleurs des moulins à farine. La scierie a marché à plein temps 4 mois par année et a été arrêté pendant 9 mois par année tandis que le moulin à farine fonctionnait à plein temps pendant six mois et à mi-temps le reste du temps. La scierie a pris 300 $ de billots pour produire 70 000 pieds-planche de bois cette année. Joseph s'est procuré son bois sur ses terres dans le canton 18, rang 4 (Madawaska). Il a coupé et transporté ses billots au moulin.

Le moulin à farine traitait un maximum de 60 boisseaux de grain par jour; 200 boisseaux de blé et 4 000 boisseaux d'autres grains pour une valeur totale de 1550 $. Soixante barils de farine de blé ont été produits ainsi que 8 000 livres de farine de sarrasin, 208 000 livres de farine de maïs et 12 200 livres d'aliments pour une valeur totale de 1870 $. Ce niveau d'activité pour produire plusieurs sortes de farine suggère que le moulin à farine de Joseph était outillé avec plus d'une paire de meules.

Le moulin était en marche dans le temps de son mariage en 1854 et a cessé de marcher quelque temps après 1880. Son outillage avec une scie à cadre « montante et descendant » confirme que la scierie était en marche avant que la scie circulaire soit usée dans la vallée St Jean en 1870.

La Progéniture d'Étienne Sr.

En 1858, le frère de Joseph, Étienne (1826-1898) épousa Marie Litalien de Rivière du Loup, QC et fonda leur famille. (voir figure 12-3) En 1866, après la naissance de leur sixième enfant, ils décident de déplacer leur famille au Madawaska. Leur destination était St Basile où Étienne a finalement trouvé une terre

12. CORRIVEAU MILLS | MOULINS CORRIVEAU

Sometime after his eighth son, Ubald, was born in 1880, Étienne, Sr decided to acquire land in St Agatha on Flat Mountain Road where the road crosses East Fork Dickey Brook. See Figures 12-7. This would be the mill that his son, Ubald would eventually acquire. Étienne moved his family with those children still living with him, to their new home in St Agatha.

Later, his second son, Aimé married Domitilde Thibeault of Saint-Agatha in 1882 (See Figure 12-3) and found some land in Fort Kent on the Fish River to build his mill.

Still a few years later, his third son, Georges Sr., married Marie Anne Landry in 1885 (See Figure 12-3) from Sainte Luce parish in Upper Frenchville but found a good location for his mill in Caron Brook on the other side of the St John river.

In the meantime, Octave was approaching the time that he would marry Marie Désanges Morneault of Sainte Luce in 1888 (See Figure 12-3) after which he would proceed with his plans to build his mill on the Iroquois River where the family lived for many years.

For a technical description of this mill, see MILL 108 in the 'Grand Isle, Maine' section of the Survey of Historic Mills (Chapter 15, Volume Two).

2. ST AGATHA, ME. (MILL 79)
   OWNER: ÉTIENNE CORRIVEAU SR.
   c.1868–après1953

Starting out around 1880, Étienne limited the tooling for his St Agatha mill to a single run of millstones powered by a water wheel that was later modified to steam. Now in his 50's and with a lot of other work no doubt demanded by his clearing and cultivating work on his farm, Étienne Sr, continued with this configuration for about ten years after which he added the tooling for wool carding and a circular saw.

With his younger sons approaching their adolescence, they would be able to increase the production of their mill considerably. Étienne and Marie eventually had 15 children, ten of which were sons who in most cases continued into the mill industry.

au bout est de la rivière Iroquois juste avant qu'elle se vide dans la St Jean comme on voit en la figure 12-24. Étienne et Marie ont continué d'élever leur famille à St Basile en faisant des plans pour leur moulin lorsque leurs fils seront grandis.

Des années plus tard, alors que ses fils aînés approchaient des vingtaine d'années et se mariaient, ils ont chacun prévu de bâtir leurs moulins dans autres endroits.

Quelque temps après la naissance de son huitième fils, Ubald, en 1880, Étienne, Sr. a décidé d'acquérir un terrain à Ste Agathe sur Flat Mountain Road, où la route traverse East Fork Dickey Brook. (voir les figures 12-7.) Ce serait le moulin que son fils, Ubald finirait par acquérir. Étienne a déménagé sa famille avec les enfants qui vivaient encore avec lui, dans leur nouvelle maison à Sainte-Agathe.

Plus tard, son deuxième fils, Aimé, épousa Domitilde Thibeault de Sainte-Agathe en 1882 (voir figure 12-3) et trouva une terre à Fort Kent sur la Fish River pour bâtir son moulin.

Quelques années plus tard, le troisième fils de Étienne, Sr., Georges Sr., épousa Marie Anne Landry en 1885 (voir figure 12-3) de la paroisse de Sainte Luce de Upper Frenchville, mais trouva une bonne place pour son moulin à Caron Brook a l'autre bord de la rivière St Jean.

Entre-temps, Octave approchait le temp où il épouserait Marie Désanges Morneault de Sainte Luce en 1888, (voir figure 12-3) après quoi il poursuivrait son projet de bâtir son moulin sur la rivière Iroquois où la famille restait pour nombreuses années.

Pour une description technique de ce moulin, voir MILL 108 dans la section « Grand Isle, Maine » en *l'Enquête de moulins historique* (chapitre 15, tome second).

2. STE AGATHE, ME. (MILL 79)
   PROPRIÉTAIRE: ÉTIENNE CORRIVEAU, SR.
   c.1868 – après1953

À partir de 1880 environ, Étienne limite l'outillage de son moulin de Ste Agathe à une seule paire de meules

Étienne died in 1898 leaving the St Agatha mill to his sons Joseph and Ubalde. The mill continued in operation until sometime after 1953.

For a technical description of this mill, see MILL 79 of the 'St Agatha, Maine' section of the Survey of Historic Mills (Chapter 15, Volume II).

3. WALLAGRASS, ME. (MILL 32)
OWNER: JOSEPH ÉTIENNE CORRIVEAU JR.
1899 - 1918

After marrying Élisabeth Picard of Edmundston in 1879, elder son of Étienne, Sr, Joseph Étienne Jr, found some land in Wallagrass, Maine where he could build his mill and raise his family. The location was N47.166705 W68.604942 according to a hand-drawn map of Wallagrass from the Acadian Archives at the University of Maine at Fort Kent. (See Figure 12-11.) As noted on the map, the Corriveau mill included tooling for a single circular saw and a run of millstones powered by a water wheel.

The Maine Register State Yearbook reported that Etienne Corriveau's mill was in the plantation of Wallagrass and was in operation until sometime after 1918. The US Census of 1900 shows Etienne as a 'mill man' with his family which included his son, William. The mill was configured with tooling for a circular sawmill and a run of millstones, powered by a waterwheel. The 1899 Maine Register State Yearbook entry for the Eagle Lake Plantation is shown in Figure 12-9. It identifies Etienne Corriveau (spelled 'E. Careveault') as owner of a "lumber and grist mill".

3.1 WALLAGRASS. (MILL 32)
OWNER: WILLIAM CORRIVEAU
before 1918 – after 1918

William Corriveau acquired the family's custom mill (MILL 32.00) in 1918 when his father died that year. Sometime after 1918, Corriveau sold the mill (MILL32.02) to George Plourde who was a neighbor.

For a technical description of this mill, see MILL 32 of the 'Wallagrass, Maine' section of the Survey of Historic Mills (Chapter 15, Volume Two).

alimentées par une roue à eau qui a été peut-être modifiée à la vapeur plus tard. Maintenant dans ses cinquantaines d'années et avec beaucoup d'autres travaux sans doute exigés par ses travaux de défrichage et de culture sur sa ferme, Étienne Sr, a poursuivi cette configuration pendant une dizaine d'années, après quoi il a ajouté l'outillage pour le cardage de la laine et une scie circulaire.

Avec ses fils cadets qui approchait leur adolescence, ils pourraient augmenter la production de leur moulin. Étienne et Marie ont finalement eu 15 enfants, dont dix fils qui, dans la plupart des cas, ont continué à travailler dans les affaires de moulin.

Étienne est décédé en 1898 et à laisser le moulin de Ste Agatha à ses fils Joseph et Ubalde. Le moulin a continué de marcher jusqu'après 1953.

Pour une description technique de ce moulin, voir MILL 79 dans la section « St Agatha, Maine » en *l'Enquête de moulins historique* (chapitre 15, tome second).

3. WALLAGRASS, ME. (MILL 32)
PROPRIÉTAIRE: JOSEPH ÉTIENNE CORRIVEAU JR. avant 1899 - 1918

Après avoir marié Élisabeth Picard d'Edmundston en 1879, le fils aîné d'Étienne Sr, Joseph Étienne Jr, a trouvé une terre à Wallagrass, Maine, où il pourrait bâtir son moulin et élever sa famille. La place était N47.166705 W68.604942 selon une carte de Wallagrass. (voir figure 12-11.) Tel qu'indiqué sur la carte, le moulin de Corriveau avait l'outillage d'une seule scie circulaire et une paire de meules alimentée par une roue à l'eau.

Le '*Maine Register State Yearbook*' a rapporté que le moulin d'Etienne Corriveau était à Wallagrass et marchait jusqu'à après 1918. Le recensement américain de 1900 rapporte Etienne comme un « mill man » avec sa famille qui comprenait son fils, William. Le moulin était outillé d'une scierie circulaire et d'une paire de meules, alimenté par une roue à l'eau. L'entrée de '*Maine Register State Yearbook*' de 1899 pour Eagle Lake est illustrée à la figure 12-9. Elle identifie Etienne

4. FORT KENT, ME. (MILL 51)
OWNER: AIMÉ CORRIVEAU
before 1894 – c. 1930

Sometime around 1882, Aimé built a family mill on Caribou Road (present-day Market Street) in Fort Kent, Maine. (N 47.244193 W68.579018) According to the county Registry of Deeds, Aimé Corriveau's mill was on lot 98 in Fort Kent below Island Number 11 which is on the Fish river at what we now call Fort Kent Mills. Lot 97, next to it is where the bridge crosses the Fish River from Market Street to Pleasant Street in Fort Kent near where Perley Brook empties into the Fish River.

The mill included the tooling for a run of stones, powered by a steam engine. Aimé operated the mill until sometime around 1930. It could be that his health was beginning to fade because he died in 1936. During the period of operation, Aimé modified the mill to add tooling for a saw in the last years of operation.

The 1910 US Census of Fort Kent records Aimé Corriveau at the age of 49, son of Étienne and Marie Litalien and brother of George, Vital, Ubald, Honoré, Octave, Étienne, and Joseph; married for 28 years with his wife, Domitilde Thibeault, with one daughter and five sons: Ernest, (Jean-)Baptiste, George, Magloire, Israel, and Irené. The census records that Aimé is a miller in Fort Kent and that he owns his mill.

Around 1904, Aimé's son, Ernest built a flour mill (See MILL 9.00) in St Francis. Around 1930, perhaps due to health reasons, Aimé asked Ernest to take over operations of his mill. Ernest agreed. He shut down his mill in St Francis (MILL 9.00) and returned to Fort Kent to continue the operation of his father mill in Fort Kent.

Corriveau (orthographié « E. Careveault ») comme propriétaire d'un « moulin à scie et moulin à farine ».

3.1 WALLAGRASS. (MILL 32)
PROPRIÉTAIRE: WILLIAM CORRIVEAU
avant 1918 – après 1918

William Corriveau a acquis le moulin familial (MILL 32.00) en 1918 lorsque son père est décédé cette année-là. Quelque temps après 1918, Corriveau a vendu le moulin (MILL 32.02) à George Plourde qui était un voisin.

Pour une description technique de ce moulin, voir MILL 32 dans la section « Wallagrass, Maine » en *l'Enquête de moulins historique* **(chapitre 15, tome second).**

4. FORT KENT, ME. (MILL 51)
PROPRIÉTAIRE: AIMÉ CORRIVEAU
avant 1894 – c. 1930

Vers 1882, Aimé a bâti un moulin familial sur Caribou Road (Market Street contemporain) à Fort Kent. (N 47.244193 W68.579018) Selon le registre des actes du comté, le moulin d'Aimé Corriveau était sur le lot 98 à Fort Kent en dessous de l'île numéro 11 qui se trouve sur la rivière Fish à ce que nous appelons maintenant Fort Kent Mills. Le lot 97, à côté de celui-ci, est l'endroit où le pont traverse la rivière Fish de la rue Market à la rue Pleasant près de l'endroit où Perley Brook se jette dans la rivière Fish.

Le moulin avait l'outillage pour une paire de pierres, alimenter par une machine à vapeur. Aimé a fait marcher le moulin jusque vers 1930. Il se peut que sa santé ait commencé à s'estomper parce qu'il est décédé pas longtemps après en 1936. Pendant la période d'opération, Aimé a modifié le moulin pour ajouter l'outillage pour une scie au cours des dernières années.

Le recensement américain de Fort Kent de 1910 enregistre Aimé Corriveau à l'âge de 49 ans, fils d'Étienne et Marie Litalien et frère de George, Vital, Ubald, Honoré, Octave, Étienne et Joseph; marié depuis 28 ans avec sa femme, Domitilde Thibeault, avec une fille et cinq fils: Ernest, (Jean) Baptiste, George, Magloire,

4.1 FORT KENT. (MILL 51)
OWNER: ERNEST CORRIVEAU
1930 – after 1940

According to the US Census of 1940, Ernest was still operating the mill and according to members of his family, the mill continued in operation until sometime after 1940.

For a technical description of this mill, see MILL 51 of the 'Fort Kent, Maine' section of the Survey of Historic Mills (Chapter 15, Volume Two).

5. CARON BROOK, NB. (MILL 45)
OWNER: GEORGES CORRIVEAU SR.
1893 – 1935

Georges Sr., no doubt was involved in his father, Étienne's mill operations in St Agatha. At some point, Georges decided to marry a local girl from Ste Luce parish, Marie Anne Landry. The wedding took place in September 1885. Sometime around 1893, Georges decided to build and operate his own mill. The location he found for his mill was across the river in the Caron Brook area of Clair, New Brunswick. (N47.292163 W68.585691.)

The mill included tooling for a circular saw, a single run of millstones and a wool carder powered initially by water wheel from the nearby stream and later by a steam engine. (See Figure 12-15 à 12-23)

Over its history, the mill employed on average four employees. Around 1895, the wool carding tooling was purchased from Mrs. Bradbury who had used it in her mill in Fort Kent, Maine for some 25 years. The wool carding tooling has special significance in that experts estimate that the wool carding tooling was manufactured sometime between 1800 and 1820. It consists of a drum-shaped "picker", and a "carder" which comprises twenty-two pin-studded rollers that are mounted on a pair of large belt-driven wheels.

George continued the operation of his mill until his death in 1935 after which the mill was passed to his son, Alfred.

5.1 CARON BROOK, NB. (MILL 45)

Israël et Irené. Le recensement indique qu'Aimé était meunier à Fort Kent et qu'il appartenait son moulin.

Vers 1904, le fils d'Aimé, Ernest avait bâtis un moulin à farine (voir MILL 9.00) à St Francis. Vers 1930, peut-être pour des raisons de santé, Aimé à demander à Ernest de venir prendre charge de son moulin à Fort Kent. Ernest a accepté. Il a fermé son moulin à St Francis (MILL 9.00) et est retourné à Fort Kent pour faire marcher le moulin de son père.

4.1 FORT KENT. (MILL 51)
PROPRIÉTAIRE: ERNEST CORRIVEAU
1930 – après 1940

Selon le recensement américain de 1940, Ernest faisait marché le moulin et, selon les membres de sa famille, le moulin a continué à marcher jusqu'après 1940.

Pour une description technique de ce moulin, voir MILL 51 dans la section « Fort Kent, Maine » en *l'Enquête de moulins historique* (chapitre 15, tome second).

5. CARON BROOK, NB. (MILL 45)
PROPRIÉTAIRE: GEORGES CORRIVEAU SR.
avant 1893 - 1935

Georges Sr, sans aucun doute, était impliqué dans, les opérations du moulin de son père, Étienne à Sainte-Agathe. À un moment donné, Georges a décidé d'épouser une fille de la paroisse de Ste Luce, Marie Anne Landry. Le mariage a eu lieu en septembre 1885. Vers 1893, Georges décida de bâtir son moulin. L'endroit qu'il a trouvé pour son moulin était de l'autre bord de la rivière dans Caron Brook à Clair. (N47.292163 W68.585691)

Le moulin comprenait l'outillage pour une scie circulaire, une seule paire de meules et une carte de laine alimenter initialement par une roue à l'eau de leur ruisseau et plus tard par une machine à vapeur. (voir figure 12-15 à 12-23)

Au cours de son histoire, le moulin employait en moyenne quatre employés. Vers 1895, l'outillage de cardage de laine a été acheté de Mme Bradbury qui l'avait usé dans son moulin à Fort Kent pendant après 25 ans. L'outillage de cardage de laine avait une

OWNER: ALFRED CORRIVEAU
before 1935 - 1949

Alfred continued the operation of his father's mill as a steam-driven mill with the same tooling as a combination sawmill and flourmill. No changes were made to the mill. Later in 1949, fire destroyed Alfred's mill.

5.2 CARON BROOK, NB. (MILL 45)
OWNER: LUC CORRIVEAU
before 1950 - 1980

The following year, his son Luc rebuilt the mill at the same location with the same power and tooling. The mill resumed operation under Luc's management until 1980 when Luc transferred hip of the mill to his son, Guille.

5.3 CARON BROOK, NB. (MILL 45)
OWNER: GUILLE CORRIVEAU
before 1980 - 2012

Guille continued the operation until 2012. No changes were made to its power or tooling.

5.4 CARON BROOK, NB. (MILL 45)
OWNER: JAMIE CORRIVEAU
2012 -

Jamie continues the operation of the mill today. Thus far, no changes have been made to the power or tooling of the mill.

For a technical description of this mill, see MILL 45 of the 'Coron Brook, NB' section of the Survey of Historic Mills (Chapter 15, Volume Two).

6. ST BASILE, NB. (MILL 98)
OWNER: OCTAVE CORRIVEAU
before 1890 - 1935

After marrying Marie Désanges Morneault from Upper Frenchville, Octave, and his younger brother, Vital set out to build their mill on the Iroquois River. The location of the mill was upriver from the Theriault MILL 100 that was built around the same time by Régis and Bénonie Theriault. The mill required that a dam be built to build up a large quantity of water

importance particulière où les experts estiment que l'outillage a été fabriqué entre 1800 et 1820. Il se compose d'un « picker » en forme de tambour et d'un « carder » qui comprend vingt-deux rouleaux cloutés et montés sur une paire de grandes roues entraînées par courroie.

George a poursuivi l'opération de son moulin jusqu'à sa mort en 1935, après quoi le moulin a été passé à son fils, Alfred.

5.1 CARON BROOK, NB. (MILL 45)
PROPRIÉTAIRE: ALFRED CORRIVEAU
avant 1935 - 1949

Alfred a continué à faire marcher le moulin de son père comme moulin à vapeur avec les mêmes outils d'un moulin à scie jumelée à un moulin à farine. Aucun changement n'a été apporté au moulin. Plus tard en 1949, un incendie a détruit le moulin.

5.2 CARON BROOK, NB (MILL 45)
PROPRIÉTAIRE: LUC CORRIVEAU
avant 1950-1980

L'année suivante, son fils Luc à reconstruit le moulin au même endroit avec la même puissance et les mêmes outils. Le moulin a repris ses activités sous la direction de Luc jusqu'en 1980, lorsque Luc a passé le moulin à son fils, Guille.

5.3 CARON BROOK, NB. (MILL 45)
PROPRIÉTAIRE: GUILLE CORRIVEAU
1980-2012

Guille a poursuivi la marche du moulin jusqu'en 2012. Aucune modification n'a été apportée à sa puissance ou à son outillage.

5.4 CARON BROOK, NB. (MILL 45)
PROPRIÉTAIRE: JAMIE CORRIVEAU
2012-

Jamie continue la marche du moulin aujourd'hui. Aucune modification n'a été apportée à la puissance ou à l'outillage du moulin.

Pour une description technique de ce moulin, voir MILL 45 dans la section « Coron Brook, NB » en

which would produce the waterpower to drive a water turbine. A large tank was built to further add to the water reservoir which drove a separate water turbine for the sawmill. A three-story 70' by 50' building was constructed to house both the flourmill tooling as well as the sawmill tooling. The turbine was in the lower floor while the flourmill and sawmill were on the second floor. The third floor was the attic and storage warehouse.

The mill functioned only in the summer which was the season during which the farmers of St Basile and other neighboring villages came to the Corriveau mill to grind their grain and saw their lumber. Yvon, the grandson of Vital remembers that:

> "There were sometimes around twenty farmers with their horse-drawn wagons waiting their turn at the doors of the mill. For many, money was scarce, and they traded a quantity of grain to process the rest. "

This method of payment was also the custom for the sawmill. "We didn't barter by the thousand board-foot but by the log, which was five cents each." Explained M. Corriveau who added that "these days of get-together at the mill were like holidays."

Octave remained the proprietor of the mill until his death in 1937. The following year, his son Théodule remodeled and upgraded the mill facility and sold it to his brother Alfred. The mill was indefinitely shut down in 1940.

For a technical description of this mill, see MILL 98 of the 'St Basile, NB' section of the Survey of Historic Mills (Chapter 15, Volume Two.

7. ST FRANCIS, ME. (MILL 32)
OWNER: ERNEST CORRIVEAU
c. 1905 - 1930

Around 1905, Aimé Corriveau's youngest son, Ernest married Emma Roy of Frenchville and settled in St Francis, Maine. His plan was to build a gristmill there. The 1910 and 1920 US Censuses show young Ernest Corriveau with his wife and family in 1910 and 1920 as the owner and operator of a flour mill in St. Francis, Maine.

l'Enquête de moulins historique **(chapitre 15, tome second).**

6. ST BASILE, NB. (MILL 98)
PROPRIÉTAIRE: OCTAVE CORRIVEAU
avant 1890 - 1935

Après avoir marié Marie Désanges Morneault de Upper Frenchville, Octave et son frère cadet, Vital a entrepris de bâtir leur moulin sur la rivière Iroquois. Le moulin était situé en amont du moulin Theriault (MILL 100), construit à la même époque par Régis et Bénonie Theriault. Le moulin exigeait la construction d'un barrage pour accumuler une grande quantité d'eau qui produirait l'énergie hydraulique pour faire marcher une turbine à l'eau. Un grand réservoir a été construit pour compléter le réservoir d'eau qui entraînait une seconde turbine à l'eau pour le moulin a scie. Une bâtisse de trois étages de 70 pieds sur 50 pieds a été construit pour abriter à la fois l'outillage du moulin à farine et l'outillage de la scierie. La turbine était à l'étage en bas tandis que le moulin à farine et la scierie étaient au deuxième étage. Le troisième étage était le grenier et l'entrepôt de stockage.

Le moulin ne fonctionnait que durant l'été qui était la saison au cours de laquelle les cultivateurs de St Basile et d'autres villages voisins venaient au moulin de Corriveau pour moudre leur grain et scier leur bois. Yvon, le petit-fils de Vital, rappelle que:

> « Il y avait parfois une vingtaine de fermiers avec leurs chariots tires par des chevaux qui attendaient leur tour aux portes du moulin. Pour plusieurs, !'argent était rare et ils échangeaient alors un quantile de grain pour faire moudre la balance. "

Ce mode de paiement était également la coutume de la scierie. " On ne chargeait pas aux mille pieds mais du billot, soit cinq cents chacun." explique M. Corriveau qui ajoute que « ces jours de rencontres au moulin étaient comme des vacances ». Octave est resté propriétaire du moulin jusqu'à sa mort en 1937. L'année suivante, son fils Théodule a remodelé et modernisé la bâtisse du moulin et l'a vendu à son frère Alfred. Le moulin a été fermé pour la dernière fois en 1940.

The Maine State Register records 'E. Corriveau' in the years 1904-1921 as operator of a flour mill on the north side of the St John River in the area that is west of the St Francis River. At that time, his mill was a family mill probably powered by a small steam engine.

There was no bridge to cross from the south bank to the north bank of the St John River, so the people that lived in these 'back settlements' crossed to the village of St Francis by canoe or boat. Later, most of the people living there moved back to the south side of the St John River.

Later around 1930, Ernest left St Francis and moved his family to Fort Kent to operate his father, Aimé's mill on Caribou Road (present-day Market Street.)

For a technical description of this mill, see MILL 32 of the 'St Francis, Maine' section of the Survey of Historic Mills (Chapter 15, Volume Two).

8. UPPER FRENCHVILLE, ME (MILL 69.04)
OWNER: GEORGES JOSEPH CORRIVEAU, JR
1912 - 1958

In Chapter 6 on the Germain Saucier Mill in Upper Frenchville, we ended with the nephew, Joseph Saucier selling the property Lot 73 in 1886, to Romain and Elise Coté, owners of a 176-acre farm that abutted Lot 73. We also noted that Romain & Élise Coté were the parents of George Corriveau Jr's wife, Rose Anna Coté. (See Figure 6-2)

In 1904, the Coté's sold a small parcel by the brook on the west side of Lot 73 to Vital Albert and in 1906, Vital Albert transferred the parcel to Élise Albert. Deeds to the property suggest that the initial development of a new mill occurred between December of 1906 and March of 1907. The proposed use of the lot was first evident in a deed dated June 20, 1904, between the Coté's and Vital Albert which transferred in part the "…right for a mill road and a pond for water to come to said mill.... " Vital Albert apparently took no action to improve the site and on December 26, 1906, sold the lot with the same privileges to Elise Albert.

Elise Albert immediately began gathering the necessary machinery. The deed for the property's transfer

Pour une description technique de ce moulin, voir MILL 98 dans la section « St Basile, NB » en *l'Enquête de moulins historique* **(chapitre 15, tome second).**

7. ST FRANCIS, ME (MILL 32)
PROPRIÉTAIRE: ERNEST CORRIVEAU
c. 1905 - 1930

Vers 1905, le plus jeune fils d'Aimé Corriveau, Ernest épousa Emma Roy de Frenchville et s'installa à St Francis, Maine. Son plan était de bâtir un moulin à grain là-bas. Les recensements américains de 1910 et 1920 montrent le jeune Ernest Corriveau avec sa femme et sa famille en 1910 et 1920 comme propriétaire et exploitant d'un moulin à farine à St. Francis, Maine.

Le « Maine Register » enregistre « E. Corriveau » dans les années 1904-1921 en tant qu'exploitant d'un moulin à farine sur le côté nord de la rivière St Jean dans la région qui est à l'ouest de la rivière St Francis. À cette époque, son moulin était un moulin familial probablement propulsé par une petite machine à vapeur.

Il n'y avait pas de pont à traverser la rivière Saint-Jean, de sorte que les gens qui vivaient dans ces « concessions » traversait le village de Saint-Francis en canoë ou en bateau. Plus tard, la plupart des gens qui y vivaient sont retournés au côté sud de la rivière.

Plus tard vers 1930, Ernest a laissé St Francis et a déménagé sa famille à Fort Kent pour travailler le moulin d'Aimé son père, sur Caribou Road (Market Street contemporain).

Pour une description technique de ce moulin, voir MILL 32 dans la section « St Francis, Maine » en *l'Enquête de moulins historique* **(chapitre 15, tome second).**

8. UPPER FRENCHVILLE, ME. (MILL 69.04)
PROPRIÉTAIRE: GEORGES JOSEPH CORRIVEAU, JR
1912 - 1958

Au chapitre 6 sur le moulin Germain Saucier à Upper Frenchville, nous ont finis avec le neveu, Joseph Saucier, vendant la propriété Lot 73 en 1886, à Romain et

later to Vital Ouellette on March 27, 1907, makes specific reference to the "steam engine, steam boilers, rollers, mill stones, and grist mill apparatus.", all equipment which had been procured or acquired in preparation for a new mill.

Vital and Élise Albert arranged with Isaie 'Larrie' Bouchard to begin the plans and design for a new mill at the location of Germain's old mill on their west side parcel. Some of the equipment from the old mill may have been kept by the Saucier family and later acquired by Élise Albert and Vital Ouellette. Sometime prior to 1907, they acquired the tooling for the flourmill from George Corriveau, Sr. in Caron Brook, NB. The tooling had been used previously at the Bradbury Mill in Fort Kent and earlier still at the Corriveau mill in Caron Brook, NB.

When the mill went into operation, it was Larrie Bouchard who had been working to complete the construction of the mill which included tooling for a saw for lumber, and for a run of stones. Although their mill was in operation, neither the Ouellette's nor the Bouchard's names appear in the annual editions of the *Maine Register* as the proprietor of a flour mill or grist mill.

The lot and new mill were sold on March 27, 1907 to Vital Ouellette along with the right for a mill road and an area for a holding pond for a mill. Vital Ouellette intended to continue to work with Larrie Bouchard to build and operate a mill. Figure 6-4 shows a satellite photo of the mill property with the Cyr Brook highlighted in black.

It is uncertain whether Vital Ouellete put the mill into operation, since his name does not appear in the annual editions of the *Maine Register* as the proprietor of a flourmill.

In fact, the only Frenchville flourmill that is listed in the *Survey* in this period (1903-08) was operated by Larrie Bouchard. Bouchard acquired the mill property himself in 1909, and Gideon Corriveau recalls being told that Bouchard built the mill, but no other documentation has yet been discovered which verifies when and under whose ownership the facility was placed in operation. The property changed hands again in 1910 when it was acquired by Joseph Lagasse,

Élise Coté, propriétaires d'une ferme de 176 acres qui était à côté du lot 73. Nous avons noté que Romain et Élise Coté étaient les parents de l'épouse de George Corriveau Jr, Rose Anna Coté. (voir figure 6-2)

En 1904, les Coté ont vendu un petit morceau de leur terre au bord du ruisseau du côté ouest du lot 73 à Vital Albert. Et en 1906, Vital Albert a passé le morceau à Élise Albert. Les actes relatifs cette propriété suggèrent que l'aménagement initial d'un nouveau moulin a eu lieu entre décembre 1906 et mars 1907. L'utilisation proposée du lot a été mise en évidence pour la première fois dans un acte daté du 20 juin 1904 entre les Coté's et Vital Albert qui a cédé en partie le « … droit à un chemin de moulin et à un étang pour que l'eau arrive au moulin… » Vital Albert n'a apparemment pris aucune mesure pour améliorer le site et, le 26 décembre 1906, a vendu le lot avec les mêmes privilèges à Élise Albert.

Élise Albert a immédiatement commencé à rassembler les machines nécessaires. L'acte de transfert ultérieur de la propriété à Vital Ouellette le 27 mars 1907 fait spécifiquement référence au « moteur à vapeur, aux chaudières à vapeur, aux rouleaux, aux meules et aux moulins à grains » ou acquis en préparation d'un nouveau moulin.

Apparemment, Vital et Élise Albert se sont arrangés avec Isaie « Larrie » Bouchard pour commencer les plans et la conception d'un nouveau moulin à la place de l'ancien moulin de Germain Saucier sur le côté ouest de la parcelle. Certains équipements de l'ancien moulin ont peut-être été conservés par la famille Saucier et acquis plus tard par Élise Albert et Vital Ouellette. Quelque temps avant 1907, ils ont acquis l'outillage pour la minoterie de George Corriveau, Sr à Caron Brook. L'outillage avait été utilisé auparavant au moulin Bradbury à Fort Kent et auparavant encore au moulin Corriveau de Caron Brook.

Lors de la mise en service du moulin, c'est Larrie Bouchard qui avait travaillé pour finir la construction du moulin qui comprenait l'outillage pour une scie à bois et pour une paire de meules. Bien que leur moulin fût en activité, ni les noms de Ouellette ni de Bouchard n'apparaissent dans les éditions annuelles du *Maine*

and he in turn sold it to George Corriveau (Gideon Corriveau's father) on July 29, 1912.

George Corriveau, Jr. moved to Frenchville in 1910 at the age of 18 and bought the grist mill –at its present site – from Joe Lagassé; the mill may have been built by Israel Bouchard. According to the Corriveau family, George Corriveau Jr. began operations with the flourmill soon after the property was purchased. At the same time or shortly thereafter, he added the carding mill tooling. According to Gideon Corriveau, at its most active, the mill operated twenty-four hours a day during harvest. (The *Maine Register*, however, did not list his business until 1917-18.)

George's father, George, Sr., of Caron Brook, NB, bought the Carding Mill in 1895 from Mrs. George Bradbury of Ft. Kent, where it had been operated for some 25 years by the Bradbury Bros. Estimates by the Merrimack Valley Textile Museum suggest the carding mill was originally built in the 1801-11 period.

The carding mill was run primarily by Mrs. George Corriveau (the former Rose Anne Coté; they were married in 1914).

Typically, 300 lbs. of wool could be carded in a day, with a peak of as much as 70,000 lbs. in one year passing through the mill. Initially, the price for carding was 6 cents/lb.; later it got as high as 25cents/lb. The wool, once clipped from the sheep, would typically be cleaned in a large kettle of hot water over an outdoor fire, rinsed in a nearby stream, and then hung out to dry on the wooden rail fence. Family members would then pick out the straw and other unwanted matter – then at the mill this wool was placed in the 'Picker', a drum where it was whirled around rapidly and blown into a clean compartment, leaving the dirt behind. Next, the wool was passed through the carder – with 22 rolls of varying sizes studded with hundreds of steel pins, the wool would be flattened, combed, and shaped into a final roll, then tied in a loop and returned to the farmer for spinning. The Corriveau's continued to operate the Carding Mill until 1966.

Starting in the late 1930s, George Corriveau, Jr. expanded the mill related activities at this site when he erected a sawmill nearby and incorporated tooling for planing lumber into the enlarged east shed of the

Register comme étant le propriétaire d'un moulin à farine.

Le terrain et le nouveau moulin ont été vendus le 27 mars 1907 à Vital Ouellette avec le droit pour un chemin de moulin et de l'arpentage pour un étang de rétention pour un moulin. Vital Ouellette avait l'intention de continuer à travailler avec Larrie Bouchard pour bâtir et faire marcher un moulin. La figure 6-4 montre une photo satellite de la propriété du moulin avec le ruisseau Cyr surligné en noir.

On ne sait pas si Vital Ouellete a mis le moulin en marche, parce que son nom n'apparaît pas dans les éditions annuelles du *Maine Register* en tant que propriétaire d'un moulin à farine.

En fait, la seule minoterie de Frenchville inscrite au registre à cette époque (1903-08) était celle de Larrie Bouchard. Bouchard a acquis la propriété du moulin lui-même en 1909, et Gideon Corriveau se souvient avoir appris que Bouchard avait construit le moulin, mais aucun autre document n'a encore été découvert qui vérifie quand et sous la propriété de qui l'installation a été mise en marche. La propriété change à nouveau de mains en 1910 lorsqu'elle est acquise par Joseph Lagassé, qui la vend à son tour à George Corriveau (père de Gideon Corriveau) le 29 juillet 1912.

George Corriveau, Jr. a déménagé à Frenchville en 1910 à l'âge de 18 ans et a acheté le moulin à farine - sur son site actuel - de Joe Lagassé; le moulin probablement a été construit par Israël « Larrie » Bouchard. Selon la famille Corriveau, George Corriveau Jr. a commencé ses activités avec la minoterie peu après l'achat de la propriété. En même temps ou peu de temps après, il a ajouté l'outillage de la carde. Selon Gideon Corriveau, dans sa forme la plus active, le moulin fonctionnait vingt-quatre heures sur vingt-quatre pendant les vendanges. (Le *Maine Register*, cependant, n'a répertorié son entreprise qu'en 1917-1918.)

Le père de George, George, Sr., de Caron Brook, NB, a acheté l'outillage pour le moulin à carder en 1895 de Mme George Bradbury de Fort Kent, où il était depuis environ 25 ans par les Bradbury Bros. Les estimations du Merrimack Valley Textile Museum suggèrent que

flourmill. At this time, the carding mill was relocated to the second floor.

The sawmill was operated at the Frenchville site during the winter months and at the Corriveau's other mill (MILL 79.00) in nearby St. Agatha during the summer. Operations were discontinued around 1958, the same year in which Gideon Corriveau converted the flourmill's power plant from a 25-horsepower gasoline engine to electricity.

The carding mill remained in use until 1964 with the flourmill surviving until 1981, by which time the diminished local supply of buckwheat and the unavailability of parts to repair the machinery forced the mill to shut down.

The grist mill was run by steam when George Corriveau operated it, and it must have been water-powered prior to the 1890's.

In 1958, Gedeon had it converted to electricity. In its heyday, it ran 24 hours per day, grinding eight barrels of flour an hour, but by 1980, only about 100 acres of buckwheat was being ground and replacement parts had become difficult to obtain.

In 1958 George Jr. sold the property to his son, Gidéon.

8.1 UPPER FRENCHVILLE, ME (MILL 69.05)
OWNER: GIDÉON CORRIVEAU
1958 - 1981

in 1958, Gidéon Corriveau purchased the property from his father and continued the operation of the mill until 1981. Operations ceased at that time.

For a technical description of this mill, see MILL 69.04, 69.05 in the 'Upper Frenchville, Maine' section of the Survey of Historic Mills (Chapter 15, Volume Two).

9. FORT KENT, ME (MILL 89.00)
OWNER: JOSEPH GEORGES CORRIVEAU
1920 – 1950

Around 1920, a few years after marrying Marie Anne Cyr from Saint-François de Madawaska, Joseph Georges Corriveau, younger brother of George Jr, built a small sawmill in Fort Kent on the Fish River on then

le moulin de cardage a été construite à l'origine dans la période 1801-11.

La carde était principalement dirigée par Mme George Corriveau (l'ancienne Rose Anne Coté; ils se sont mariés en 1914).

En règle générale, 300 livres de laine pourrait être cardée en une journée, avec un maximum de 70 000 livres en un an en passant par le moulin. Au départ, le prix du cardage était de 6 cents / lb; plus tard, il a atteint 25 cents / lb. La laine, une fois coupée des moutons, était généralement nettoyée dans une grande bouilloire d'eau chaude au-dessus d'un feu extérieur, rincée dans un ruisseau voisin, puis suspendue pour sécher sur la clôture en bois. Les membres de la famille ramassaient ensuite la paille et d'autres matières indésirables - puis, au moulin, cette laine était placée dans le « picker », un tambour où elle tournait rapidement et soufflait dans un compartiment propre, laissant la saleté derrière. Ensuite, la laine était passée à travers le cardeur avec 22 rouleaux de différentes tailles parsemés de centaines d'épingles en acier, la laine était aplatie, peignée et façonnée en un rouleau final, puis attachée en boucle et renvoyée au fermier pour la filature. Les Corriveau ont continué avec le moulin de cardage jusqu'en 1966.

À partir de la fin des années 1930, George Corriveau, Jr., agrandit les activités liées au moulin sur ce site en érigeant une scierie à proximité et en incorporant des outils pour le rabotage du bois dans le grand hangar est du moulin à farine. À cette époque, le moulin de cardage a été déplacée au deuxième étage.

La scierie à marcher sur le site de Frenchville pendant les mois d'hiver et à l'autre scierie de Corriveau (MILL 79,00) à Sainte-Agathe pendant l'été. Les activités ont été interrompues vers 1958, la même année où Gideon Corriveau a converti la centrale électrique du moulin à farine d'un moteur à essence de 25 chevaux en électricité.

Le moulin de cardage est resté en service jusqu'en 1964 et le moulin à farine a survécu jusqu'en 1981, date à laquelle la diminution de l'offre locale de sarrasin et le manque de pièces pour réparer les machines ont obligé le moulin à fermer.

Caribou Road, present-day Market Street. It could have been that young Joseph consulted with his uncle Aimé who was still running a mill about 500 feet down Caribou Road. (See Figure 12-18 for a map showing the locations of the two mills.) The location of Joseph's mill is: N47.237701, W68.580704.

Joseph's mill (See Figure 12-29 through 12-33) was a small, modest sawmill powered by an internal combustion engine initially and later converted to electricity. The mill was tooled with a single circular saw to cut construction lumber and a planer to finish the construction lumber. Joseph operated the mill by himself with occasional help from his sons according to his family.

Joseph continued the operation of the mill until 1950 when he was at the age of 55. He died eight years later.

9.1 FORT KENT, ME (MILL 89.01)
OWNER: EDWIN CORRIVEAU
c.1940 – c.1955

Joseph's son, Ernest took charge of the mill around 1940 and continued its operation in furnishing construction lumber. He continued the operation until 1955 when he sold the mill to June Gagnon.

From that point, the mill continued outside the Corriveau family first with June Gagnon, then to Raoul Tardif in 1960 who finally passed the mill to his son, Daniel in 1990. The mill has been significantly enhanced and continues in successful operation today.

For a technical description of this mill, see MILL 89 in the 'Fort Kent, Maine' section of the Survey of Historic Mills (Chapter 15, Volume Two).

Le moulin à farine fonctionnait à la vapeur lorsque George Corriveau le faisait marcher, et il devait être alimenté à l'eau avant les années 1890.

En 1958, Gédéon le fait convertir à l'électricité. À son apogée, il fonctionnait 24 heures par jour, broyant huit quarts de farine par heure, mais en 1980, seulement environ 100 acres de sarrasin étaient broyées et les pièces de rechange étaient devenues difficiles à obtenir.

En 1958, George Jr. a vendu la propriété à son fils, Gidéon.

8.1 UPPER FRENCHVILLE, ME. (MILL 69.05)
PROPRIÉTAIRE: GIDÉON CORRIVEAU
1958 - 1981

En 1958, Gidéon Corriveau acheta la propriété de son père et continua avec le moulin jusqu'en 1981. Les opérations cessèrent à ce moment-là.

Pour une description technique de ce moulin, voir MILL 69.04, 69.05 dans la section « Upper Frenchville, Maine » en *l'Enquête de moulins historique* (chapitre 15, tome second).

9. FORT KENT, ME. (MILL 89.00)
PROPRIÉTAIRE: JOSEPH GEORGES CORRIVEAU
1920 – c.1940

Vers 1920, quelques années après avoir épousé Marie Anne Cyr de Saint-François de Madawaska, Joseph Georges Corriveau, frère cadet de George Jr., construisit un petit moulin à scie à Fort Kent sur la rivière Fish sur Caribou Road, Market Street actuel. Il se pourrait que le jeune Joseph ait consulté son oncle Aimé qui avait sont moulin à environ 500 pieds plus bas sur le chemin Caribou. (voir figure 12-18 pour une carte montrant les places des deux moulins.) La place du moulin de Joseph est: N47.237701, W68.580704.

Le moulin de Joseph (voir les figures 12-29 à 12-33) était une petite scierie propulsée par un moteur à combustion interne initialement puis converti en électricité plus tard. Le moulin était équipé d'une scie circulaire pour couper le bois de construction et d'une raboteuse pour finir le bois de construction. Joseph a

faite marcher le moulin seul avec l'aide occasionnelle de ses fils selon sa famille.

Joseph a continué avec son moulin jusqu'en 1950, alors qu'il avait 55 ans. Il est décédé huit ans plus tard.

9.1 FORT KENT, ME (MILL 89.01)
OWNER: EDWIN CORRIVEAU
c.1940 – c.1955

Le fils de Joseph, Ernest, prit charge du moulin vers 1940 et continua sa marche dans la fourniture de bois de construction. Il continua avec le moulin jusqu'en 1955, date à laquelle il vendit le moulin à June Gagnon.

À partir de là, le moulin a continué en hors de la famille Corriveau d'abord avec June Gagnon, puis à Raoul Tardif en 1960 qui a finalement passé le moulin à son fils Daniel en 1990. Le moulin a été bien amélioré et continue de fonctionner avec succès aujourd'hui. (voir MILL 89.04 en tome second.)

Pour une description technique de ce moulin, voir MILL 89 dans la section « Fort Kent, Maine » en *l'Enquête de moulins historique* **(chapitre 15, tome second).**

12. CORRIVEAU MILLS | MOULINS CORRIVEAU

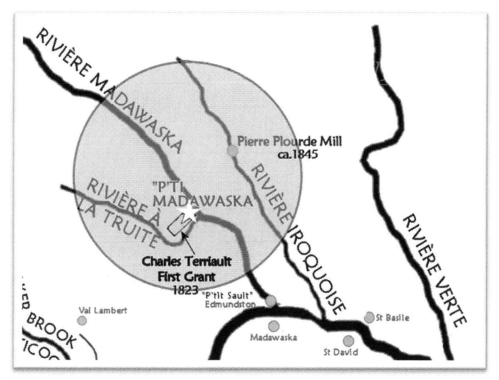

Figure 13-1. Settling 'P'ti Madawaska' in 1823. [© 2021 Terriot Acadian Family Society.]

Figure 13-1. Installation du 'P'ti Madawaska' en 1823. © Terriot Acadian Family Society. [© 2021 Terriot Acadian Family Society.]

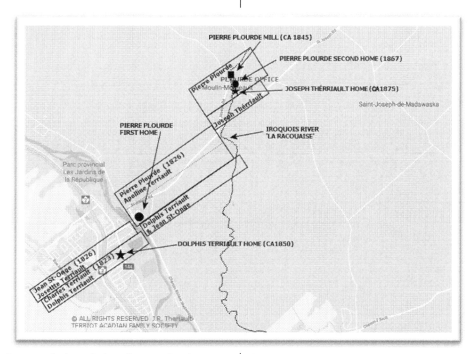

Figure 13-2. 1845. Terriault and Plourde grant land. [Source: 134, Land Grant Maps of Madawaska, London, England 1848]

Figure 13-2. 1845. Terres octroyé des Thériault et Plourde. [Source : 134, Cartes de concession de terres du Madawaska, Londres, Angleterre, 1848]

13. JOSEPH THÉRRIAULT MILL | MOULIN JOSEPH THÉRRIAULT

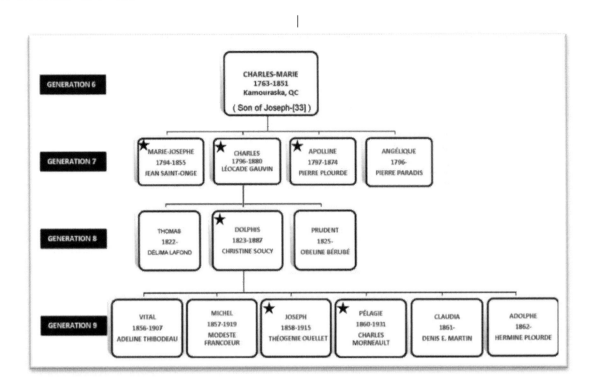

Figure 13-3a. Genealogy of Joseph Thérriault [73], son of Dolphis, beginning with Charles, the son of Joseph [33]. Joseph [33] fled Beaubassin, Acadia in 1759 to St Roch des Aulnies, Québec to avoid the expulsion by the English. [Source: 135, "Descendants of Jehan & Perrine Terriot"]

Figure 13-3a. Généalogie de Joseph Thérriault [73], fils de Dolphis, commençant avec Charles, le fils de Joseph [33]. Joseph a fui Beaubassin, Acadie en 1759 à St Roch des Aulnies, Québec pour éviter l'expulsion par les Anglais. [Source : 135, « Descendants of Jehan & Perrine Terriot »]

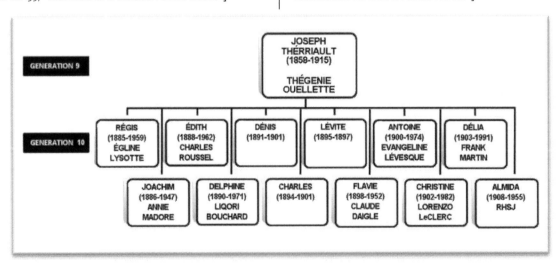

Figure 13-3b. Family of Joseph Thérriault, son of Dolphis. Joseph was the sawyer and miller of Baker Brook, NB. [Source: 135, "Descendants of Jehan & Perrine Terriot"]

Figure 13-3b. Famille de Joseph Thérriault, fils de Dolphis. Joseph était the scieur et meunier de Baker Brook, NB. [Source: 135, "Descendants of Jehan & Perrine Terriot"]

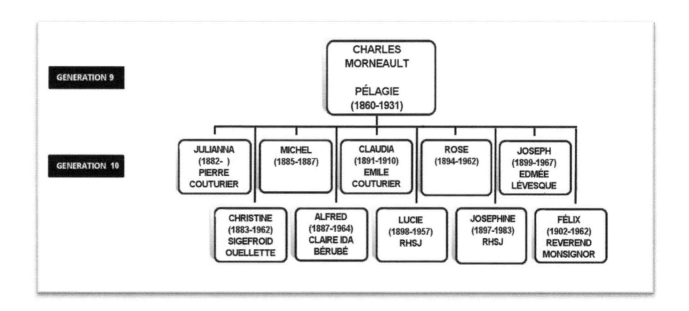

Figure 13-3c. Family of Charles Morneault and Pélagie Thérriault. Charles is the son of Pascal and Pélagie is the daughter of Dolphis. Charles was the miller of Moulin Morneault. [Source: 135, "Descendants of Jehan & Perrine Territot"]

Figure 13-3c. Famille de Charles Morneault et Pélagie Thériault. Charles est le fils de Pascal et Pélagie est la fille de Dolphis. Charles était le meunier du Moulin Morneault. [Source: 135, "Descendants of Jehan & Perrine Territot"]

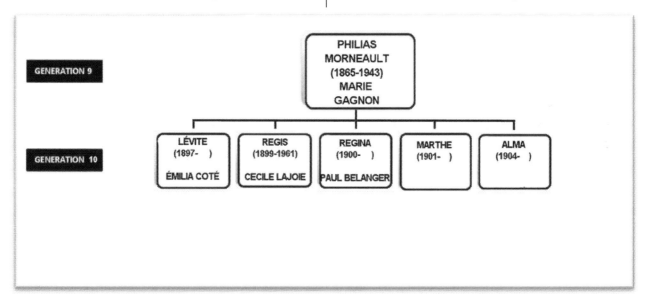

Figure 13-3d. Family of Philias Morneault and Marie Gagnon. Philias is the son of Pascal. Philias was the sawyer of Moulin Morneault. [Source: 135, "Descendants of Jehan & Perrine Territot"]

Figure 13-3d. Famille de Philias Morneault and Marie Gagnon. Philias est le fils de Pascal. Philias était le scieur du Moulin Morneault. [Source: 135, "Descendants of Jehan & Perrine Territot"]

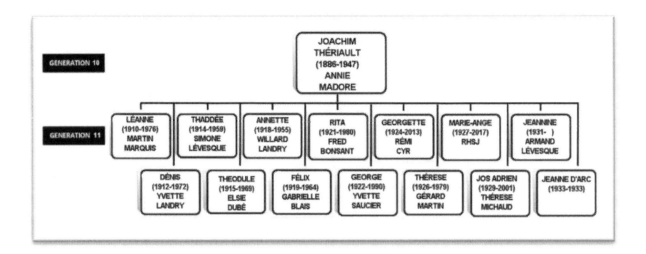

Figure 13-3e. Family of Joachim Thériault and Annie Madore. Joachim is a son of Joseph and Annie is the daughter of Alcime. Joachim was the sawyer and miller of Baker Brook, NB. [Source: 135, "Descendants of Jehan & Perrine Terriot"]

Figure 13-3e. Famille de Joachim Thériault and Annie Madore. Joachim est le fils de Joseph et Annie est la fille de Alcime. Joachim était le scieur et le meunier de Baker Brook, NB. [Source: 135, "Descendants of Jehan & Perrine Terriot"]

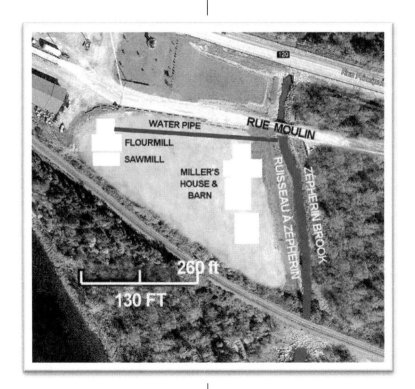

Figure 13-4. 1907. The Joseph Thérriault Mill in Baker Brook, NB. The mill was located on the west side of the Thérriault property and the family house on the east side. A small brook flowed to the St John River on the east edge of the property by the property line. The mill was located about 1 mile east of Baker Brook readily accessible to the farmers and villagers in Baker Brook as well as St Hilaire to the east. [Source: 16, Consultation with Rémi and Georgette Theriault Cyr]

Figure 13-4. 1907. Le Moulin Joseph Thérriault en Baker Brook, NB. Le moulin était situé du côté ouest de la propriété Thérriault et la maison familiale était du côté est. Un petit ruisseau se vidait en la rivière Saint-Jean, à l'extrémité est de la propriété, près de la ligne de propriété. Le moulin était situé à environ 1 mille est de Baker Brook facilement accessible aux agriculteurs et aux villageois de Baker Brook ainsi que de St Hilaire à l'est. [Source: 16, Consultation avec Rémi and Georgette Theriault Cyr]

13. JOSEPH THÉRRIAULT MILL | MOULIN JOSEPH THÉRRIAULT

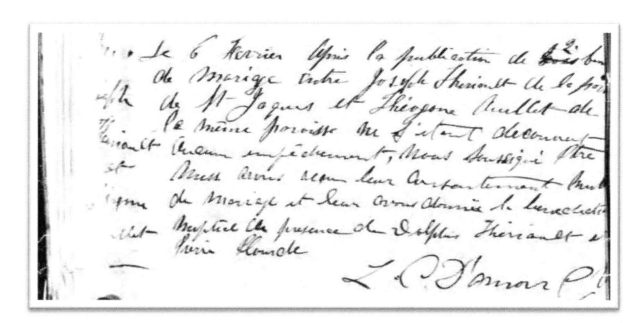

Figure 13-5. Parish of the Immaculate Conception Parish, Edmundston, NB. Birth-Marriage-Burial Register. Record of Joseph Theriault and Théogenie Ouellet marriage on February 6, 1882 with blessings from Dolphis Theriault and Pierre Plourde. By Reverend L. C. L'Amour, priest. [Source: 135, "Descendants of Jehan and Perrine Terriot"]

Figure 13-5. Registre des naissances-mariages-sépultures de la paroisse de l'Immaculée Conception, Edmundston, NB. Registre du mariage de Joseph Theriault et Théogenie Ouellet le 6 février 1882 avec la bénédiction de Dolphis Theriault et Pierre Plourde. Par Révérend L.C. L'Amour, prêtre. [Source: 135, "Descendants of Jehan and Perrine Terriot"]

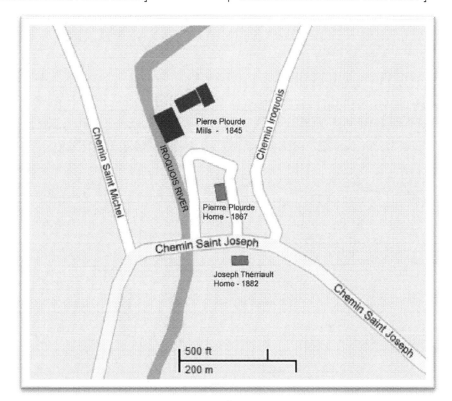

Figure 13-6 . Map of Moulin Morneault showing first settlers. [© 2021 Terriot Acadian Family Society.]

Figure 13-6 . Carte de Moulin Morneault montrant les premiers habitants. [© 2021 Terriot Acadian Family Society.]

Figure 13-7. The Pélagie Thérriault Morneault Family Album. Pélagie's collection includes hundreds of photos important to the history of the Theriault, Morneault and Plourde families in St Jacques. Courtesy of Louise Ann Roussel, great-granddaughter of Pélagie. The photos were digitized, restored, and archived as part of the *Terriot Acadian Family Society Archive*. (www.terriau.org) [©2021 Terriot Acadian Family Society.]

Figure 13-7. L'album de la famille Pélagie Thérriault Morneault. La collection de Pélagie comprend des centaines de photos importants à l'histoire des familles Thériault, Morneault et Plourde de St Jacques. Courtoisie de Louise Ann Roussel, arrière-petite-fille de Pélagie. Les photos ont été numérisées, restaurées et archivées dans le cadre des archives de la *Société de la famille acadienne Terriot* (www.terriau.org) [©2021 Terriot Acadian Family Society.]

13. JOSEPH THÉRRIAULT MILL | MOULIN JOSEPH THÉRRIAULT

Figure 13-8. TOP : c.1880. **Charles Terriault.** First Acadian settler of present-day St Jacques, New Brunswick in 1823. Charles died in 1880. **LEFT: 1895. Philias and Marie Gagnon Morneault. RIGHT: 1882. Joseph and Théogenie Ouellet Thérriault**. [Source: 115, Photo Collection, Pélagie Thérriault Morneault]

Figure 13-8. DESSUS: 1880. **Charles Terriault.** Premier pionier acadien de Saint-Jacques, Nouveau-Brunswick en 1823. Charles est mort en 1880. **GAUCHE: 1895. Philias et Marie Gagnon Morneault. DROITE: 1882. Joseph et Théogenie Ouellet Thérriault**. [Source: 115, Photo Collection, Pélagie Thérriault Morneault]

Figure 13-9. LEFT : Abbé Louis-Come D'Amours, first pastor of St-Jacques parish and the priest who married Joseph and Théogenie Thérriault, and Charles and Pélagie Morneault. **CENTER : c.1910, Charles & Pélagie Thérriault Morneault** in front of their home in Moulin Morneault. **RIGHT : October 26, 1891. Vital and Adelina Thibodeau Thérriault,** married in St Basile, NB. This studio portrait was taken in Old Town, Maine soon after their wedding where Vital had emigrated earlier. [Source: 115, Photo Collection, Pélagie Thérriault Morneault]

Figure 13-9. GAUCHE: l'abbé Louis-Come D'Amours, premier curé de la paroisse St-Jacques et le curé qui a marié Joseph et Théogenie Thérriault. **CENTRE: vers 1895, Charles et Pélagie Thérriault Morneault** en avant leur maison au Moulin Morneault. **DROITE: 26 octobre 1891. Vital et Adelina Thibodeau Thérriault,** mariés à St Basile, NB. Ce portrait en studio a été pris à Old Town, Maine, peu de temps après leur mariage où Vital avait émigré plus tôt. [Source: 115, Photo Collection, Pélagie Thérriault Morneault]

Figure 13-10. LEFT : c.1900. Adolphe & Hermine Plourde Thérriault with son, Marcel. Studio photo was taken in Nashua, NH where the family emigrated from St Jacques around 1890. **CENTER : c.1902. Dénis & Claudia Thérriault Martin** with their two elder children: Edmond (left) and Félix. Dénis was a school teacher in St Basile. **RIGHT : June 14, 1914. Alfred & Claire Ida Bérubé Morneault** on their wedding day. [Source: 115, Photo Collection, Pélagie Thérriault Morneault]

Figure 13-10. GAUCHE: vers 1900. Adolphe et Hermine Plourde Thérriault avec leurs fils, Marcel. La photo en studio a été prise à Nashua, NH où la famille a émigré de St Jacques vers 1890. **CENTRE: vers 1902. Dénis et Claudia Thérriault Martin** avec leurs deux aînés: Edmond (à gauche) et Félix. Dénis était instituteur à St Basile. **DROITE: 14 juin 1914. Alfred et Claire Ida Bérubé Morneault** le jour de leur mariage. [Source: 115, Photo Collection, Pélagie Thérriault Morneault]

Figure 13-11. LEFT : Charles & Pélagie Morneault and family with Adeline Plourde Morneault sitting in front of group, ca1895. RIGHT: Joseph & Théogenie Thérriault and family with Élodie, youngest spinster daughter of Pierre Plourde, 1905. Rear (l-r): Régis (20 yrs.), Édith (17), Joseph (47), Delphine (15), and Théogénie (41). Front (L-R) : Antoine (5), Élodie Plourde (64), Christine (3), Délia (2) and Flavie (7). Élodie, was the youngest spinster daughter of Pierre Plourde. Not shown are Joachim (19) who is believed to be working in the woods in Allagash, Maine, and Almida who was born later in 1908 in Baker-Brook. [Source: 115, Photo Collection, Pélagie Thérriault Morneault]

Figure 13-11. GAUCHE: Charles et Pélagie Morneault et leur famille avec Adeline Plourde Morneault assis devant le groupe, vers 1895. DROITE: Joseph et Théogenie Thérriault et famille avec Élodie, la plus jeune fille célibataire de Pierre Plourde, 1905. Arrière (de gauche à droite): Régis (20 ans), Édith (17), Joseph (47), Delphine (15) et Théogénie (41). Face avant (L-R): Antoine (5), Élodie Plourde (64), Christine (3), Délia (2) et Flavie (7). Élodie, était la plus jeune fille célibataire de Pierre Plourde. Ne sont pas représentés Joachim (19 ans) qui est censé travailler dans les bois à Allagash, Maine, et Almida qui est né plus tard en 1908 à Baker-Brook. [Source: 115, Photo Collection, Pélagie Thérriault Morneault]

Figure 13-12. LEFT: ca1920, Josephine and Rose Morneault, daughters of Charles & Pélagie posing with their dear maternal uncle Adolphe Thérriault, brother of Pélagie. Writing at the bottom is Pélagie's handwriting. [Source: 115, Photo Collection, Pélagie Thérriault Morneault] **CENTER:** Régis Thérriault and his mother Théogenie. L-R: Égline, Régis and Théogenie. Régis and his wife, Égline are on a visit from Nashua, New Hampshire around 1925 visiting his sister, Delphine at her home on Rue du Pouvoir, Edmundston Est, NB. Currently Théogenie was living with her daughter, Flavie in Caron Brook, NB. [Source: 96, Photo Collection, Georgette Thérriault Cyr] **RIGHT: Burial Place of Joseph Therriault,** with his granddaughter, Georgette Therriault Cyr, daughter of Joachim. She was the care-taker of the family burial places during her llife. Joseph died on 19 July 1915 and was buried in St Hilaire Cemetery on Wednesday, the 21st July at the age of 56. [Source: 74, Photo Collection, Terriot Acadian Family Society]

Figure 13-12. GAUCHE:ca1920, Joséphine et Rose Morneault, filles de Charles & Pélagie posant avec leur cher oncle maternel Adolphe Thérriault, frère de Pélagie. L'écriture en bas est l'écriture de Pélagie. [Source: 115, Photo Collection, Pélagie Thérriault Morneault] **CENTRE:** Régis Thérriault et sa mère Théogenie. (G - D): Égline, Régis et Théogenie. Régis et son épouse, Égline, sont en visite de Nashua, New Hampshire vers 1925, rendant visite à sa sœur, Delphine, chez elle, rue du Pouvoir, Edmundston Est, NB. Théogenie vivait avec sa fille Flavie à Caron Brook, NB. [Source: 96, Photo Collection, Georgette Thérriault Cyr] **DROITE: Lieu de sépulture de Joseph Therriault,** avec sa petite-fille, Georgette Therriault Cyr, fille de Joachim. Elle était la gardienne des sépultures familiales pendant sa vie. Joseph mourut le 19 juillet 1915 et fut inhumé au cimetière St Hilaire le mercredi 21 juillet à l'âge de 56 ans. [Source: 74, Photo Collection, Terriot Acadian Family Society]

Figure 13-13: LEFT, CENTER: Invitations for the double ring wedding of Flavie to Claude Daigle of Baker Brook and her sister, Delphine to Liguori Bouchard of Ste Luce, Maine on 28 July 1920 at 8am at the St Hilaire Church in St Hilaire, New Brunswick. **RIGHT: Baker Brook, NB at the Claude and Flavie Daigle home** around 1921. L-R Standing: Christine (19), Claude Daigle, Délia. Sitting: Almida, Théogenie and Antoine. Délia, Christine and Almida were attending school. Antoine was living with his brother, Régis in St Hilaire. [Source: 96, Photo Collection, Georgette Thérriault Cyr]

Figure 13-13: GAUCHE, AU CENTRE: Invitations pour le mariage à double anneau de Flavie à Claude Daigle de Baker Brook et sa sœur Delphine à Liguori Bouchard de Ste Luce, Maine le 28 juillet 1920 à 8h à l'église St Hilaire de St Hilaire, NB. **DROITE: Baker Brook, New Brunswick chez Claude et Flavie Daigle** vers 1921. De gauche à droite debout: Christine (19 ans), Claude Daigle, Délia. Assis: Almida, Théogenie et Antoine. Délia, Christine et Almida allaient à l'école. Antoine vivait avec son frère Régis à St Hilaire. [Source: 96, Photo Collection, Georgette Thérriault Cyr]

Figure 13-14: LEFT:
RIGHT: c.1930. The house of Albert and Flavie Daigle on Main Street in Baker Brook, present-day 3659 Rue Principale. We can see that the family has a store and that a customer or visitor has arrived in a horse-drawn carriage. At the time, Délia and Frank Martin were married. Tragically, Claude Daigle died in 1927 and Flavie remarried with his brother, Albert in 1930. Almida will be taking her vows with the Religieuses Hospitalières de St Joseph in two years. On the porch is (l-r) Délia, Delphine, Théogenie, Liguori Bouchard, Frank Martin and Albert Daigle. Flavie is in front looking at her flowers. The address of this home today is 3659 Rue Principale. [Source: 111, Photo Collection, Thérèse Martin Collin]

Figure 13-14: GAUCHE:
DROITE: vers 1930. La maison d'Albert et Flavie Daigle sur la rue Principale à Baker Brook, aujourd'hui 3659 rue Principale. On voit que la famille a un magasin et qu'un client ou visiteur est arrivé en cariole. En ce temp, Délia et Frank Martin étaient mariés. Tragiquement, Claude Daigle décède en 1927 et Flavie se remarie avec son frère Albert en 1930. Almida prononcera ses vœux avec les Religieuses Hospitalières de St Joseph dans deux ans. Sur le perron se trouvent (de gauche à droite) Délia, Delphine, Théogenie, Liquori Bouchard, Frank Martin et Albert Daigle. Flavie est devant et regarde ses fleurs. L'adresse de cette maison est aujourd'hui 3659 Rue Principale. [Source: 111, Photo Collection, Thérèse Martin Collin]

Figure 13-15. Thérriaults and Morneaults in Moulin-Morneault... on the front steps of the house that Pierre Plourde built in 1867. There is no doubt of the happiness and joy that Pélagie is feeling as she listens to the chatter of her children in July 1926. Sitting in her rocking chair is Pélagie Thérriault Morneault, wife of Charles. Sitting on the steps (l-r) at the top: Délia Thérriault, daughter of Joseph; then Félix, Pélagie's son later ordained priest and Monsignor and two unknown seminarian friends of Félix. At the bottom: Josephine "Josie", now a nurse working in New Hampshire and Massachusetts hospitals and Pélagie's daughter later taking her vows as Sister St-Charles; an unknown visitor, and sitting on the far right: Edmée, Jos' wife and daughter-in-law of Pélagie. [Source: 111, Photo Collection, Thérèse Martin Collin]

Figure 13-15. Thérriaults et Morneaults à Moulin-Morneault... sur le perron de la maison que Pierre Plourde a batis en 1867. Il n'y a aucun doute du bonheur et la joie que Pélagie sent en écoutant le jasages de ses enfants en juillet 1926. Assise dans sa chaise berçeuse est Pélagie Thérriault Morneault, épouse de Charles. Assise sur les marches (de gauche à droite) en haut: Délia Thérriault, fille de Joseph; puis Félix, le fils de Pélagie, plus tard ordonné prêtre et Monseigneur et deux amis séminaristes inconnus de Félix. En bas: Joséphine «Josie», maintenant infirmière travaillant dans les hôpitaux du New Hampshire et du Massachusetts et la fille de Pélagie prononçant plus tard ses vœux en tant que Sœur St-Charles. Religieuses Hospitalière de St Joseph; un visiteur inconnu, et assis à l'extrême droite: Edmée, épouse de Jos et belle-fille de Pélagie. [Source: 111, Photo Collection, Thérèse Martin Collin]

Figure 13-16 : LEFT: c.1920 Frank Martin visits his future brother-in-law at the Thérriault mill. (l-r) Frank Martin (before his marriage to Délia), Almida, Joachim's baby sister, Léanne, sitting in front of Joachim, and Annie, Joachim's wife. In the background is the Thérriault mill home. [Source: 96, Photo Collection, Georgette Thérriault Cyr] **RIGHT: June 17, 1928. Ordination of Félix Morneault.** Seated (l-r), Charles Morneault, Father Félix Morneault, Sister Morneault, rhsj (née Lucie), Pélagie Thérriault Morneault, wife of Charles. Standing (l-r) Jos, Rose, Josephine 'Josée' and Alfred 'Freddie', all children of Charles & Pélagie. [Source: 115, Photo Collection, Pélagie Thérriault Morneault]

Figure 13-16 : GAUCHE: vers 1920 Frank Martin rend visite à son futur beau-frère au moulin Thérriault. (De gauche à droite) Frank Martin (avant son mariage avec Délia), Almida, la petite sœur de Joachim, Léanne, assise devant son père, Joachim, et Annie, la femme à Joachim. En arrière-, la maison Thérriault. [Source: 96, Photo Collection, Georgette Thérriault Cyr] **DROITE: 17 juin 1928. Ordination de Félix Morneault.** Assis (de gauche à droite), Charles Morneault, le Père Félix Morneault, Sœur Morneault, rhsj (née Lucie), Pélagie Thérriault Morneault, femme à Charles. Debout (de gauche à droite) Jos, Rose, Josephine «Josée» et Alfred «Freddie», tous enfants de Charles & Pélagie. [Source: 115, Photo Collection, Pélagie Thérriault Morneault]

Figure 13-17. LEFT: The Souvenir Card that was given to Pélagie Thérriault Morneault by Soeur Maillet, with a personal note written on the back. The note reads: *"Souvenir offered to Madame C. Morneault, on the occasion of the celebrations of the «Golden Anniversary» of our founding at St-Basile, Madawaska, N.B. (signed) Sr Maillet, Religieuses Hospitalières de St-Joseph, Hôtel-Dieu de St-Joseph, St-Basile, Madawaska, 4 Octobre, 1923"* **RIGHT: Monsignor Louis-Napoléon Dugal**, a Eudiste father. Advocate of education in Madawaska, he was nephew of Father Théodule Dugal, one of two priests who celebrated Mass at the Dolphis Terriault home. The Monsignor was one of the important men in Dolphis' family and especially to Pélagie. [Source: 115, Photo Collection, Pélagie Thérriault Morneault]

Figure 13-17. GAUCHE : La Carte Souvenir remise à Pélagie Thérriault Morneault par Soeur Maillet, avec une note personnelle inscrite au dos. La note lit: « *Souvenir offert à Madame C. Morneault, à l'occasion des Fêtes des « « Noces » « d'Or » de notre Fondation à St-Basile, Mad. N.B. (signée) Sr Maillet, R.H. de St-Joseph, Hôtel-Dieu de St-Joseph, St-Basile, Madawaska, 4 Octobre, 1923* ». **DROITE: Monseigneur Louis-Napoléon Dugal**, prêtre eudiste. Avocat de l'éducation au Madawaska, il était le neveu du père Théodule Dugal, l'un des deux prêtres qui célébraient la messe à la maison Dolphis Terriault. Le Monseigneur était l'un des hommes importants de la famille Dolphis et en particulier de Pélagie. [Source: 115, Photo Collection, Pélagie Thérriault Morneault]

Figure 13-18 . LEFT : c.1950. Théogenie Ouellet Thérriault and her daughters (l-r); Christine, Édithe, Soeur Jeanne D'Arc (née Almida), Délia and Flavie, Théogenie was living with Flavie. **RIGHT: c.1940. Soeur Jeanne D'Arc, (née Almida Thérriault, daughter of Joseph and Théogenie)** in her position at the Hotel Dieu de St Joseph in St Basile as health care provider. [Source: 96, Photo Collection, Georgette Thérriault Cyr]

Figure 13-18 . GAUCHE: vers 1950. Théogenie Ouellet Thérriault et ses filles (de gauche à droite); Christine, Édithe, Soeur Jeanne D'Arc (née Almida), Délia et Flavie, Théogenie vivait avec Flavie. **DROITE: vers 1940. Soeur Jeanne D'Arc, (née Almida Thérriault, fille de Joseph et Théogenie)** dans son poste à l'Hôtel Dieu de St Joseph à St Basile en tant que dispensatrice de soins. [Source: 96, Photo Collection, Georgette Thérriault Cyr]

Figure 13-19 . LEFT : 1947. Théogenie Ouellet Thérriault, spouse of the late Joseph Thérriault, with her son, Joachim, who stopped by for a visit after a short stay at the Hotel Dieu de St Joseph Hospital. Joachim (61) visits his Mother Theojeanne Ouellet Theriault (83). This is the last photo of Joachim before he died that year. At the time, Théogenie was living with her daugher, Delphine who was married with Liguori Bouchard. They were living on Rue Rice in Edmundston, NB. Joachim had just been released from the Hotel-Dieu St-Basile hospital following some unknown medical problems. **RIGHT: 1952. Théogenie Ouellet Thérriault,** deceased at the age of 88. Her funeral Mass was held at the Cathedral of the Immaculate Conception in Edmundston, NB. [Source: 96, Photo Collection, Georgette Thérriault Cyr]

Figure 13-19. GAUCHE: 1947. Théogenie Ouellet Thérriault, épouse de feu Joseph Thérriault, avec son fils, Joachim, qui s'est arrêté pour une visite après un court séjour à l'Hôpital Hôtel-Dieu de St Joseph. Joachim (61) rend visite à sa mère Theojeanne Ouellet Thériault (83). C'est la dernière photo de Joachim avant sa mort cette année-là. A l'époque, Théogenie vivait avec sa fille, Delphine, mariée avec Liguori Bouchard. Ils vivaient sur la rue Rice à Edmundston, NB. Joachim venait de sortir de l'hôpital de l'Hôtel-Dieu St-Basile suite à des problèmes médicaux inconnus. **DROITE: 1952. Théogenie Ouellet Thérriault,** décédée à l'âge de 88 ans. Ses funérailles ont eu lieu à la cathédrale de l'Immaculée Conception à Edmundston, NB. [Source: 96, Photo Collection, Georgette Thérriault Cyr]

13. JOSEPH THÉRRIAULT MILL | MOULIN JOSEPH THÉRRIAULT

Figure 13-20. LEFT: 1956. Old Saint Louis de Gonzague Cemetery, Nashua, NH, burial place of Adolphe and Hermine Plourde Thérriault. Joachim's sons, Dénis (and spouse Yvette) and George on a visit with their uncle Antoine and Eva Theriault in Nashua, NH pay their respects to their grand-uncle Adolphe Thérriault. Today, this is also the burial site for Hermine, Adolphe's wife, Regis and Égline, Antoine and Eva, Anita (Marcel's spouse) and Firmine Seneca, Anita's aunt and nanny for Marcel and Anita's boys. The cemetery is the Old St Louis de Gonzague Cemetery at 450 West Hollis St, Nashua, NH[36]. (N42.747986 W71.495717) Marcel was buried in a private cemetery in that vicinity but was exhumed around 1990 and transferred to Hanover, NH at Dartmouth College and buried with his son, George and his family. [Source: 96, Photo Collection, Georgette Thérriault Cyr]
RIGHT : 1957. Frank & Délia Thérriault Martin at the wedding of their daughter, Thérèse to Malcolm Collin on July 6, 1957 in Edmundston, NB. Thérèse was very close to her mother and learned of the close and loving relationships with her aunt Pélagie, her uncles Adolphe and Joe who were all part of the Moulin Morneault family. [Source: 111, Photo Collection, Thérèse Martin Collin]

Figure 13-20. GAUCHE: 1956. Ancien Cimetière Saint Louis de Gonzague, Nashua, NH, sépulture d'Adolphe et Hermine Plourde Thérriault. Les fils de Joachim, Dénis (et son épouse Yvette) et George lors d'une visite avec leur oncle Antoine et Eva Theriault à Nashua, NH rendent hommage à leur grand-oncle Adolphe Thérriault. Aujourd'hui, c'est aussi le lieu de sépulture d'Hermine, l'épouse d'Adolphe, Régis et Égline, Antoine et Eva, Anita (l'épouse de Marcel) et Firmine Seneca, tante d'Anita et nounou pour les garçons de Marcel et Anita. Le cimetière est le vieux cimetière St Louis de Gonzague au 450 West Hollis St, Nashua, NH.[37] (N42.747986 W71.495717) Marcel a été enterré dans un cimetière privé dans ce voisinage, mais a été exhumé vers 1990 et transféré à Hanover, NH au Dartmouth College et enterré avec son fils, George et sa famille. [Source: 96, Photo Collection, Georgette Thérriault Cyr] **DROITE: 1957. Frank et Délia Thérriault Martin** lors du mariage de leur fille Thérèse avec Malcolm Collin le 6 juillet 1957 à Edmundston, NB. Thérèse était très proche de sa mère et a appris des liens affectueuses avec sa tante Pélagie, ses oncles Adolphe et Joe qui faisaient tous partie de la famille Moulin Morneault. [Source: 111, Photo Collection, Thérèse Martin Collin]

---

[36] There is an area of this cemetery that is totally flat. According to the office the stones were washed away during a flood many years ago after this photo was taken in 1956. The people interred there had died of a flu epidemic. Many of the records for the old cemetery have been lost over time according to the office. They are in the process of preserving what they have but record keeping was not good in the past. The newer St. Louis de Gonzague Cemetery established in 1924 is located on Route 111 (W. Hollis St.) about a mile down the road on the left.

[37] Il y a une partie de ce cimetière qui est totalement plat. Selon le bureau, les pierres ont été emportées lors d'une inondation il y a de nombreuses années après que cette photo a été prise en 1956. Les personnes inhumés étaient mortes d'une épidémie de grippe. Bon nombre des dossiers de l'ancien cimetière ont été perdus au fil du temps selon le bureau. Ils sont en train de préserver ce qu'ils ont, mais la tenue de dossiers n'était pas bonne dans le passé. Le nouveau cimetière St. Louis de Gonzague établi en 1924 est situé sur la route 111 (rue W. Hollis) à environ un mille en bas de la route sur la gauche.

Figure 13-30. c.1930. Joseph Theriault Mill and Family Home (within the ellipse) and Neighborhood. (N47.302037 W68.485479) In the foreground, the Félix Daigle farm. In upper right corner, the Damasse Daigle farm. In upper background are the American mountains on the south side of the St John valley. [Source: 39, "Histoire en Photo: Paroisse de Saint Cœur de Marie"]

Figure 13-30. c.1930. Moulin Joseph Theriault et maison familiale (dans l'ellipse) et le voisin. (N47.302037 W68.485479) Au premier plan, la ferme Félix Daigle. En haut à droite, la ferme Damasse Daigle. En arrière-plan supérieur se trouvent les montagnes américaines du côté sud de la vallée St Jean. [Source: 39, "Histoire en Photo: Paroisse de Saint Cœur de Marie"]

Figure 13-31. 1923. Joseph Thérriault Mill. when operated by son, Joachim. The house behind the mill is the farmhouse and barn of Damasse Daigle, son of Raphael Daigle. [Source: 39, "Histoire en Photo: Paroisse de Saint Cœur de Marie"]

Figure 13-31. 1923. Moulin Joseph Thérriault. lorsqu'il était marché par son fils, Joachim. La maison derrière le moulin est la maison de ferme et la grange de Damasse Daigle, fils de Raphael Daigle. [Source: 39, "Histoire en Photo: Paroisse de Saint Cœur de Marie"]

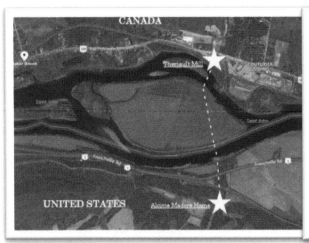

Figure 13- 32. LEFT: Satellite photo of the St John River separating Canada and the United States showing the Joseph Theriault Mill in Baker Brook, NB. This photo shows the proximity of the Theriault mill in 1907 to the home of Joachim's future bride, Annie Madore, daughter of Alcime. The distance of the Theriault home to the Madore home is less than a mile. Joachim would cross with his canoe to Daigle Island, portage to the other side of the island, and canoe to the American side where he was a short hike to Annie's home. [© 2021 Terriot Acadian Family Society.] RIGHT: 1935. Joachim (49) and Annie Madore (46) Thérriault celebrating their 25th Anniversary in Nashua, NH. [Source: 96, Photo Collection, Georgette Thérriault Cyr]

Figure 13- 32. GAUCHE. Photo satellite de la rivière Saint-Jean séparant le Canada et les États-Unis montrant l'usine Joseph Theriault à Baker Brook, NB. Cette photo montre la proximité du moulin Theriault en 1907 avec la maison de la future épouse de Joachim, Annie Madore, fille d'Alcime. La distance de la maison Theriault à la maison Madore est moins d'un mile. Joachim traversait avec son canoë jusqu'à Daigle Island, portait de l'autre côté de l'île et faisait du canoë du côté américain où il se trouvait à quelques pas de la maison d'Annie. [© 2021 Terriot Acadian Family Society.] DROIT. 1935. Joachim (49) et Annie Madore (46) Thérriault célébrant leur 25e anniversaire à Nashua, NH. [Source: 96, Photo Collection, Georgette Thérriault Cyr]

Figure 13-33. LEFT: 1909. Freddie and Joachim at age 23, showing off his new wedding ring on his left hand while holding his cards. RIGHT: 1907. Alfred « Freddie" Morneault and Joachim Thériault at age 21. [Source: 115, Photo Collection, Pélagie Thérriault Morneault]

Figure 13-33. GAUCHE: 1909. Freddie et Joachim à 23 ans montrant sa nouvelle bague de mariage sur sa main gauche tout en tenant ses cartes. DROITE: 1907. Alfred « Freddie » Morneault et Joachim Thériault à 21 ans. [Source: 115, Photo Collection, Pélagie Thérriault Morneault]

Figure 13-34. 1924. It is Sunday morning in the winter of 1923, and everyone in the Joachim Thériault family is ready to climb into the horse-drawn sled (at the left edge of the picture) and go to Holy Mass in St Hilaire. Joachim and Annie are well-dressed in their furs, as are the children: (rear) Léanne, Dénis, Thaddée, Théodule (front) Rita, Annette, George, Félix. [Source: 96, Photo Collection, Georgette Thérriault Cyr]

Figure 13-34. 1924. C'est le dimanche matin de l'hiver 1923 et tous les membres de la famille Joachim Thériault sont prêts à monter dans le traîneau tiré par des chevaux (à gauche de l'image) et ont aller à la Sainte Messe à St Hilaire. Joachim et Annie sont bien habillés de leurs fourrures, tout comme les enfants: (arrière) Léanne, Dénis, Thaddée, Théodule (devant) Rita, Annette, George, Félix. [Source: 96, Photo Collection, Georgette Thérriault Cyr]

Figure 13-35. LEFT: 1928. Holy Heart of Mary Church in Baker Brook. The construction lumber and finish lumber were milled by Joachim. The timber of some 5,000 trees was provided by a parishioner which was wholly used for the construction and the interior finish shown here. The colors in the sanctuary are spectacular. [Source: 74, Photo Collection, Terriot Acadian Family Society] **RIGHT: 1926. The Miller's Children.** Joachim and Annie at this time had 9 children: Rear (l-r): Léanne (16), Dénis (14), Thaddée (12), Théodule (11), Front : Georgette (2), Rita (5), Félix (7) and George (4). The mill is in the background. [Source: 96, Photo Collection, Georgette Thérriault Cyr]

Figure 13-35. GAUCHE: 1928. Église du Saint-Cœur de Marie à Baker Brook. Le bois de construction et le bois de finition a été scié par Joachim. Le bois de 5 000 arbres a été fourni par un paroissien qui a été entièrement utilisé pour la construction et la finition intérieure montrées ici. Les couleurs du sanctuaire sont spectaculaires. [Source: 74, Photo Collection, Terriot Acadian Family Society.] **DROITE : 1926. Les enfants du Meunier.** A ce temps, Joachim et Annie ont alors avait 9 enfants: Arrière (g-d): Léanne (16), Dénis (14), Thaddée (12), Théodule (11), Avant: Georgette (2), Rita (5), Félix (7) et George (4). Le moulin est en arrière. [Source: 96, Photo Collection, Georgette Thérriault Cyr]

Figure 13-36. LEFT: 1916. Fred and Annie Rommel. Fred was the foreman of the Don Fraser Mills in Baker Brook. He and Joachim Thériault were good friends, on and off the job. [Source: 39, Histoire en Photo: Paroisse de Saint Coeur de Marie] **CENTER: c.1950. Théogenie Ouellet Thérriault** in her retirement years living with her daughter Delphine and her husband, Liguori Bouchard. **RIGHT: 1936. Wedding of Annette Theriault and Willard Landry in Baker Brook.** (l-r) Willard, Annette, Léanne and husband, Martin Marquis, and Dénis and Yvette Landry Thériault. Martin and Léanne married the previous October 1935 and, Dénis and Yvette were to marry soon in June 1936. [Source: 96, Photo Collection, Georgette Thérriault Cyr]

Figure 13-36. GAUCHE: 1916. Fred et Annie Rommel. Fred était le contremaître des moulins Don Fraser à Baker Brook. Lui et Joachim Thériault étaient de bons amis, au travail et en dehors. [Source: 39, Histoire en Photo: Paroisse de Saint Coeur de Marie] **CENTRE: vers 1950. Théogenie Ouellet Thérriault** à sa retraite vivant avec sa fille Delphine et son mari, Ligori Bouchard. **DROITE: 1936. Mariage d'Annette Theriault et de Willard Landry à Baker Brook.** (l-r) Willard, Annette, Léanne et son mari, Martin Marquis, et Dénis et Yvette Landry Thériault. Martin et Léanne se sont mariés en l'année avant, octobre 1935 et Dénis et Yvette devaient se marier bientôt en juin 1936. [Source: 96, Photo Collection, Georgette Thérriault Cyr]

Figure 13-37. 1940. LEFT: (l-r) Fred Bonsant, Rita Theriault with her parents Annie and Joachim and her young sister, Jeannine, and brother Adrien 'Joe'. Rita and Fred married the following year. Currently, Joachim and Annie were working to support the St Hilaire Poor House in St Hilaire, NB. **CENTER: 1938. Berlin, NH. Théodule and Elsie Thériault visiting with Lorenzo and Christine Thérriault.** Christine is Théodule's aunt. Here, the guys are out for a swim: Lorenzo's sons, Adrien, and Laurier, Théodule, Lorenzo. **RIGHT: 1937: Elder children of Joachim and Annie Thérriault.** The five couples were married. (l-r) Annette and Willard Landry, Dénis and Yvette Landry, Théodule and Elsie Dubé, Martin Marquis and Léanne and Thaddée and Simone Levesque. [Source: 116, Photo Collection, Elsie Dubé Theriault]

Figure 13-37. GAUCHE : 1940. (l-r) Fred Bonsant, Rita Theriault avec ses parents Annie et Joachim et sa jeune sœur, Jeannine et son frère Adrien « Joe ». Rita et Fred se sont mariés l'année suivante. À cette époque, Joachim et Annie travaillaient pour soutenir la maison des pauvres de St Hilaire à St Hilaire, NB. **CENTRE: 1938. Berlin, NH. Théodule et Elsie Thériault en visite avec Lorenzo et Christine Thérriault.** Christine est la tante de Théodule. Ici, les gars sont partis nager: les fils de Lorenzo, Adrien et Laurier, Théodule, Lorenzo. **DROITE: 1937: Enfants aînés de Joachim et Annie Thérriault.** Les cinq couples étaient mariés. (l-r) Annette et Willard Landry, Dénis et Yvette Landry, Théodule et Elsie Dubé, Martin Marquis et Léanne et Thaddée et Simone Levesque. [Source : 116, Photo Collection, Elsie Dubé Theriault]

Figure 13-38. LEFT : 1925. Joachim and sons, Félix (left) and Théodule visiting Théogenie, Flavie and Almida (on the porch) at the home of Claude and Almida Thérriault Daigle in Baker Brooke. [Source: 111, Photo Collection, Thérèse Martin Collin] **RIGHT:1929. Joachim Thérriault family on a workday at the mill**: Rear (l-r): Annie, Théodule, Thaddée, Dénis, Joachim. Front: Marie-Ange and Léanne, Annette, Rita, Georgette, Thérèse, George and Félix. [Source: 96, Photo Collection, Georgette Thérriault Cyr]

Figure 13-38. GAUCHE: 1925. Joachim et ses fils, Félix (à gauche) et Théodule visitant Théogenie, Flavie et Almida (sur le porche) chez Claude et Almida Thérriault Daigle à Baker Brooke. [Source: 111, Photo Collection, Thérèse Martin Collin] **DROITE: 1929. Famille Joachim Thérriault lors d'une journée de travail au moulin**: Arrière (de gauche à droite): Annie, Théodule, Thaddée, Dénis, Joachim. Avant: Marie-Ange et Léanne, Annette, Rita, Georgette, Thérèse, George et Félix. [Source: 96, Photo Collection, Georgette Thérriault Cyr]

Figure 13-39. c.1936. LEFT: Younger Theriault Generation Socializes. A gathering at the Reed camp. Rear: Adelard Collin, Elsie Dubé Theriault, Theodule Theriault, Wilbrod Michaud, Thaddée Theriault. Front: Simone Levesque Theriault, Aline Pelletier, Cecile Collin. **CENTER: Fall 1936. Theodule (21) and Thaddée (22) Theriault bring their girlfriends' home.** Elsie Dubé from Ste Luce (Upper Frenchville, ME) and Simone Levesque, Baker Brook, neighbor of the Theriault's. **RIGHT: Summer 1934. Annie (45) sitting with the girls on their front porch at their mill house in Baker Brook:** (l-r) Annette Thériault (16), Yvette Landry (18) and Léanne Thériault (24). At that time, the girls were dating. Annette was dating with Willard Landry and came to know and be good friends with Yvette, Willard's sister. Yvette was dating Annette's older brother, Dénis. Léanne was seeing Martin Marquis. Photo is incorrectly dated. The dog is named 'Prince' who belongs to Joachim and Annie. [Source : 116, Photo Collection, Elsie Dubé Theriault]

Figure 13-39. vers 1936. GAUCHE: La jeune génération Theriault se socialise. Une rencontre au camp Reed. Adelard Collin, Elsie Dubé Theriault, Theodule Theriault, Wilbrod Michaud, Thaddée Theriault. Face avant: Simone Levesque Theriault, Aline Pelletier, Cécile Levesque Collin. **CENTRE: Automne 1936. Théodule et Thaddée Theriault ramènent leurs copines à la maison.** Elsie Dubé de Ste Luce (Upper Frenchville, ME) et Simone Levesque, Baker Brook, voisine du Theriault. **DROITE: Été 1934. Annie assise avec les filles sur le porche de leur moulin à Baker Brook:** (de gauche à droite) Annette Thériault, Yvette Landry et Léanne Thériault. À cette époque, les filles sortaient ensemble. Annette sortait avec Willard Landry et a appris à connaître et à être de bonnes amies avec Yvette, la sœur de Willard. Yvette sortait avec le frère aîné d'Annette, Dénis. Léanne voyait Martin Marquis. La photo est mal datée. Le chien s'appelle « Prince » et appartient à Joachim et Annie. [Source : 116, Photo Collection, Elsie Dubé Theriault]

Figure 13-40. LEFT : 1942. Rémi Cyr and Georgette Thériault just before they married in 1943. Rémi Cyr from St Basile and Georgette are visiting with Georgette's parents, Joachim, and Annie Thériault who were working at the Poor House of St Hilaire at the time. [Source: 96, Photo Collection, Georgette Thérriault Cyr] **RIGHT: Theodule Thériault and Elsie Dubé** before they married in 1936. Theodule was working in the woods while Elsie was working as a house maid in Millinocket, ME. [Source : 116, Photo Collection, Elsie Dubé Theriault]

Figure 13-40. GAUCHE: 1942. Rémi Cyr et Georgette Thériault juste avant leur mariage en 1943. Rémi Cyr de St Basile et Georgette visitent les parents de Georgette, Joachim et Annie Thériault qui travaillaient alors à la Maison des Pauvres de St Hilaire. [Source: 96, Photo Collection, Georgette Thérriault Cyr] **DROITE: Théodule Thériault et Elsie Dubé** avant leur mariage en 1936. Théodule travaillait dans les chantiers pendant qu'Elsie travaillait comme « fille engagé » à Millinocket, ME. [Source : 116, Photo Collection, Elsie Dubé Theriault]

13. JOSEPH THÉRRIAULT MILL | MOULIN JOSEPH THÉRRIAULT

Figure 13-41. LEFT : 1934. Joachim and Annie Thérriault on holiday in Nashua, NH celebrating the 25th Anniversary of their marriage with Joachim's brothers Régis and Antoine and their wives. In the photo are: Annie (45) and husband, Joachim (48) with Régis (49) behind them. Right of Joachim is Joe Madore, Eva Levesque Theriault, Jeannine Babin, last woman at right edge was wife of Raymond Guimond. In front are: Maurice Theriault, woman with dog is Denise Guimond, wife of Joe Madore, daughter of Raymond Guimond, unknown, Gerald Theriault. The view of the home in the photo at left is the River View Dairy Farm house where Régis and Antoine lived at that time. **RIGHT: 1934. At far left, joining in the fun were** (L-R) Rear: Régis Thériault, Joachim Thériault; unknown; Eva, Antoine's spouse; Annie Madore Thériault, unknown. Front: Denise and Joe Madore, Gerald Thériault, Antoine and Eva's son, unknown. [Source : 117, Photo Collection, Jeannine Thériault Lévesque]

Figure 13-41. GAUCHE: 1934. Joachim et Annie Thérriault en vacances à Nashua, NH célébrant le 25e anniversaire de leur mariage avec les frères de Joachim, Régis et Antoine, et leurs épouses. Sur la photo sont: Annie (45) et son mari, Joachim (48) avec Régis (49) derrière eux. À droite de Joachim se trouvent Joe Madore, Eva Levesque Theriault, Jeannine Babin, la dernière femme à droite était l'épouse de Raymond Guimond. En face se trouvent: Maurice Theriault, femme avec chien, c'est Denise Guimond, épouse de Joe Madore, fille de Raymond Guimond, inconnue, Gerald Theriault. La vue de la maison sur la photo de gauche est la maison River View Dairy Farm où habitaient Régis et Antoine à cette époque. **DROIT: 1934. À l'extrême gauche, se sont joints à l'amusement** (G-D) Arrière: Régis Thériault, Joachim Thériault; inconnue; Eva, l'épouse d'Antoine; Annie Madore Thériault, inconnue. Face avant: Denise et Joe Madore, Gerald Thériault, le fils d'Antoine et d'Eva, inconnus. [Source : 117, Photo Collection, Jeannine Thériault Lévesque]

Figure 13-42. LEFT: 1937. Family of Joachim and Annie Thériault. (Rear l-r): Dénis, Joachim, Annie, Léanne. 3rd Row: Félix, Annette, Théodule, Thaddée. 2nd Row: Georgette, George, Rita. 1st Row: Thérèse, Marie-Ange, Adrien 'Joe', Jeannine. **RIGHT: 1943. A Sunday afternoon get-together of the Joachim Thériault family..** 3rd Row: Joachim Thériault, unknown, George, Théodule. 2nd Row: Annie, Thérèse, Marie-Ange, Yvette, Elsie holding daughter, Myrtle. 1st Row: Jeannine, Adrien 'Joe', Ralph, Théodule's son. [Source: 116, Photo Collection, Elsie Dubé Theriault]

Figure 13-42. GAUCHE: 1937. Famille de Joachim et Annie Thériault. (Arrière l-r): Dénis, Joachim, Annie, Léanne. 3e rangée: Félix, Annette, Théodule, Thaddée. 2e rangée: Georgette, George, Rita. 1er rang: Thérèse, Marie-Ange, Adrien «Joe», Jeannine. **DROITE: 1943. Rencontre du dimanche après-midi de la famille Joachim Thériault.** 3e rangée: Joachim Thériault, inconnu, George, Théodule. 2e rangée: Annie, Thérèse, Marie-Ange, Yvette, Elsie tenant sa fille, Myrtle. 1er rang: Jeannine, Adrien «Joe», Ralph, le fils de Théodule. [Source: 116, Photo Collection, Elsie Dubé Theriault]

Figure 13-43. LEFT: Marie-Ange and her sister, Thérèse out for a walk on the railroad tracks of the Témiscouata. **CENTER LEFT: George and Yvette Saucier Thériault. CENTER RIGHT: Rita Thériault Bonsant and daughter, Grace** out for a walk in Edmundston, NB. **RIGHT: Georgette Thériault** on way to Sunday Mass at Holy Heart of Mary Church in Baker Brook. [Source: 116, Photo Collection, Elsie Dubé Theriault]

Figure 13-43. GAUCHE: Marie-Ange et sa sœur Thérèse en promenade sur les voies ferrées du Témiscouata. **CENTRE GAUCHE: George et Yvette Saucier Thériault. CENTRE DROITE: Rita Thériault Bonsant et sa fille Grace** en promenade à Edmundston, NB. **DROITE: Georgette Thériault** en route pour la Messe à l'église du Saint Cœur de Marie à Baker Brook. [Source: 116, Photo Collection, Elsie Dubé Theriault]

Figure 13-44. LEFT: 1946. Retirement home for Joachim and Annie. Joachim is out splitting some firewood for his stove. **RIGHT: 1948. Annie Madore Thérriault.** [Source : 116, Photo Collection, Elsie Dubé Theriault]

Figure 13-44. GAUCHE: 1946. Maison de retraite pour Joachim et Annie. Joachim est en train de fendre du bois de chauffage pour son poêle. **DROITE: 1948. Annie Madore Thérriault.** [Source : 116, Photo Collection, Elsie Dubé Theriault]

Figure 13-45. LEFT: 1947. Adrien 'Joe' Thériault and Jeannine visit their sister, Soeur Thériault, née Marie-Ange. **CENTER : 1951. Sœur Thériault** visiting here sister-in-law, **Gabrielle Blais Thériault** and her children: Nelson, Joyce and Lynn. (l-r) Rear: Sister Thériault, Nelson. Front: Joyce, Andrée Lina held by Gabrielle. **CENTER: 1948. Annie and Jeannine visiting daughter Marie-Ange,** now a novice with the Religieuses Hospitalières de St Joseph. (l-r), Annie, Sr Thériault, Jeannine. **RIGHT : 1940. Thaddée and Simone Levesque Thériault** in Baker Brook. [Source : 117, Photo Collection, Jeannine Thériault Lévesque

Figure 13-45. GAUCHE: 1947. Adrien «Joe» Thériault et Jeannine rendent visite à leur sœur, Soeur Thériault, née Marie-Ange. **CENTRE: 1951. Sœur Thériault** en visite ici, belle-sœur, **Gabrielle Blais Thériault** et ses enfants: Nelson, Joyce et Lynn. (L-r) Arrière: Sœur Thériault, Nelson. Face avant: Joyce, Andrée Lina tenue par Gabrielle. **CENTRE: 1948. Annie et Jeannine visitent sa fille Marie-Ange,** maintenant novice aux Religieuses Hospitalières de St Joseph. (l-r), Annie, Sr Thériault, Jeannine. **DROITE: 1940. Thaddée et Simone Levesque Thériault** à Baker Brook. [Source : 117, Photo Collection, Jeannine Thériault Lévesque

Figure 13-46. LEFT : 1949. Thériault Family picnic at the Reed farm. (l-r) Rear: Annie, mere; George, Rémi Cyr, Théodule, Thaddée, Jeannine. Front: Yvette (à George), Georgette, Elsie, Simone. **RIGHT : 1948. Thériault picnic at the Reed farm.** Rear: Annie, Théodule, Antoine Thérriault (Joachim's brother), Thaddée. Front: Rémi Cyr, Yvette (à George), Georgette, Simone. [Source : 116, Photo Collection, Elsie Dubé Theriault]

Figure 13-46. **GAUCHE: 1949. Pique-nique familial Thériault à la ferme Reed.** (L-r) Arrière: Annie, George, Rémi Cyr, Théodule, Thaddée, Jeannine. Face avant: Yvette (à George), Georgette, Elsie, Simone. **DROITE: 1948. Pique-nique Thérriault à la ferme Reed.** Arrière: Annie, Théodule, Antoine Thérriault (frère de Joachim), Thaddée. Avant: Rémi Cyr, Yvette (à George), Georgette, Simone. [Source : 116, Photo Collection, Elsie Dubé Theriault]

Figure 13-47. LEFT: Summer 1953. The Theriault's with friend, Jessie Baker. At Birch Point on Long Lake, St Agatha, Maine. The sons of Joachim Thériault, their brothers-in-law and their friend Jessie Baker in a family reunion. (l-r) Rear: Theodule, son; Willard Landry, husband of Annette, daughter; Félix, son; Jessie Baker, friend of family and descendant of Nathan Baker, settler of Baker Brook; Martin Marquis, husband of Léanne, daughter; Rémi Cyr, husband of Georgette, daughter; Thaddée, son; George, son. Front: Armand 'Bee' Levesque, husband of Jeannine, daughter; Adrien 'Jos', son and Dénis, son. Jessie Baker was married to Gilberte Saucier, sister of George's wife, Yvette. This photo originally belonged to Adrien 'Jos' who passed it on to Georgette. In passing this photo to his sister, he wrote "I guess I should have dressed for this picture…" [Source: 96, Photo Collection, Georgette Thérriault Cyr] **RIGHT: Summer 1955: Joachim Thériault Family Portrait…** (l-r) Rear: Thaddée, Adrien 'Jos', Thérèse, Théodule, Jeannine, George, Félix, Front: Rita, Annette, Dénis, Sister Thériault (née Marie Ange), Annie, Léanne and Georgette. [Source : 116, Photo Collection, Elsie Dubé Theriault]

Figure 13-47. **GAUCHE: été 1953. Les Thériault avec un amie, Jessie Baker. À la Pointe à Bouleau sur Long Lake, St Agatha, Maine.** Les fils de Joachim Thériault, leurs beaux-frères et leur amie Jessie Baker lors d'une réunion de famille. (g-d) Arrière: Théodule, fils; Willard Landry, époux d'Annette, fille; Félix, fils; Jessie Baker, amie de la famille et descendante de Nathan Baker, colon de Baker Brook; Martin Marquis, époux de Léanne, fille; Rémi Cyr, époux de Georgette, fille; Thaddée, fils; George, fils. Devant: Armand «Bee» Levesque, époux de Jeannine, fille; Adrien « Jos », fils et Dénis, fils. Jessie Baker était mariée à Gilberte Saucier, sœur de l'épouse de George, Yvette. Cette photo appartenait à Adrien « Jos » qui l'a transmise à Georgette. En passant cette photo à sa sœur, il écrit « Je pense que j'aurais dû m'habiller pour cette photo… » [Source: 96, Photo Collection, Georgette Thérriault Cyr] **DROITE: Été 1955: Portrait de famille de Joachim Thériault…** (g- d) Arrière: Thaddée, Adrien 'Jos', Thérèse, Théodule, Jeannine, George, Félix, avant: Rita, Annette, Dénis, sœur Thériault (née Marie Ange), Annie, Léanne et Georgette. [Source : 116, Photo Collection, Elsie Dubé Theriault]

Figure 13-48. RIGHT : Burial stone for Joachim Thériault, born in St Jacques on 25 July 1886, married to Annie Madore on 23 August 1909, deceased 30 September 1947 and buried in Holy Heart of Mary Cemetery on 3 October 1947. [Source: 96, Photo Collection, Georgette Thérriault Cyr]   **LEFT: Joachim Thérriault,** son of Joseph and Théogenie Ouellet Thérriault, miller and sawyer of Baker Brook at the age of 61 in 1947. He died later in the year. [Source: 74, Photo Collection, Terriot Acadian Family Society]

Figure 13-48. DROITE: Pierre funéraire de Joachim Thériault, né à St Jacques le 25 juillet 1886, marié à Annie Madore le 23 août 1909, décédé le 30 septembre 1947 et inhumé au cimetière du Saint-Cœur de Marie le 3 octobre 1947. [Source: 96, Photo Collection, Georgette Thérriault Cyr] GAUCHE: **Joachim Thérriault,** fils de Joseph et Théogenie Ouellet Thérriault, meunier et scieur de Baker Brook, à l'âge de 61 en 1947. Il est mort plus tard dans l'année. [Source: 74, Photo Collection, Terriot Acadian Family Society]

JOSEPH THÉRRIAULT MILL ✻ MOULIN JOSEPH THÉRRIAULT
BAKER BROOK
13

Early St Jacques...

1858. We begin in the year 1858, roughly a hundred years after the Great Eviction of the Acadians in 1755 from their homeland, and 16 years after the Webster-Ashburton Treaty that settled the international boundary between the United States and Canada in the Madawaska territory. This is the year that Joseph Thérriault, son of Dolphis and Christine Soucy Terriault was born. (See Figure 13-3a) At this time, his grandfather, Charles was living with Joseph's family in a small settlement on the Madawaska River called "Petit Madawaska", in the Madawaska territory, or as we say in our French dialect "Ti Madawaska'. (See Figure 13-1) The 'Petit Madawaska' is about 10 kilometers upriver from where the Madawaska River empties into the St John River. The territory had been a "No-Man's Land" in northwestern New Brunswick and northern Maine until the Webster-Ashburton Treaty of 1842 which declared that the boundary between the United States and Canada was the St John River. Today "Petit Madawaska" has become the village of St Jacques, a northwestern suburb of Edmundston.

Charles was approaching his senior years at the age of 62. He had accomplished much of what he had hoped for in his life. His sons were now successful farmers and property owners, no longer dependent on a seigneurial culture for their land and their livelihood. That was his main reason for leaving Québec to come to Madawaska. His second son, Dolphis[36] was the first

Début St Jacques ...

1858. Nous commençons en 1858, environ cent ans après 'Le Grand Dérangement' des Acadiens en 1755 de leur pays, et 16 ans après le traité Webster-Ashburton qui établit la frontière internationale entre les États-Unis et le Canada sur le territoire du Madawaska. C'est l'année de la naissance de Joseph Thérriault, fils de Dolphis et Christine Soucy Terriault. (voir figure 13-3a) Dans ce temps, son grand-père, Charles vivait avec la famille de Joseph dans un petit hameau sur la rivière Madawaska appelée « Petit Madawaska » ou comme on dit dans notre dialecte français « Ti Madawaska ». (voir figure 13-1) Le « Petit Madawaska » se trouve alentour 10 kilomètres en haut d'où la rivière Madawaska se jette dans la rivière Saint-Jean. Le territoire était un « No Man's Land » dans le nord-ouest du Nouveau-Brunswick et le nord du Maine jusqu'au temps que le Traité Webster-Ashburton de 1842 a déclaré que la frontière entre les États-Unis et le Canada était la rivière Saint-Jean. Aujourd'hui, le « Petit Madawaska » est le village de St Jacques, un village nord-ouest d'Edmundston.

Charles approchait ses dernières années à l'âge de 62 ans. Il avait fait presque toute ce qu'il a voulu faire dans sa vie. Ses fils étaient maintenant fermiers et propriétaires prospères, pas plus dépendant sur une culture seigneuriale pour leurs terres et leurs moyens de vivre. C'est la raison principale qu'il a laissé le Québec

---

[36] "Dolphis" is a variation of the name "Adolphus" which was his given name at birth. But over his lifetime, he came to prefer "Dolphis" and thus used that spelling on his headstone. We chose his preference.

settler to be born[37] in this area in 1823 and Charles was the first francophone to settle the present-day village of St Jacques.

In 1856, Joseph's father, Dolphis built a comfortable home[38] that his family enjoys. (N47.428804 W68.385695, on present-day 206 Isidore-Boucher Blvd) Four years ago in 1854, Dolphis married Christine Soucy, the daughter of one of the key farming families in St Basile. Dolphis and Christine now have two sons, Vitale, and Michel. Charles absolutely delighted in watching his grandsons grow.

While it was 35 years ago in 1823 that Charles and his wife, Léocade canoed down the Madawaska River to settle on their land in a simple log cabin that they quickly built before the cold weather arrived, it seemed just like yesterday. It was a substantial accomplishment: he was the first to settle in this new wild territory on the Madawaska River[39]. His two sisters, Apolline and Josette and their husbands, Pierre Plourde and Jean St Onge, joined Charles and his wife a few years later in 1826 and settled on adjoining properties on the Madawaska River.

The Industrial Revolution was just concluding and while many parts of the world were benefitting from

pour venir au Madawaska. Son deuxième fils, Dolphis[64], fut le premier français d'avoir venue au monde[65] dans cette région en 1823 et Charles fut le premier français à s'installer dans le village contemporain de St Jacques.

Deux ans passé, Dolphis, le père de Joseph, a construit une belle maison[66] que sa famille a bien aimé. (N47.428804 W68.385695, 206 Isidore-Boucher Blvd contemporain) Quatre ans passé en 1854, Dolphis a marié Christine Soucy, une fille de l'une des familles agricoles de St Basile. Aujourd'hui, il avait deux fils, Vitale et Michel. Charles était vraiment content de voir ses petits-fils grandir.

Alors que c'était 35 ans passé en 1823 que Charles et sa femme, Léocade, ont descendu la rivière Madawaska en canoë pour s'installer sur leurs terres octroyées dans une simple cabane en bois rond qu'ils ont construit avant l'arrivée du froid; c'était comme hier. C'était une grosse réalisation: Charles était un des premiers, sinon le premier, à s'installer dans ce nouveau territoire sauvage de la rivière Madawaska[67]. Ses deux sœurs, Apolline et Josette et leurs maris, Pierre Plourde et Jean St Onge, ont joint Charles et sa femme quelques années plus tard vers 1826 et sont

---

[37] In the early days of the settlement, the settlers used the Madawaska River as a highway. So, they typically built their cabins close to the bank of the Madawaska River for convenience. We believe that Charles built his log house around this location on his 170-acre lot: N47.430109° W68.380198°. Of course, this is where Dolphis was born in 1823. His next-door neighbor to the east on the other side of the Rivière de la Truite was Hamilton MacDonald, a retired soldier of the British Army who was posted there during the War of 1812.

[38] In his book 'Saint-Jacques', page 24, Professor Guy R. Michaud writes "... between 1860 and 1873, we continued to receive the relief of religion in the parish of Saint-Basile and also, as reported by oral history, the priests of this parish, Father McGuirk and Father Dugal, came from time to time to say Mass in private homes, sometimes at Delphis Theriault whose great residence would later belong to Jos E. Berube , and also at Baptiste Guimond, which would later also become the property of Prudent Grondin. "

[39] Evidence of this claim is presented in my book "Destination: Madawaska", published in 2019 by the Terriot Acadian Family Society. [Ref: 30, page 68]

[64] « Dolphis » est une variante du nom « Adolphus » qui était son prénom à sa naissance. Mais au cours de sa vie, il en est venu à préférer « Dolphis » et a donc utilisé cette orthographe sur sa pierre tombale. Nous avons choisi sa préférence.

[65] Au début de la colonie, les habitant usaient la rivière Madawaska comme un chemin. D'abord, ils bâtissaient leurs cabanes près du bord de la rivière Madawaska pour être plus commode. Nous pensons donc que Charles a bâti sa maison en rondins autour de cet emplacement sur son terrain de 170 acres: N47.430109° W68.380198°. Bien sûr, c'est là que Dolphis est né en 1823. Son voisin à l'est (l'autre côté de la rivière de la Truite) était Hamilton MacDonald, un soldat à la retraite de l'armée britannique qui y fut stationné pendant la guerre de 1812.

[66] Dans son livre «Saint-Jacques», page 24, le professeur Guy R. Michaud écrit: «... entre 1860 et 1873, nous continue à recevoir le secours de la religion à la paroisse de Saint-Basile et aussi, ce qui est rapporté par l'histoire orale, les prêtres de cette paroisse, l'abbé McGuirk et l'abbé Dugal, viennent de temps à autre dire la messe dans des maisons privées, quelquefois chez Delphis Theriault dont la grande résidence appartiendra beaucoup plus tard à Jos E. Berube, ensuite chez Baptiste Guimond qui deviendra beaucoup plus tard aussi la propriété de Prudent Grondin. "

[67] La preuve de cette affirmation est présentée dans mon livre « Destination : Madawaska », publié en 2019 par la Société de la famille acadienne Terriot. [Ref : 30, page 68]

the steam engine, the water turbine, and other modern inventions, it would be 50 years before the St John valley would have the advantage of those improvements.

Charles could not have known that it would be his grandson, Joseph who would build the first steam-powered mill in Baker Brook fifty years from now. The area was isolated from the states as well as from the Canadian provinces. About twenty years ago, a road was cleared from St Basile going west to the Témiscouata Lake in Québec. Today in 1858, it was still just a cart path connecting some 20 farms in St Jacques from Petit Sault (present-day Edmundston) to the Québec border. The road would later become a major thoroughfare called "Chemin du Canada", New Brunswick Route 144. In the village of St Jacques, the road is called 'Rue Principale' and today, 'Isidore-Boucher Boulevard". The population of St Jacques in 1858 was already about 1000 people spread over the 115 square miles of St Jacques.

Charles had lost his first wife, Léocade after she delivered their sixth child in 1827. He remarried in 1831 to Rose Ouellette of St Basile and enjoyed life with her until 1851 when she died. Charles did not have any children with Rose. As shown in the Canadian Census of 1851, he moved in with his third son, Prudent who had just married with Obeline Helene Berube the year before.

Dolphis continued to expand his arable lands and his farm which now consisted of several grants and which covered part of present-day St-Jacques as shown in Figure 13-2. The additional properties were on the east side of the Madawaska River with the north end of the properties reaching up to the Iroquois River and abutting his uncle Pierre Plourde's property in the present-day hamlet of Moulin Morneault. Dolphis intended to give this last property grant to one of his sons someday.

Recently, Christine announced to Dolphis that she was expecting their third child. This would be the first child to be born in their new home. Expectations no doubt were running high as they approached Christmas Day. But the festivities came and went on that Christmas weekend but without their new child.

installé sur des terres voisines sur la rivière Madawaska.

La révolution industrielle venait juste de finir et alors que de nombreuses régions du monde bénéficiaient de la machine à vapeur, de la turbine à l'eau et d'autres inventions modernes, il faudrait 50 ans avant que la vallée St Jean bénéficie de ces améliorations.

Charles ne pouvait pas savoir que sa serait son petit-fils, Joseph, qui construirait le premier moulin à vapeur à Baker Brook dans cinquante ans. La région était isolée des États ainsi que des provinces canadiennes. C'était vingt ans passé qu'une route a été construit de St Basile en direction ouest vers le Lac du Témiscouata au Québec. Aujourd'hui, en 1858, la route est encore un petit chemin de charrettes qui passe par une vingtaine de fermes dans le boute de Saint-Jacques et le Petit Sault (aujourd'hui Edmundston) allant à la frontière du Québec. La route deviendra plus tard une artère importante appelée « Chemin du Canada », la route 144 du Nouveau-Brunswick. En le village de St Jacques, the chemin est appelé la rue Principale et aujourd'hui le boulevard Isidore-Boucher. La population de Saint-Jacques en 1858 était déjà d'environ 1000 personnes réparties sur les 115 milles carrés de Saint-Jacques.

Charles avait perdu sa première femme, Léocade, après avoir leur sixième enfant en 1827. Il se remaria en 1831 avec Rose Ouellette de St Basile et à vécut avec elle jusqu'en 1851, date de sa mort. Charles n'a pas eu d'enfants avec Rose. Comme nous montre le recensement canadien de 1851, il restait avec son troisième fils Prudent qui vient de se marier avec Obeline Helene Berube l'année passée.

Dolphis a continué à grandir ses terres et sa ferme qui se composait maintenant de plusieurs morceaux et qui couvrait une grande partie de St-Jacques contemporain comme montré en figure 13-2. Les nouvelles propriétés se trouvaient sur le côté est de la rivière Madawaska, le bout nord des propriétés s'étendant jusqu'à la rivière Iroquois et aboutait les terres de son oncle Pierre Plourde dans le hameau contemporain de Moulin Morneault. Dolphis pensait un jour de donner cette dernière terre à l'un de ses fils.

Finally, on Tuesday, December 28, 1858 their son, which they would name Joseph, arrived. It was as good as a Christmas gift. Thursday, December 30, Dolphis and Christine were joined by Charles along with Pierre and Apolline Plourde and Dolphis' brother Prudent and their wives to bring the young baby boy on a 10-mile sleigh ride to St Basile to be baptized by their pastor. No doubt, Christine's parents, the Soucy family, joined them as well from their home in St Basile.

The next few years saw the arrival of three more children including Pélagie (1860), Claudia (1861) and finally Adolphe in 1862. (See Figure 13-3 for an excerpt of 1861 Census of Canada (St Jacques NB) showing the Dolphis and Christine Terriault family.

Tragedy Strikes…

1862. On the evening of 31 October 1862, after delivering their last child Adolphe, Christine fell ill and died tragically that same evening at the age of 26. For the next few days, the family gathered around to console Dolphis and his children. Father H. McQuirk celebrated Christine's solemn funeral Mass in Saint-Basile on Sunday, November 2, 1862. She was buried in Saint-Basile[40]. Two days later, Dolphis and his family took infant Adolphe to St Basile to be baptized.

With the help of his extended family, Dolphis placed some of his children with other members of his family as a form of 'adoption'[41]. He kept Vital and Michel with him to help with the farm chores. Vital and Michel were six and five years old, respectively. Joseph and Claudia were placed with David Rousseau who was a master miller and a farmer, married to Caroline Plourde, the daughter of Pierre and Apolline Terriault Plourde. Adéline and Pascal Morneault also

Dans le printemps, Christine a annoncé à Dolphis qu'elle attendait leur troisième enfant. Ce sera le premier enfant qui va venir au monde dans leur nouvelle maison. Les attentes étaient sans aucun doute élevées à l'approche du jour de Noël. Mais les festivités se sont passé cette fin de semaine de Noël sans leur nouvel enfant.

Enfin, mardi le 28 décembre 1858, leur fils, qu'ils ont appelé Joseph, arriva. C'était un cadeau de Noël. Jeudi 30 décembre, Dolphis et Christine ont été rejoints par Charles avec Pierre et Apolline Plourde et le frère de Dolphis, Prudent et son épouse pour amener le petit garçon sur une promenade de 10 miles en traîneau à St Basile pour être baptisé par leur curé. C'est certain que les parents de Christine les ont rejoints de chez eux à St Basile.

Les années suivantes ont vu l'arrivée de trois autres enfants dont Pélagie (1860), Claudia (1861) et enfin Adolphe en 1862. (Voir la figure 13-3 pour un extrait du recensement de 1861 de Canada (St Jacques NB) montrant la famille de Dolphis et Christine Terriault.)

La Tragédie frappe…

1862. Le soir du 31 octobre 1862, après avoir leur dernier enfant Adolphe, Christine tomba malade et mourut tragiquement le même soir à l'âge de 26 ans. Les jours suivants, la famille sont rassemblé pour soutenir Dolphis et ses enfants. Le père H. McQuirk a célébré la messe solennelle des funérailles de Christine à Saint-Basile, le dimanche 2 novembre 1862. Elle a été enterrée à Saint-Basile[68]. Deux jours plus tard, Dolphis et sa famille ont emmené l'enfant Adolphe à St Basile

---

[40] According to Thérèse Martin Collin, Christine's burial place is in the Saint-Jacques cemetery on the same side as Dolphis but further back (south). Since Christine was buried in 1862, she must have been in Saint-Basile because the Saint-Jacques chapel was not yet built. It could be that Dolphis had it exhumed, and her body buried behind the new Saint-Jacques chapel after its construction in 1873. [Ref: 126].

[41] The word 'adoption' is used here but the children were not actually adopted. It was more of a foster arrangement. As was the custom, the children were taken in by other members of the family to raise until adulthood with no legal transactions. The children retained their given family names.

[68] Selon Thérèse Martin Collin, la sépulture de Christine se trouve au cimetière Saint-Jacques du même côté que Dolphis mais plus en arrière (sud). Depuis que Christine a été enterrée en 1862, elle a dû l'être à Saint-Basile car la chapelle Saint-Jacques n'était pas encore construite. Il se pourrait que Dolphis l'ait fait exhumer et enterrer son corps en arrière la nouvelle chapelle Saint-Jacques après sa construction en 1873. [Ref : 126]

agreed to take two-year old Pélagie and her newborn brother, Adolphe. This family arrangement explains the life-long close relationship between Pélagie and Adolphe as well as the relationship between Joseph and Claudia.

At that time, David and Caroline Rousseau were living on their farm on the east bank of the Madawaska River, not far downstream from Dolphis' farm. David and Caroline were a very generous and kind couple which surely eased the transition for the children. Pascal and Adeline lived on their farm in St Joseph about 4 miles north of St Jacques. They would raise Pélagie and Adolphe along with their seven other children on their farm. Later when Pélagie and Claudia reached school age (1867), Dolphis planned to enroll them in the private boarding school in St Basile.

Home on the 'Raquoise'...

1867. Since 1845 when he built his sawmill on the Iroquois River or the 'Raquoise' as it was locally called, Pierre Plourde spent a lot of time traveling the three miles from his home on the Madawaska River to his mill on the Iroquois. So, in 1867, Pierre decided to build a second home for his family which would be located close to his mills on the Iroquois River (N47.458155 W68.355115). His son-in-law, David Rousseau, who had some knowledge and experience in building construction, helped Pierre and his sons to build the Plourde family house[42]. Pierre gave his property on the Madawaska River to one of his elder sons and moved his family to their new home in the hills by the Iroquois River. The location came to be called "Plourde Settlement" or "Plourde Office."

As the Madawaska territory entered the maple sugar season in the spring of 1869, Joseph was in his 11th year and was living with the Rousseaus on the Madawaska River. Pélagie and Claudia[43] were now probably both attending the girls' boarding school in St Basile, the

pour le baptiser.

Avec l'aide de sa grande famille, Dolphis a placé certains de ses enfants avec d'autres membres de sa famille comme une forme d'adoption[69]. Il a gardé Vital et Michel avec lui pour aider avec l'ouvrage de la ferme. Vital avait six et Michel, cinq ans. Joseph et Claudia ont été placés avec David Rousseau qui était un maître meunier et un fermier, marié avec Caroline Plourde, la fille de Pierre et Apolline Terriault Plourde. Adéline et Pascal Morneault ont également accepté de prendre Pélagie, qui avait deux ans, et son petit frère nouveau-né, Adolphe. Cet arrangement familial explique l'amour pour toute une vie entre Pélagie et Adolphe ainsi qu'entre Joseph et Claudia.

En ce temps-là, David et Caroline Rousseau vivaient sur leur ferme sur l'autre bord (est) de la rivière Madawaska, pas loin en aval de la terre de Dolphis. David et Caroline étaient une couple très généreux et gentil qui a sûrement aidé la transition des enfants. Pascal et Adeline vivaient à leur ferme à St Joseph environ 6 km nord de St Jacques. Ils élèveraient Pélagie et Adolphe avec leurs sept autres enfants sur leur ferme. Probablement, quand que Pélagie et Claudia ont devenu l'âge pour aller à l'école (1867), Dolphis les a inscrits dans un pensionnat privé à St Basile.

Chez-nous sur la 'Raquoise'...

1867. Depuis 1845, quand que Pierre Plourde a construit son moulin à scie sur la rivière Iroquois, la 'Raquoise' comme on l'appelle par-là, Pierre a passé beaucoup de temps à voyagé les trois kilomètres de sa maison sur la rivière Madawaska à son moulin sur la Raquoise. En 1867, Pierre s'est décidé de construire une deuxième maison pour sa famille qui serait située proche de ses moulins sur la rivière Iroquois (N47.458155 W68.355115). Son gendre, David Rousseau, qui avait des connaissances et de l'expérience en construction, a aidé Pierre et ses fils à construire la

---

[42] According to Morneault family history by Jean Morneault and Lucie-Anne Couturier Cormier.

[43] While there are no historical records that document their education, both had exquisite handwriting, and both were trained pianists and there were no other schools available.

[69] Le mot « adoption » est usé ici mais les enfants n'ont pas été réellement adoptés. C'était plus un arrangement d'accueil. Comme c'était la coutume, les enfants étaient accueillis par d'autres membres de la famille pour être élevés jusqu'à l'âge adulte sans aucune transaction légale. Les enfants ont conservé leurs noms de famille donnés.

Académie de Hôtel-Dieu' by the *Religieuses Hospitalières de St Joseph*. Their father Dolphis[44] enrolled them in the school a year or two before. For the first few years, the girls may have returned to their foster homes for summer vacation and holidays but later, they would spend their holidays with their father, Dolphis and their stepmother, Marie in St Jacques. The two would continue at that school for the duration of their elementary education. Because of the extent of their apparent education, we feel sure that Pélagie and Claudia went to a secondary school, we do not know which school, however.

◆ ◆ ◆

In these years, a mission parish had been established for St Jacques and it had grown sufficiently to justify its own chapel. According to Father Paré [Ref: 130] "The first chapel and its sacristy were built in 1873; the chapel was situated in the location of the current cemetery; we can still see the traces of the old chapel. The land for the chapel whether donated or sold was either part of or adjacent to Lot 24 belonging to Dolphis Terriault and to Louison St Onge." The Terriault family history tells us that Dolphis donated the part of the parish land that came from his lot which is the land that the present-day church stands on. The remaining land, which is where the present-day cemetery is located, came from the St Onge family.

◆ ◆ ◆

Joseph's younger brother Adolphe at the age of 7 was beginning to do farm chores at the Morneault farm in St Joseph. Living with the six Morneault boys: the oldest Charles (10), the youngest, Philias (4) and the others, Adolphe learned the chores and pastimes of a young boy on a farm: care of livestock, some of the field work like clearing stones from a field, harnessing a horse for field work, fishing, trapping, etc.

This spring, as Pascal Morneault was clearing additional land, he became ill. But he continued his work at clearing land on the hill by the church (in Saint-Joseph). As he continued to work, his condition continued to deteriorate for the next month or two. One day

maison de la famille Plourde[70]. Pierre a donné sa propriété sur la rivière Madawaska à un de ses fils aînés et a déménagé sa famille à sa nouvelle maison dans les collines au bord de la rivière Iroquois. L'endroit fut appelé « Plourde Settlement » ou « Plourde Office ».

Alors que le territoire du Madawaska entrait dans la saison du sucre d'érable au printemps de 1869, Joseph était en sa 11e année et vivait avec les Rousseau sur la rivière Madawaska. Pélagie et Claudia[71] tout probablement faisait leurs études à l'école de filles de St Basile, « *l'Académie de l'Hôtel-Dieu* » par les *Religieuses Hospitalières de St Joseph*. Leur père Dolphis[72] les avait inscrits à l'école pensionnat un an ou deux auparavant. Pendant les premières années, les filles étaient peut-être retournées dans leur foyer d'accueil pour les vacances d'été et les fêtes, mais plus tard, elles passeraient leurs étés, leurs vacances et leurs fêtes avec leur père, Dolphis et leur belle-mère, Marie à St Jacques. Les deux continueraient à cette école pendant la durée de leur éducation élémentaire. En raison de l'étendue de leur formation apparente, nous sommes sûrs que Pélagie et Claudia sont allées à une école secondaire, mais nous ne savons pas quelle école était.

◆ ◆ ◆

Au cours de ces années, une paroisse missionnaire avait été créée pour St Jacques et elle s'était suffisamment développée pour justifier sa propre chapelle. Selon le père Paré [Ref: 130] « La première chapelle et sa sacristie ont été construites en 1873; elle était située à l'emplacement du cimetière actuel; on peut encore voir les traces de l'ancienne chapelle. Le terrain de la chapelle, qu'elle soit donnée ou vendue, faisait partie ou était à côté du lot 24 appartenant à Dolphis Terriault et à Louison St Onge. » L'histoire de la famille Terriault nous dit que Dolphis a fait don de la partie du terrain paroissial qui provenait de son lot qui est le terrain sur lequel se trouve l'église actuelle. Le terrain restant, où se trouve le cimetière actuel, a venu de la famille St Onge.

◆ ◆ ◆

Le jeune frère de Joseph, Adolphe, à l'âge de 7 ans, commençait à faire les travaux de la ferme pour la

in May, he became extremely ill and was brought home in a sled. He was having great difficulty breathing. Pascal Morneault died soon after of pleurisy at the young age of 38 on May 23, 1869. He was buried in Saint-Basile on May 25. The tragedy was difficult for the young family whose children ranged in age from 10 to 1.

With Pascal gone, Pierre's daughter Adeline was left with many children to raise. The oldest of her children, Charles was 10 years old. In the face of this catastrophe in his family, Pierre Plourde decided to transfer his property in "Plourde Office" to his youngest son, Jules for "rente" or retirement annuity. He and Apolline would move in with Adeline and her children in the Pascal Morneault house in Saint-Joseph. They would stay until such time as Charles would be old enough to be head of household in another four years.

Joseph's Apprenticeship Begins...

1870. Unfortunately, Jules' wife developed health problems which left Jules Plourde unable to fulfill his responsibilities to his parents for "rente." In discussions with his brother-in-law, David Rousseau and his wife, Caroline, they agreed to trade properties so that, sometime around 1870, David and Caroline and their foster children moved to Pierre Plourde's house on the Iroquois River. Their children included Joseph and Claudia Thériault who were 12 and 9, respectively, and Philias Morneault who was 5 years old. Jules and his family moved into David and Caroline's farm on the northeast bank of the Madawaska River.

As they moved into Pierre Plourde's house on the Iroquois River, David recognized this move as an opportunity to improve and update Pierre Plourde's two mills: a sawmill and a flourmill paired with a carding

ferme Morneault à St Joseph. Ce printemps, alors que Pascal Morneault défrichait des nouvelles terres, il est tombé malade. Mais il continua son travail de défrichage sur la colline de l'église (à Saint-Joseph) en continuant à devenir plus malade pour un mois ou deux. Un jour de mai, il est devenu bien malade et a été ramené à la maison en traîneau. Il avait de grandes difficultés à respirer. Pascal Morneault est mort pas longtemps après d'une pleurésie à l'âge de 38 ans, le 23 mai 1869. Il est enterré à Saint-Basile le 25 mai. La tragédie était bien difficile pour la jeune famille dont les enfants étaient âgés de 10 ans à 1 ans.

Avec Pascal parti, sa femme Adeline, la fille de Pierre, s'est trouvée avec nombreux enfants à élever. Le plus vieux de ses enfants, Charles avait 10 ans. Facé avec cette catastrophe dans sa famille, Pierre Plourde se décide de passer sa terre de « Plourde Office » à son plus jeune fils, Jules, pour « rente ». Lui et Apolline emménageraient avec Adeline et ses enfants dans la maison de Pascal Morneault à Saint-Joseph. Ils resteraient jusqu'au temps que Charles soit assez vieux pour être en tête de la famille.

Formation de Joseph commence...

1870. Malheureusement, la femme à Jules avait des problèmes de santé qui l'ont empêché de prendre soin de ses parents pour « rente ». Après parlé de ça avec son beau-frère, David Rousseau et sa femme, Caroline, Jules a arrangé d'échanger ses terres avec David Rousseau et Caroline. Après, David, Caroline et leurs enfants ont déménagé à la maison à Pierre Plourde sur la rivière Iroquois. En ce temps, leurs enfants étaient Joseph et Claudia Thérriault qui avaient 12 et 9 ans et Philias Morneault qui avait 5 ans. Jules et sa famille ont emménagé à la ferme de David et Caroline sur le bord nord-est de la rivière Madawaska.

[44] Dolphis remarried in 1863 to Marie Marquis, age 31, from Ste Luce parish, a new parish established in 1843 around the time of the Webster Ashburton Treaty which set the boundary between the United States and Canada.

[70] D'après l'histoire de la famille Morneault par Jean Morneault et Lucie-Anne Couturier Cormier.

[71] Bien qu'il n'y ait pas de documents historiques qui documentent leur éducation, tous deux avaient une écriture exquise, et tous deux étaient des pianistes formés et il n'y avait pas d'autres écoles disponibles.

[72] Dolphis s'est remarié en 1863 à Marie Marquis, 31 ans, de la paroisse de Ste Luce, une nouvelle paroisse établie en 1843 à l'époque du traité Webster Ashburton qui a établi la frontière entre les États-Unis et le Canada.

mill. He made plans for those improvements. In addition, he now had a 12-year-old foster son, Joseph who was available to apprentice under him. So, Joseph started his training on the design, construction and operation of sawmills, flourmills, and wool carding mills. His younger foster 'brother', Philias was currently too young to begin his apprenticeship, but he would certainly be coming along in 2-3 years.

Four years later, while Pierre and Apolline were living with the Morneault family in St Joseph, Apolline died suddenly at the age of 77 on Saturday, 31 October 1874. Her funeral was held in Saint-Basile where she was buried on Tuesday, November 3. Pierre stayed with his daughter, Adeline, and her children Charles Morneault and his siblings while he considered his plans. Adeline continued to help her son Charles to provide for the family.

By 1879, Charles had been the head of household for five years. He was now in his early 20's and was involved in a serious courtship with Pélagie Thérriault. The plan to continue to support his mother and his siblings while starting his own family would not be simple. But, as owners of the flour mill and wool carding mills, their chance for success were as good if not better than anyone else in the area. Without any training in milling however, Charles needed to rely on his younger brother and his cousin, Joseph across the road especially when changes needed to be made to the tooling or when repairs were necessary.

A few years after losing his wife in 1874, Pierre Plourde met Elisabeth Thérriault Ouellet, a widow in Sainte-Rose-du-Dégélé, Québec. Élisabeth had six children, one of which was a daughter named Théogénie. After having known her for a while, Pierre married Élisabeth on 28 May 1878 in Sainte-Rose-du-Dégélé and returned to his house in Saint-Joseph with Élisabeth and her unmarried children.

1880. Charles Morneault (22) and Pélagie Thérriault (21) decided to marry in the winter of 1881. They would be the first to marry in the new church of the

Alors qu'ils ont emménager dans la maison de Pierre Plourde sur la rivière Iroquois, David reconnaît ce change comme une occasion pour améliorer et de mettre à jour les deux moulins de Pierre Plourde : un moulin à scie et un moulin à farine jumelés à un moulin à carder. David a fait ses plans pour l'améliorations. De plus, il avait maintenant un fils adoptif de 12 ans, Joseph qui pourrait apprendre sous lui. Ainsi, Joseph a commencé sa formation sur la construction et la marche de moulins à scie, moulins à farine et de cardes de laine. Son jeune « frère » adoptif, Philias était actuellement trop jeune pour commencer son apprentissage, mais il reviendrait certainement en 2-3 ans.

Quatre ans plus tard, alors que Pierre et Apolline vivaient avec la famille Morneault à St Joseph, Apolline est morte subitement samedi 31 octobre 1874 à l'âge de 77 ans. Ses funérailles ont eu lieu à Saint-Basile où elle a été enterrée le mardi 3 novembre. Pierre est resté avec la famille Morneault pendant qu'il pense à son avenir. Adeline a continué à aider son fils Charles à prendre soin de la famille Morneault.

En 1879, Charles était chef de famille depuis cinq ans. Il était maintenant au début de la vingtaine et était impliqué dans une sérieuse cour avec Pélagie Thérriault. Le plan de continuer à soutenir sa mère et ses frères et sœurs tout en fondant sa propre famille ne serait pas simple. Mais, en tant que propriétaires du moulin à farine et des moulins à carder la laine, leurs chances de succès étaient aussi bonnes sinon meilleures que quiconque dans la région. Sans aucune formation en fraisage cependant, Charles avait besoin de compter sur son jeune frère et son cousin, Joseph en particulier lorsque des modifications devaient être apportées à l'outillage ou lorsque des réparations étaient nécessaires.

Quelques années après avoir perdu sa femme en 1874, Pierre Plourde a rencontré Elisabeth Thérriault Ouellet, veuve de Sainte-Rose-du-Dégélé, Québec. Élisabeth a eu six enfants, dont une fille nommée Théogénie. Après l'avoir connue un certain temps, Pierre

new parish[45] of Saint-Jacques. After the wedding, Dolphis hosted a reception for Charles and Pélagie in his home in St Jacques. Afterward, the wedding couple settled in their Morneault home in St Joseph where Charles continued to cultivate his father's farm and continued his clearing operations and timber cutting. Schooled with a fine sense of provenance, Pélagie started her collection of family photos which gives us today an excellent record of our family history. (See Figure 13-7. Pélagie Thérriault Morneault Family Photo Collection.)

In the ensuing years, David and Caroline Rousseau began making plans to retire from the mill and move to St Joseph. Based on their discussions with Pierre and with Adeline, they planned to negotiate a "rente"[46] agreement with Charles and Pélagie and with Philias Morneault who was not yet married. David would give Charles the homestead, the flour and wool carding mills and the miller's house which David Rousseau had built while living there[47] along with 500 acres of land. David transferred the remainder of the property to Philias which consisted of the sawmill and a 500-acre lot of farmland.

Joseph and Théogénie Wed...

1882. Even after he finished his apprenticeship with David Rousseau, Joseph continued his involvement with the mills. His foster-brother Philias was now in

épousa Élisabeth le 28 mai 1878 à Sainte-Rose-du-Dégélé et retourna chez-lui à Saint-Joseph avec Élisabeth et ses enfants célibataires.

1880. Charles Morneault (22 ans) et Pélagie Thérriault (21 ans) décident de se marier en 1881. Ils seront les premiers à se marier dans la nouvelle église de la paroisse[73] de Saint-Jacques. Après le mariage, Dolphis a organisé une réception pour Charles et Pélagie chez lui à St Jacques. Plus tard, les mariés se sont installés dans leur maison Morneault à St Joseph où Charles a continué à cultiver la ferme de son père et a continué ses opérations de défrichage et la coupe de bois. Éduquée avec un sens fin de la provenance, Pélagie a commencé sa collection de photos de famille qui nous donne aujourd'hui un excellent record de notre histoire familial. (Voir la figure 13-7. Collection de photos de la famille Pélagie Thérriault Morneault.)

Dans les années suivantes, David et Caroline Rousseau envisageaient de se retirer du moulin et de déménager à St Joseph, ils se sont décidés de négocier une entente de « rente »[74] avec Charles et Pélagie et avec Philias Morneault qui n'était pas encore marié. David a donné à Charles la ferme, les moulins à farine et carder la laine et la maison du meunier que David Rousseau avait construit alors qu'il y vivait[75] avec 500 acres de terrain. David a transféré le reste de la terre à

---

[45] Up until this point, St Jacques was a 'mission parish'. Now it was an established 'parish' with a church instead of a chapel.

[46] Translated to English, 'la rente' is a private annuity, or a sum agreed-upon beforehand and to be received periodically (for instance every month or every year), for a determined length or, possibly, for the rest of the recipient's life (life annuity). The pension or annuity is provided by the adult child of a senior couple typically in return for the paternal home or other property. This custom, which unfortunately has largely been abandoned in modern times, was an ancient custom largely practiced by the Acadian and French-Canadian cultures which provided a senior couple with a living and an income in their retirement years. In this way, families provided for themselves rather than be dependent on government support.

[47] Morneault family history was written by Jean Morneault [10356] (*Joseph Morneault, Pélagie, Dolphis, Charles...*), titled "Once Upon a Time at Moulin des Morneault - Morneault's Mill NB.". Unpublished.

[73] Jusque-là, St Jacques était une « paroisse missionnaire ». C'était maintenant une « paroisse » établie avec un église au lieu d'une chapelle.

[74] « La rente » est une somme convenue à l'avance et reçu périodiquement (par exemple tous les mois ou chaque année), pour une durée déterminée ou, éventuellement, pour le reste de la vie du bénéficiaire. La pension ou la rente est fournie par l'enfant adulte d'un couple aîné généralement en échange pour la maison paternelle ou d'autres biens. Cette coutume, malheureusement en grande partie abandonnée à l'époque moderne, était une ancienne coutume largement pratiquée par les cultures acadienne et Français canadienne qui offrait à un couple aîné un revenu au cours de leurs années de retraite. De cette façon, les familles se sont fournies plutôt que de dépendre du soutien gouvernemental.

[75] L'histoire de la famille Morneault a été écrite par Jean Morneault [10356] (Joseph Morneault, Pélagie, Dolphis, Charles ...), intitulée « Il était une fois au Moulin des Morneault - Moulin de Morneault NB ». Non publié.

his apprenticeship with David. But on occasion, Joseph would substitute for David to help with Philias' training as well. Joseph was now 24 years old, and Philias was 17. So, Joseph continued his involvement in the years ahead with his good friend and foster brother Philias.

Joseph with his father's help had built his house in Moulin Morneault[48] and had begun to clear some of the arable land and to harvest some of the white pine that was so plentiful in Moulin Morneault. And as with many men, winter was a time to work in the woods to earn more money. Joseph had done so for several winters.

But in the winter of 1881-82, Joseph had been involved in a courtship and was ready to marry his dear Théogénie, Pierre Plourde's stepdaughter. So, he cut short his work in the woods and came home in early February to marry Théogénie Ouellet in St Jacques on Sunday the 5th. The wedding was witnessed by his father, Dolphis and his step-father-in-law Pierre Plourde. (See Figure 13-5. Marriage of Joseph Theriault and Théogénie Ouellette .)

The wedding was well-attended by the Theriault, Ouelle, Plourde and Morneault families. A small reception was hosted by Dolphis in his home. The couple settled in Joseph's house that Dolphis and Joseph built a few years earlier. (N47.457769 W68.355503) The house was in Moulin Morneault across the 'Chemin St Joseph' from Pierre Plourde's house where Joseph had apprenticed with David Rousseau. This lovely hamlet had been home for Joseph for so many years.

Pierre continued his rich and productive life with Elizabeth in their farmhouse in St Joseph. But it was not long before he would lose his second wife when she died in 1889. And it was not long before his life would end as well in 1892 in St Joseph. He along with his brother-in-law, Charles Terriault[49] left a great legacy which continues today.

In 1891, according to the Morneault family history, Philias (26) moved into the miller's house on the hill. Charles and Philias together managed the mills in Plourde Office. Later, the two agreed to divide the operations and continue separately. With the Morneaults as the proprietors, the settlement became known as

Philias, qui était le moulin à scie et un lot de 500 arpents de terres.

Joseph et Théogénie se marie…

1882. Même après avoir terminé son apprentissage avec David Rousseau, Joseph a continué à s'occuper des moulins. Son frère adoptif Philias était maintenant dans son apprentissage avec David. Mais à l'occasion, Joseph aidait David avec la formation de Philias. Joseph avait maintenant 24 ans et Philias avait 17 ans. Ainsi, Joseph a continué son engagement dans les années avec son bon ami et frère adoptif Philias.

Joseph, avec l'aide de son père, avait bâti sa maison au Moulin Morneault[76]. Il avait commencé à défricher une partie de ses terres et avait couper une partie de ses pin blanc qui était si abondant au Moulin Morneault. Et comme pour beaucoup d'hommes, l'hiver était le moment pour travailler dans les chantiers et gagner plus d'argent. Joseph l'a fait pendant plusieurs hivers.

Mais à l'hiver 1881-82, Joseph était prêt à marier sa chère Théogénie, la fille de Pierre Plourde et Elisabeth Theriault Ouellet. Il est revenu des chantiers au début de février pour marier Théogénie Ouellet à St Jacques le dimanche, 5 février. Le mariage a été témoigné par son père, Dolphis et son beau-père Pierre Plourde. (Voir figure 13-5. Mariage de Joseph Theriault et Théogénie Ouellette.)

Les familles Thériault, Ouellet, Plourde et Morneault était toute au mariage. Après le mariage, toutes ont été invité pour une réception à la maison de Dolphis Terriault. Le couple s'est installé dans la maison que Dolphis et Joseph avait bâti quelques années plus tôt. (N47.457769 W68.355503) La maison était au Moulin Morneault à l'autre bord du 'Chemin St Joseph' de la maison de Pierre Plourde où Joseph a appris son métier de meunier et scieur. Ce beau hameau a été le chez-lui de Joseph pour bien des années.

Pierre a continué sa vie riche et productive avec Elizabeth dans leur ferme à St Joseph. Mais ce n'était pas long avait qu'il a perdu sa deuxième femme lorsqu'elle mourut en 1889. Et il ne fallut pas longtemps avant que sa vie soit terminée également en 1892 à St

13. JOSEPH THÉRRIAULT MILL | MOULIN JOSEPH THÉRRIAULT

"Moulin-Morneault."

After David and Caroline Rousseau retired in their new home in St Joseph in 1895, Charles and Pélagie settled in their new home in Moulin Morneault, the house that Pierre built in 1867. Adeline (53) joined them there, along with Charles' siblings: Xavier (28), David (27), Éloi (25), Syfroid (21), Caroline (20), and Philias (24). Philias had transitioned back to his family when David and Caroline retired. He had spent the last 12 years with the Rousseau's to complete his apprenticeship and was now qualified to build and operate mills.

In that same year (1895) [50], Philias Morneault and Marie Gagnon decided to marry and start their family. A few years later in the Canadian Census of 1901, Philias (35) was living in Moulin-Morneault with Marie (25) and their three children: Levite (5), Régis (2) and Régina (newborn). Three houses up the road on the 'Chemin St Joseph', Charles and Pélagie Morneault were living in the house that Pierre Plourde built. Charles' mother, Adeline (64) was also living with them as were Adeline's younger sister, Élodie Plourde, and Charles' brother, Syfroid (33).

Our Theriault family history shows that Caroline often visited with Joseph Thérriault and his wife, Théogénie in their Moulin-Morneault house at least until the time of her death in 1898. There was a very loving and caring relationship between David and Caroline Rousseau and Joseph and his family which lasted throughout their lives. Around 1895, when she and her husband David, gave their farm and mills (which was originally Pierre Plourde's home on the Iroquois River) to Charles and Philias for 'rente', they

Joseph. Lui et son beau-frère, Charles Terriault, ont laissé une grande léga qui se poursuit aujourd'hui.

En 1891, selon l'histoire de la famille Morneault, Philias (26 ans) avait emménagé dans la maison du meunier sur la colline. Charles et Philias ensemble ont fait marché les moulins de Plourde Office. Plus tard, les deux ont diviser les opérations et ont continuer séparément. Avec les Morneaults comme propriétaires, la communauté est devenue connue sous le nom de « Moulin-Morneault ».

La même année (1895)[77], Charles et Pélagie sont installé dans leur nouvelle maison à Moulin Morneault, la maison que Pierre a construite en 1867. Adeline (53 ans) les a rejoints là-bas, ainsi que les frères et sœurs de Charles : Xavier (28), David (27), Éloi (25), Syfroid (21), Caroline (20), et Philias (24). Philias, maintenant âgé 16 ans, était revenu dans sa famille lorsque David et Caroline avaient pris leur retraite. Il avait passé les 12 dernières années chez les Rousseau pour finir son apprentissage et était maintenant qualifié pour construire et faire marcher des moulins.

La même année, Philias Morneault et Marie Gagnon ont décidé de se marier et de commencer leur famille. Quelques années plus tard, en 1901, Philias (35) vivait à Moulin-Morneault avec Marie (25) et leurs trois enfants : Lévite (5), Régis (2) et Régina (nouveau-né). Trois maisons plus loin sur le 'chemin St Joseph', Charles et Pélagie Morneault restaient, depuis 1895, en la maison que Pierre Plourde avait bâtis et étaient avec leurs enfants : Julianna (18), Christine (17), Alfred (14), Claudia (10), Lucie (8), Rose (6), Joséphine (4) et Joseph (1). La mère de Charles, Adeline (64 ans) vivait aussi avec eux, tout comme la sœur cadette

---

[48] The Joseph Thériault house (geographic coordinates: 68.355062 W47.457869N) was located opposite the Charles Morneault house at the Moulin Morneault, which was originally the Pierre Plourde house built by Pierre and his sons around 1867. See Appendix II, "La Châtelaine" for more on the history of the house.

[49] Charles Terriault died on April 2, 1880 while living with his 2nd son, Dolphis in St Jacques, NB.

[76] La maison Joseph Thériault (coordonnées géographiques: 68,355062 W47,457869N) se trouvait en face de la maison Charles Morneault au Moulin Morneault, qui était à l'origine la maison Pierre Plourde construite par Pierre et ses fils vers 1867. Aujourd'hui en 2010, un arrière-grand -fille, Pauline Morneault est la propriétaire de la maison Pierre Plourde. Voir annexe II, « La Châtelaine » pour en savoir plus sur l'histoire de la maison.

[50] The date is according to John Charles Morneault, Major RCAF (retired), grandson of Charles in his unpublished paper "Histoire du Moulin des Morneaults".

[77] La date est selon John Charles Morneault, Major RCAF (retraité), petit-fils de Charles dans son article non publié "Histoire du Moulin des Morneaults".

built a smaller home in Saint-Jacques where they lived their final days[51]. Caroline died in 1898 and David died in 1904.

Joseph Thérriault was working the land that his father Dolphis had acquired for him before they built the house. Joseph was also working with his close friend Philias at the sawmill as he had when growing up with the Rousseau's just across the 'Chemin St Joseph'.

Joseph and Théogénie's first child was Régis who was born in 1885. Their second child was Joachim, who was born on July 25, 1886. His godparents, David and Caroline Plourde Rousseau brought him to be baptized[52] at the St-Jacques parish church on August 8. His brothers and sisters included Régis (1885), Édith (1888), Delphine (1890), Dénis[53] (1891), Charles (1894), Lévite (1895), Flavie (1898), Antoine (1900), Christine (1902), Délia (1903) and Almida (1908). Living next door to Joseph and Théogenie at the turn of the century was his older brother Michel (43) and his wife Modeste Francœur (50). Michel was also helping at the Morneault mills as well as with the Theriault farm in Moulin Morneault.

Joachim was raised around Philias Morneault's sawmill in Moulin Morneault. Directly across the road from Joachim's house was the old house that Pierre Plourde had built for his family around 1867 and where Joseph and Philias were raised by the Rousseau's. Now, the property was owned by Pierre Plourde's grandson, Charles Morneault, and his wife,

d'Adeline, Élodie Plourde, et le frère de Charles, Syfroid (33 ans).

Nos notes d'histoire familial de Thériault nous montrent que Caroline[78] visitait souvent avec Joseph Thérriault et à son épouse Théogénie dans leur maison en Moulin-Morneault jusqu'à sa mort en 1898. Il y avait une amour très forte et bienveillante entre David et Caroline Rousseau et Joseph et sa famille qui a duré toute leur vie. Vers 1895, quand elle et son mari David, ont donné leur ferme et leurs moulins (qui était la maison de Pierre Plourde sur la rivière Iroquois) à Charles et Philias pour 'rente ', ils ont construit une plus petite maison à Saint-Jacques où ils sont restés en leurs dernières journées[79]. Caroline est morte en 1898 et David, en 1904.

Joseph travaillait la terre que son père Dolphis avait acquis pour lui avant de construire la maison. Joseph travaillait aussi avec son bon ami Philias au moulin à scie, comme il l'avait fait en grandissant avec les Rousseau de l'autre côté du chemin St Joseph.

Le premier enfant de Joseph et Théogénie était Régis, né en 1885. Leur deuxième enfant était Joachim, né le 25 juillet 1886. Ses parrains, David et Caroline Plourde Rousseau l'ont amené pour être baptisé[80] à l'église paroissiale de St Jacques le 8 août. Ses frères et sœurs sont Régis (1885), Édith (1888), Delphine (1890), Dénis (1891)[81], Charles (1894), Lévite (1895), Flavie (1898), Antoine (1900), Christine (1902), Délia (1903) et Almida (1908). Vivant à côté de Joseph et Théogenie au

---

[51] The Canadian Census shows that David and Caroline lived for a few years in St Joseph before they moved into their new home in St Jacques.

[52] The godparents for Joachim's brothers and sisters tell a story of the bonds between the members of the family: Régis' godparents in 1885 were Charles Morneault and his wife, Pélagie Thériault. Edith's godparents in 1888 were Michel, Joseph's older brother and his wife, Modeste Francoeur. Dénis' godparents in 1891 were Adolphe Thériault and his wife, Hermine Plourde.

[53] In the days before Christmas 1901, Dénis drowned in the Iroquois River in a sledding accident close to his house. He was 10; His body was found in the spring after which he was buried. Joachim was 15.

[78] Le recensement du Canada montre que David et Caroline ont vécu quelques années à St Joseph avant d'emménager dans leur nouvelle maison à St Jacques.

[79] Le Recensement canadien montre que David et Caroline ont vécu quelques années à St Joseph avant d'emménager dans leur nouvelle maison à St Jacques.

[80] Les parrains et marraines des frères et sœurs de Joachim racontent une histoire des liens entre les membres de la famille: les parrains de Régis en 1885 étaient Charles Morneault et son épouse, Pélagie Thériault. Les parrains d'Édith en 1888 étaient Michel, le frère aîné de Joseph et sa femme, Modeste Francoeur. Les parrains et marraines de Dénis en 1891 étaient Adolphe Thériault et son épouse, Hermine Plourde.

[81] Dans les jours précédant Noël 1901, Dénis s'est noyé dans la rivière Iroquois dans un accident de traîneau près de sa maison. Il avait 10 ans; Son corps a été retrouvé au printemps, après quoi il a été enterré. Joachim avait 15 ans.

Pélagie Thériault. Pélagie was Joseph's younger sister so their children were Joachim's cousins, one of which was Alfred. Everyone called him "Freddie." Joachim and Freddie's friendship were well-recorded by a widely distributed photo of the two young bachelors playing cards shown in Figure 13-33. They continued to be good friends for the rest of their lives. Freddie was a legendary storyteller and a good friend to have.

Joseph and Théogénie were members of the parish of St-Jacques where Joseph's sister, Pélagie was the first to marry in St Jacques' first Catholic church. Here also, Joachim made his First Communion on 18 August 1898 with his friend and cousin, Alfred "Freddie" Morneault, 9 other boys and 12 girls. On 11 November 1901, Joachim made his Confirmation into the Catholic Church along with his cousin, Freddie, his brother Régis and his sister, Édithe. By that time, Joachim had already lost two of his brothers, Charles and Lévite and would lose a third brother, Dénis in a sledding accident. Dénis, ten years old, was sliding down a hill by his house on Chemin St Joseph which sloped down toward the Iroquois River. One time, he was not able to stop his sled and he went on to the river ice. He plunged through the ice and was pulled by the swift and cold currents. It was December 17, 1901, the week before Christmas. His body was recovered downriver in the spring. He was buried on March 7, 1902 in the St Jacques Cemetery.

Joseph; Miller, and Sawyer...

1904. Around 1904, the area's lumber industry went into a recession which caused several mills to shut down. Several others reduced their production including Philias Morneault's sawmill. Joseph and Théogénie thought that this might be a good time to open a new mill in the village of Baker Brook which did not have a family mill. The mill would serve the local village and its farmers. He soon made plans to purchase some land in Baker Brook in a location appropriate for a sawmill. (N47.302037 W68.485479) He decided to build a steam engine-driven mill which would not require damming a large brook but would need just a small brook with enough year-round water to supply a steam-engine. Working with steam power

tournant du siècle, se trouvaient son frère aîné Michel (43 ans) et sa femme Modeste Francœur (50 ans). Michel a également aidé aux moulins Morneault ainsi qu'à la ferme Thériault au Moulin Morneault.

Joachim a grandi autour le moulin à scie de Philias Morneault au Moulin Morneault. Juste en face la maison de Joachim se trouvait la vieille maison que Pierre Plourde avait construite pour sa famille en 1867 et où Joseph et Philias ont été élevés par les Rousseau. En ce temps, la propriété appartenait au petit-fils de Pierre Plourde, Charles Morneault, et à son épouse, Pélagie Thériault. Pélagie était la plus jeune sœur de Joseph, donc leurs enfants étaient les cousins de Joachim, dont Alfred.

Tout le monde l'appelait « Freddie ». L'amitié de Joachim et Freddie a été bien connu par une photo des deux jeunes célibataires jouant aux cartes montrées dans la figure 13-33. Ils ont continué à être bons amis pour le reste de leur vie. Freddie était un conteur d'histoire et un bon ami.

Joseph et Théogénie étaient des membres de la paroisse de St-Jacques où la sœur de Joseph, Pélagie, fut la première à se marier dans la première église de St Jacques. Ici aussi, Joachim a fait sa première communion le 18 août 1898 avec son ami et cousin Alfred « Freddie » Morneault, 9 autres garçons et 12 filles. Le 11 novembre 1901, Joachim a fait sa confirmation à l'église de St Jacques avec son cousin, Freddie, son frère Régis et sa sœur, Édithe. À ce moment-là, Joachim avait déjà perdu deux de ses frères, Charles et Lévite et perdrait un troisième frère, Dénis dans un accident de traîneau. Dénis, 10 ans, glissait sur une colline près de sa maison sur le chemin Saint-Joseph qui descendait vers la rivière Iroquois. Une fois, Dénis n'a pas pu arrêter son traîneau et a plongé à travers la glace de la rivière. Il a été tiré par les courants froids et rapides. C'était le 17 décembre 1901, la semaine avant Noël. Son corps a été retrouvé en aval dans le printemps. Il a été enterré le 7 mars 1902 en le cimetière de St Jacques.

Joseph; meunier et scieur...

1904. Vers 1904, l'industrie du bois de la région entre

would be a challenge because the technology had only been in use for a few years in the St John valley. The challenges would be the steam technology and the availability of parts for the machine.

The mill would be tooled with a circular saw and a planer for construction lumber and a single run of stones to mill buckwheat, white flour, corn meal or feed. Sometime around 1905, Joseph started work on building his family home and outbuildings and then started work on the mill.

The mill was a two-story building with a basement level for the steam engine works. Water was fed by a pipe probably underground from a brook that flowed behind the house about 500 feet away on the east side the family house. The mill was on the west side of the property. (See Figure 13-4.)

The circular saw was on a moving deck which was fed the logs from the front of the mill. The sawmill was in the south part of the building while the flourmill was in the north part. The pair of stones was installed on the second floor of the mill and the rest of the flourmill tooling was on both floors.

Joseph was probably assisted in this project by his two elder sons, Régis and Joachim as well as his brother Michel and perhaps also his foster-brother Philias on occasion.

1907. As Joseph was putting the finishing touches to his new mill, his older brother Vitale was on his way to St Jacques from his new home in Old Town, Maine. Vitale had emigrated to Old Town, Maine soon after he married Adelina Thibodeau in 1891. Periodically, he would come home to visit his family or with the farm and mill chores if he could. He would often volunteer to work at the Morneault mills. For this visit, he was eager to see Joseph's new home and mill.

During his visit, he heard that the men would be replacing the pair of stones at Charles' flourmill in Moulin Morneault. So, he joined some of Charles Morneault's sons at the flourmill who were in the process of replacing the pair of millstones. As he was helping the workers, they lost control of the three-quarter-ton

dans une récession qui a fermé plusieurs moulins et plusieurs autres à réduire leur production, dont le moulin de Philias Morneault. Néanmoins, Joseph et Théogénie envisagent de construire leur moulin à Baker Brook et déménage la famille à Baker Brook. Le moulin serait au service du village local et de ses fermiers. Il envisage bientôt d'acheter une terre à Baker Brook dans un endroit approprié pour un moulin à scie et un moulin à farine. (N47.302037 W68.485479)

Il se décide de construire un moulin à vapeur qui n'aurais pas besoin d'un grand ruisseau, mais juste un petit ruisseau avec assez d'eau toute l'année pour faire marcher un moulin à vapeur. Mais, le pouvoir de vapeur était difficile parce que la technologie était nouvelle et était pas bien connu. Ce n'était pas facile de trouver quelqu'un qui connaissait les moulins à vapeur.

Le moulin sera équipé d'une scie circulaire et d'une raboteuse pour le bois de construction et d'une seule paire de pierres pour moudre le sarrasin, la farine blanche, la semoule de maïs ou les aliments pour animaux. Vers 1905, Joseph a commencé à construire sa maison familiale et les autres bâtisses, puis commença à travailler sur le moulin.

Le moulin était une bâtisse de deux étages avec un sous-sol pour la machine à vapeur. L'eau entrait le moulin par une pipe probablement sous la terre à partir d'un ruisseau situé à environ 500 pieds du côté est de la propriété derrière la maison familiale. Le moulin se trouvait du côté ouest de la propriété. (Voir figure 13-4.)

La scie circulaire se trouvait sur une plateforme mouvante qui prenait les billots du devant-de-porte du moulin. La scierie se trouvait dans la partie sud du bâtiment tandis que le moulin à farine se trouvait dans la partie nord. La paire de pierres a été installée au premier étage du moulin et le reste de l'outillage du moulin à farine était au deuxième étage.

Joseph a été aidé dans ce projet par ses deux fils aînés, Régis et Joachim ainsi que par son frère Michel et peut-être aussi à l'occasion, son frère adoptif Philias.

millstone. The stone rolled on Vitale and crushed him. He died suddenly on site on February 5.

Here is the account of the incident from Lucie Anne Couturier Cormier's beautifully written *"Le Moulin Morneault"* (See Appendix I):

> *"In 1907 there was a great tragedy at the mill. Vital Theriault, Pélagie's brother and Charles's brother-in-law, newly arrived from the States where he worked, was on vacation with Charles. He was dressed like a real American, with fine patent leather ankle boots, bowler hat, white shirts with starched collars, tie, fine coat, and a gold chain for his watch.*

> *He went to the mill to see a group of men working who were installing an enormous millstone in the small mill. Something happened, and the millstone escapes them, starts to roll, and crushes Vital who does not have time to get out of the way. He was killed instantly! What a panic! What a sad accident! My mother took me to see him at his wake at Charles's home.*

> *The living room wall was covered with large white sheets to which hung a long black cross. Two candles were burning on the little table at his head. The shades on the windows were lowered. In the half-light, the pallor of this dead man marked me forever. I can still see his hands looking like white wax around which a black rosary was wrapped. It was my first encounter with death. He was waked two days and two nights while his coffin was being made of planks at the Morneault mill. He was taken there and was driven to the church of St-Jacques in an open carriage. All the carriages of relatives and friends followed. The people were all dressed in black, the men with black bands on their arms and the women in long black mourning veils tied to their black straw hats. Black ribbons were tied to the bridles of the horses, and those who pulled the carriage carrying the body of the deceased had black nets over their harnesses. It was quite a tragedy.*

1907. Alors que Joseph mettait la touche finale à son nouveau moulin, son frère aîné Vitale de Old Town, Maine, était en route pour St Jacques pour une petite visite. Vitale avait émigré à Old Town, Maine peu de temps après avoir épousé Adelina Thibodeau en 1891. Temp à temps, il revenait à la maison pour visiter sa famille ou pour aider avec l'ouvrage de la ferme et des moulins s'il pouvait. Pour cette visite, il avait hâte de voir la nouvelle maison et le moulin de Joseph.

Au cours de sa visite, il a appris que les hommes allaient remplacer la paire de meules au moulin à farine. Il rejoint donc quelques-uns des fils de Charles Morneault au moulin à farine qui sont en train de remplacer la paire de meules. Alors qu'il aidait les travailleurs, ils ont perdu le contrôle de la meule de trois quarts de tonne. La pierre a roulé sur Vitale et l'a écrasé. Il est décédé subitement le 5 février.

Voici le conte de l'incident par Lucie Anne Couturier Cormier, très bien écrit « *Le Moulin Morneault* » (voir annexe I) :

> *"En 1907, il y eut une grande tragédie au moulin à farine. Vital Theriault, le frère de Pélagie et beau-frère de Charles, nouvellement arrive des États ou il travaillait, était en vacances chez Charles. Il était habille en vrai Américain, avec de belles bottines en cuir verni, chapeau melon, les chemises blanches à cols empesés, la cravate, le bel habit, et une chaine en or pour sa montre.*

> *Il se rendit au moulin pour voir travailler un groupe d'hommes qui étaient en train d'installer dans la petite meunerie, un énorme rouleau à moudre la farine. Survient une mauvaise manœuvre et le rouleau leur échappe, se met à rouler et écrase Vital qui n'a pas le temps de l'éviter. Il fut tué instantanément! Quel affolement! Quel triste accident! Ma mère m'emmena le voir quand il était exposé « sur les planches » chez Charles.*

> *Le mur du salon était recouvert de grands draps blancs auxquels était accrochée une longue croix noire. Sur la petite table à sa tête brulaient deux chandelles. Les toiles aux fenêtres étaient baissées. Dans la pénombre, la pâleur de ce mort m'a marquée à tout jamais. Je revois encore ses mains*

Inside the church, long black banners hung on the walls and Mass was sung in Latin with "Dies Iraë."

Joseph's New Mill...

1906. As Joseph started to build his house and his mill, his neighbors and other villagers of course stopped by to meet their new neighbor. His neighbors: Félix Daigle, Firmin Lévesque, Oscar Daigle and Elias Ouellette were happy to have a mill in the neighborhood. Some wanted to know when the mill would be running so they could make their plans to bring over their lumber and grain.

So, for much of the year, Joseph and Joachim directed their crew of workers and carpenters every day. Every day, they would sleep over in their makeshift shelter where they slept, relaxed, and ate every day except Sundays. They would continue there until the house was sufficiently finished to be inhabited. It did not make sense to travel back and forth the near 20 miles through the back settlements to Moulin Morneault by horse-drawn wagon.

The new house had two-stories and three gables in a modest architecture. It had a cedar shingled roof and red cedar clapboard-siding. The décor was plain and unpainted which was typical of many homes in the St John Valley. The clapboard siding was usually red cedar which lasted for many years unpainted. (See Figure 3-30. In the photo, the house is highlighted with an ellipse.) A summer house was added to the rear of the house as well as a shed and some other small buildings.

As soon as Joseph had his mill in operation, he had some orders to deliver. By fall of 1906, Joseph had completed his house as well as much of his mill and was ready to move his family to Baker Brook. The move took a few weeks. At the same time, Joseph sold his property in St Jacques (Moulin Morneault). By the autumn of that year, his family was settled into their new home and everyone was becoming familiar with their new neighbors and their new village.

♦♦♦

d'un blanc cire autour desquelles s'enroulait un chapelet noir. Ce fut ma première rencontre avec la mort. Il fut veillé deux jours et deux nuits pendant qu'on fabriquait son cercueil de planches au moulin Morneault. Il y fut place et fut conduit à l'église de St-Jacques sur une voiture ouverte. Toutes les voitures des parents et des amis suivaient. Les gens étaient tous de noir vêtus, les hommes ayant des brassards noirs aux bras et les femmes de longues pleureuses noires en voile attachées à leurs chapeaux de paille noir. A la bride des chevaux on avait attache des rubans noirs et ceux qui tiraient la voiture portant le corps du défunt avaient des filets noirs pardessus leurs harnais. Ce fut toute une tragédie.

À l'intérieur de l'église, de longues banderoles noires étaient accrochées aux murs et la messe fut chantée en latin avec « Dies Iraë » (Jour de la colère) »

Moulin neuf de Joseph...

1906. Alors que Joseph commençait à construire sa maison et son moulin, ses voisins et d'autres villageois arrêtaient pour rencontrer leur nouveau voisin. Ses voisins: Félix Daigle, Firmin Lévesque, Oscar Daigle et Elias Ouellette étaient heureux d'avoir un moulin dans le voisin. Certains voulaient savoir quand le moulin commencerait a marché afin de pouvoir faire leurs plans pour apporter leurs billots et leurs grains.

Ainsi, pendant la grande partie de l'année, Joseph et Joachim dirigeait leur équipe d'ouvriers et de charpentiers chaque jour. Tous les jours, ils dormaient dans leur abri où ils dormaient, et prenait leurs repas tous les jours sauf le dimanche. Ils y continueront jusqu'à ce que la maison soit suffisamment finie pour être habitée. Sa faisait pas de bon sens de voyager chez-eux a tous les jours en cariole près de 20 milles.

La nouvelle maison avait deux étages et trois pignons en avant avec une architecture modeste. Elle avait une couverture en bardeaux de cèdre et un revêtement en cèdre rouge. Le décor était simple et pas peinturé, ce qui était typique de nombreuses maisons dans la vallée St Jean. Le cèdre rouge durait pour nombreuses

Baker Brook, which did not yet have its own parish, was part of the parish of St Hilaire whose church was about five miles east of their new home. In 1906, their eight children (and their ages shown in parenthesis) included: Régis (22), Joachim (21), Édith (19), Delphine (17), Flavie (9), Antoine (7), Christine (5), and Délia (3). These of course do not include the three boys who died around the turn of the century. Their elder daughter, Édith had married with Charles Roussel and already had one child, Wilfrid in early spring. Joseph and Théogénie's next younger, Delphine was in her second year at a private high school while Flavie and Antoine were attending elementary school in Baker Brook. Their next younger daughter, Christine would be starting school next fall. Joseph was able to keep his daughters in school which was expensive but doing so was important to him and to Théogénie.

◆ ◆ ◆

Joseph's mill was simple and efficient. In the years before his mentor, David Rousseau passed away in 1904, Joseph discussed his plans for his mill with David, and David must have left him some 'final instructions'. Aside from the use of steam power, Joseph had some other techniques and technologies to implement in his new mill. But in placing his mill in operation, he focused on producing construction lumber with his circular saw and planer. With his flourmill, he processed wheat, and buckwheat (sarrasin) and produced white flour, buckwheat flour and some feeds for livestock. That was the extent of the service that he produced for his local customers.

Joseph was able to take advantage of his steam-powered mill by keeping his mill working during the winter. The millwork of the winter months was mostly to produce the construction lumber for next year's construction work in the village. The lumber would be stacked in triangular piles in the yard to dry. Most of the grain milling was done during the late summer and fall months after the harvests although some farmers may have waited until the late fall to take advantage of the winter months lower rates. To save the customer a little money, Joseph also encouraged and

années sans être peinturé. (Voir la figure 3-30. Sur la photo, la maison est montrée avec une ellipse.) Une maison d'été a été ajoutée à l'arrière de la maison ainsi qu'une petite étable et quelques autres bâtis.

Dès que Joseph ait mit son moulin en marche, il avait des commandes à livrer. À l'automne de 1906, Joseph avait fini sa maison et qu'une grande partie de son moulin et était prêt à déménager sa famille à Baker Brook. Le déménagement a pris quelques semaines. Au même moment, Joseph a vendu sa terre à St Jacques (Moulin Morneault). À l'automne de cette année-là, sa famille était installée dans leur nouvelle maison et tous ont venu à connaitre leurs nouveaux voisins et leur nouveau village.

◆ ◆ ◆

Baker Brook, qui n'avait pas encore sa paroisse, était partie de la paroisse de St Hilaire dont l'église était à environ cinq miles à l'est de leur nouvelle maison. En 1906, leurs huit enfants (leurs âges sont donné entre parenthèses) comprenaient: Régis (22), Joachim (21), Édith (19), Delphine (17), Flavie (9), Antoine (7), Christine (5) et Délia (3). Celles-ci n'incluent pas les trois garçons décédés au tournant du siècle. Leur plus vieille fille, Édith, s'était mariée avec Charles Roussel et avait déjà reçu leur premier enfant, Wilfrid, au début du printemps. Le plus jeune de Joseph et Théogénie, Delphine était en sa deuxième année d'études dans un école privé tandis que Flavie et Antoine fréquentaient l'école primaire de Baker Brook. Leur prochaine fille cadette, Christine, commencerait l'école l'automne prochain. Joseph a pu maintenir ses filles à l'école, ce qui coûtait cher, mais cela était important pour lui et pour Théogénie.

◆ ◆ ◆

Le moulin de Joseph était simple et efficace. Dans les années avant que son mentor, David Rousseau est décédé en 1904, Joseph a dû discuter ses plans pour son moulin avec David, et David a dû lui laisser des « instructions finales ». Outre l'utilisation de la vapeur, Joseph avait d'autres techniques et technologies à mettre en œuvre dans son nouveau moulin. Mais en mettant son moulin en service, il s'est concentré sur la

welcomed his customers to help him in the mill with some tasks while they waited for their order.

Joachim; Miller, and Sawyer...

1907. At around this time, Joseph and Théogénie's older children were approaching the age to marry. In fact, just before their move to Baker-Brook in May 1906, Joseph's oldest daughter, Édithe (18) married a 27-year-old American named Charles Roussel. Charles worked at the first Fraser mill (MILL 59). They set up their home in St-Hilaire. Charles was born down-state in Kingman, Maine.

A year later in July 1908, Joseph and Théogénie's last child was born in their new home in Baker-Brook; a daughter that they named Almida. She was baptized at the St-Hilaire church on Sunday morning, August 2. Her godfather was her brother Joachim, and the godmother was a friend of the family in Baker Brook, Almida Roy who gave her name to the newborn.

Two years later, Joseph's elder son, Régis married Égline Lysotte, a local girl from St Hilaire. They lived at the Mill with the Theriault family for a few years. In these years, Joachim now 21, was working with his father when there was mill work to do but according to the U.S. Customs records, Joachim was also known to work as a lumberjack in the woods of the Allagash to make some extra cash during the slack periods of the winter months.

Around the time that his family moved to the mill, Joachim and his good friend, Freddie Morneault attended a social event in Fort Kent where Joachim met an 18-year-old American girl who lived in Upper Frenchville in the parish of Sainte Luce. Joachim was happy to learn that this American girl named Annie Madore lived on the road to Fort Kent that was directly across the St-John River from his mill. The Alcide Madore home (see satellite photo in Figure 13-32 with locations marked with STARS) was a few feet south of the Bangor & Aroostook Railroad tracks on a dirt road going south from US Route 1. They were on the east side of that dirt road across from the Joseph and Lathèque Trudelle Deschaines house (N47.290685 W68.484444).[54]

production de bois de construction avec sa scie circulaire et sa raboteuse. Avec son moulin à farine, il transformait du blé et du buckwhit (sarrasin) et produisait de la farine blanche, de la farine à buckwhit et des aliments pour les animaux. Ceci était tout le service qu'il produisait pour ses clients locaux.

Joseph a pu profiter de son moulin à vapeur en gardant son moulin en marche pendant l'hiver. La menuiserie des mois d'hiver était principalement destinée à produire le bois de construction pour les projets de l'année prochaine dans le village. Le bois était empilé en étages triangulaires dans la cour pour sécher. La plus grande partie de la mouture des grains a été faite à la fin de l'été et à l'automne après les récoltes, bien que certains agriculteurs aient peut-être attendu la fin de l'automne pour profiter des coûtes plus bas dans les mois d'hiver. Pour économiser un peu d'argent à ses client, Joseph également encourageait ses clients le lui aider dans le moulin avec certaines tâches en attendant leur commande.

Joachim; meunier et scieur...

1907. À ce temps, les plus vieux enfants de Joseph et Théogénie approchaient l'âge du mariage. En fait, juste avant leur déménagement à Baker-Brook en mai 1906, la plus vieille fille de Joseph, Christine Édithe, avait marié un Américain de 27 ans nommé Charles Roussel. Charles travaillait au premier moulin de Fraser (MILL 59). Ils sont installés dans leur maison à St-Hilaire. Charles est venu au monde à Kingman, Maine.

Un an plus tard, en juillet 1908, le dernier enfant de Joseph et Théogénie est né dans leur nouvelle maison à Baker-Brook; une fille qu'ils ont nommée Almida. Elle a été baptisée à l'église St-Hilaire le dimanche matin 2 août. Son parrain était son frère Joachim, et la marraine était une amie de la famille de Baker Brook, Almida Roy qui a donné son nom au nouveau-né.

Deux ans plus tard, le fils aîné de Joseph, Régis, épousa Égline Lysotte, une fille de St Hilaire. Ils ont vécu au Moulin avec la famille Theriault pendant quelques années. Au cours de ces années, Joachim maintenant 21 ans travaillait avec son père, mais selon

Customarily, Joachim would cross by canoe from his house onto Daigle Island in the St-John River, probably portaged his canoe to the other side and continue to the U.S. side. In the winter of course, it was just a short walk (less than a mile) with his snowshoes to visit his girlfriend.

The local stories have it that he apparently spent some amount of time on the American side in those few years when he was courting Annie. Monsieur Valier Thibault,[55] who was the son of a local potato farming family in that neighborhood, remembers his father telling him the story about the day that Joe Theriault crossed over to find his son, Joachim. Joseph needed Joachim back at the mill. Joe was overheard reprimanding his son about spending too much time 'with American women'.

In the summer of 1909, Joachim and Annie were married on Sunday morning[56], August 29 by the young Father Thomas Bergeron in Sainte-Luce church in Upper Frenchville, Maine. Joachim was 23 and Annie was 20 years old. Although, Joachim had traveled the 20-miles to Sainte-Luce from Baker-Brook with his horse-drawn carriage going through U.S. Customs and Immigration at Fort Kent, Maine, he was on time for his wedding. His bride, Annie, who at that time was living just two miles away from the church, had spent a difficult night taking care of her sick 3-year-old brother, Adrien who had suddenly taken ill the night before. She was finally able to get herself prepared for her wedding and arrived at the church about an hour late. We can only imagine what was going through Joachim's mind during the hour that he waited for his bride! As was the tradition at that time, there was a

les registres des douanes américaines, il traversait pour travailler comme bûcheron dans les bois de l'Allagash pour gagner de l'argent pendant les temps lents de l'hiver.

À peu près le temp où sa famille a déménagé au moulin à Baker Brook, Joachim et son bon ami, Freddie Morneault, ont allé à une danse à Fort Kent où Joachim a rencontré une jeune Américaine de 18 ans qui vivait à Upper Frenchville dans la paroisse de Sainte Luce. Joachim était heureux d'apprendre que cette Américaine nommée Annie Madore vivait sur la route de Fort Kent qui était directement de l'autre côté de la rivière Saint-Jean de son moulin. La maison d'Alcide Madore (voir la photo satellite sur la figure à 13-32 avec des emplacements marqués avec des ÉTOILES) se trouvait à quelques pieds au sud du chemin fer de Bangor & Aroostook allant au sud de la route US Route 1. Ils étaient du côté est de ce chemin de terre en face de la maison de Joseph et Lathèque Trudelle Deschaines, (N47.29068 W68.484444). [82]

Habituellement, Joachim traversait en canot de sa maison sur l'île Daigle, portait son canot à l'autre bord de l'île et continuait au côté américain. En hiver, bien sûr, c'était juste une courte marche (de moins d'un mile) avec ses raquettes pour visiter son amie.

Les 'petites' histoires du temps disent que Joachim apparemment passait plus de temps au côté américain qu'il aurait dû pendant ces quelques années où il voyait Annie. M. Valier Thibault[83], qui était le fils d'une famille fermière dans le voisin, se souvient que son père lui avait raconté que Joseph Theriault était venu un jour pour chercher son fils, Joachim, parce

---

[54] According to Carroll Deschaines (Colonel, USAF Retired) whose father Louis Deschaines inherited the house. His family lived in that house until they moved to Caribou.

[55] Valier Thibeault was an American potato farmer in the 1940's through 1970's. His farm was in Fort Kent, Maine, directly across the St John River from the Theriault mill in Baker Brook, NB.

[56] The wedding was probably scheduled for one of the 'Low Masses' early Sunday morning. It would have been unusual for them to ask for the Sunday 'High Mass' for their wedding. Hopefully, their wedding was scheduled for the early 'Low Mass' for which Annie was an hour late. So, they were probably married at the later 'Low Mass' probably around 9am.

[82] Selon Carroll Deschaines (colonel, retraité de l'USAF) dont le père Louis Deschaines a hérité de la maison. Sa famille a vécu dans cette maison jusqu'à ce qu'ils déménagent à Caribou.

[83] Valier Thibeault était un fermier américain de patates dans les années 1940 à 1970. Sa ferme était à Fort Kent, Maine, juste en face du moulin Theriault à l'autre bord de la rivière Saint-Jean.

small reception at the Ste Luce Parish Hall followed with an open house reception at the Madore house.

◆ ◆ ◆

My Grandfather's Mill

Let me tell you about my grandfather's mill as an example of a family mill.

My 80-year-old recollection of Grandpère's mill in Baker Brook, is dream-like and a little faded. I was not five years old when I last visited his mill with my father in the early '40's. But I remember both mill-works: the sawmill and the flourmill. The mill building was quite simple. (See Fig. 13-30, -31) But to me, the mill was a mechanical wonderland with its spinning pulleys, belts, leather straps, axles, and levers. When Grandpère fired up the steam engine downstairs, the engine piston would begin to push and pull to turn the main power train in the mill. The engine governor with its two spinning brass balls would begin its wild dance as the engine sped up. But then, when Grandpère threw the large drive leather strap onto the spinning main drive pulley, the mill would come alive with its myriad humming sounds and tapping rhythms. The sound of the spinning 54"circular saw was a whispery high-pitched whine that would slide down to a minor note as the saw cut into its long log and return to its high pitch at the end of its cut. After that, the saw would repeat its mournful sound with each cut of a log.

If not sawing, Grandpère Joachim would walk to the north side of the flourmill and throw the large drive strap of the flourmill onto the already spinning main drive pulley which would start the flourmill. Gingerly, the flourmill would begin its tapping and shaking rhythm like an Acadian band playing the "Reel de Ste Anne". After a while, Grandpère would lead with a tune from his repertoire of old Acadian tunes accompanied by his flourmill…. 'Partons la mer est belle!'

~JRT

◆ ◆ ◆

After their wedding, Annie and Joachim settled in a house that Joachim had rented. The house was located on the 'Rue Cinq Cennes' in Baker Brook, present-day 'Rue des Ormes' (N47.303866 W68.511023). Their first five children Léanne, Dénis, Thaddée, Theodule and Annette were born in that house which still stands today on the west side of that street. At that time, Joachim was working for the Donald Fraser Mill

qu'il avait besoin de lui au moulin. Joseph a dit à Joachim qu'il passer trop de temps « avec les filles américaines ».

◆ ◆ ◆

Le Moulin à Grandpère

J'aimerais vous parler du moulin à mon grandpère comme un exemple d'un moulin familial.

Mes 80 années de souvenir du moulin de Grandpère à Baker Brook est comme un rêve un peu effacé. Je n'avais pas cinq ans la dernière fois que j'ai visité son moulin avec mon père au début des années 1940. C'était envers 1944-45. Mais je me souviens des deux partis du moulin: le moulin à scie et le moulin à farine. La bâtisse du moulin était assez simple. (Voir Fig. 13-30, -31) Mais pour moi, le moulin était une 'place des merveilles' mécanique avec ses poulies, et ses strappe en cuir. Quand Grandpère mettait en marche la machine à vapeur en bas, le piston du moteur commençait à pousser et à tirer pour faire tourner la grande roue du moulin. Le régulateur du moteur avec ses deux boules en cuivre commençait sa danse folle alors que le moteur allait plus vite. Mais quand Grandpère jetait la grande strappe d'entraînement sur la poulie principal, le moulin s'animait avec ses bourdonnements et ses rythmes de tapotement. La scie circulaire de 54 pouces commençait avec un siffle lugubre qui était aiguë et après, glissait vers une note mineure en coupant son long billot. Elle revenait à sa hauteur à la fin de sa coupe. Après ça, la scie répétait son refrain lugubre avec chaque coupe du billot.

S'il ne sciait pas, Grandpère Joachim marchait au côté nord du moulin à farine et lançait la grande strappe du moulin à farine sur la poulie principale déjà en marche qui faisait commencer le moulin à farine. Commençant un peu délicat, le moulin à farine faisait son rythme de tapotement comme des musiciens acadiens jouant le « Réel de Ste Anne ». Après une secousse, Grandpère dirigera son moulin avec une tune de son répertoire de vieilles chansons acadiennes accompagnées par son moulin à farine…'Partons la mère est belle!'

~JRT

◆ ◆ ◆

(MILL 59) which was in the neighborhood. His foreman was Fred Rommel a German Canadian.

In the Canadian Census of 1911, Joachim reported working 60 hours a week as a master 'charretier' where he was employed for 24 weeks of the year; this is the person in charge of the lumber hauling operations in the mill yard. He earned $250 during those 24 weeks in this job and earned another $240 a year in other earnings, no doubt working at his father's mill. Incidentally, Joachim reported being able to read and write French.

In 1925, he went to work at the second Donald Fraser mill (MILL 61) in Baker Brook which was the neighbor to the east of the Theriault Mill. While working at that mill, his foreman was again Fred Romme.

From the time of their move to Baker Brook, Joachim worked routinely with his father while also working at the Fraser Mill. He only had two brothers, but he was the only one who was able to help his father. His older brother, Régis (25) who married in 1910, had a full-time job in Edmundston, and Antoine the youngest at 9 years of age, was still attending school and was not old enough to do a man's work. So, Joachim's steady work was the family mill (MILL 60) with his father and working at the Fraser Mill (MILL 61).

In his job with Fraser, he was working for Fred Rommel. Fred spoke English and called Joachim, "Jack." Although Joachim was not fluent in the English language, he did learn to speak some English with Fred. They became hunting buddies and were often out hunting deer, moose and probably even some of the remaining caribou. On a hunting trip sometime in the fall of 1913, Fred joined Joachim with a new Winchester, Model 1892, 44/40. It was obvious to Fred that his friend Joachim really liked his rifle. On their next hunt, Fred arrived with a second Winchester 1892 rifle. This

En l'été 1909, Joachim et Annie se sont mariés le dimanche matin[84] 29 août par le jeune curé Thomas Bergeron à l'église Sainte-Luce d'Upper Frenchville, Maine. Joachim avait 23 ans et Annie 20 ans. Joachim avait pris la route de 20 milles de Baker-Brook jusqu'à Sainte-Luce avec sa cariole, passant par les douanes américaines à Fort Kent, Maine. Il était à l'heure pour son mariage. Son épouse, Annie, avait passé une 'nuit blanche' à soigner son petit frère de 3 ans, Adrien qui avait tombé malade. Elle a finalement pu se préparer pour son mariage et est arrivée à l'église une heure en retard. On peut imaginer quoi que Joachim pensât pendant l'heure qu'il attendait pour sa chère Annie! Comme c'était la tradition à ce temp, ils ont eu une petite réception à la salle paroissiale suivie tout probablement par une réception à la maison Madore.

Après leur mariage, Annie et Joachim se sont installés dans une maison que Joachim avait louée. La maison était située dans la « Rue Cinq Cennes » à Baker Brook, (la « Rue des Ormes » contemporain) (N47.303866 W68.511023). Leurs cinq premiers enfants Léanne, Dénis, Thaddée, Theodule et Annette sont venu au monde dans cette maison qui se dresse encore aujourd'hui du côté ouest de cette rue. En ce temp, Joachim travaillait pour Moulin Donald Fraser (MILL 59) qui était dans le voisin. Dans le recensement canadien de 1911, Joachim a déclaré avoir travaillé 60 heures par semaine en tant que maître « charretier » où il a été employé pendant 24 semaines; il s'agit de la personne responsable des opérations de transport du bois dans la cour du moulin. Il a gagné 250 $ au cours de ces 24 semaines à cet emploi et a gagné 240 $ de plus par an dans d'autres revenus, travaillant sans doute au moulin de son père. Soit dit en passant, Joachim a déclaré être capable de lire et d'écrire français.

En 1925, il est allé travailler au deuxième moulin Fraser (MILL 61) à Baker Brook, voisin à l'est du moulin Theriault. Alors qu'il travaillait à ce moulin, son contremaître était Fred Rommel.

---

[84] Le mariage était probablement prévu pour l'une des « basses messes » de bonne heure dimanche matin. Il aurait été inhabituel pour eux de demander la « grande messe » du dimanche pour leur mariage. Espérons que leur mariage était prévu pour la première « messe basse » pour laquelle Annie était une heure en retard. Ainsi, ils se sont probablement mariés à la dernière « messe basse » probablement vers 9 heures du matin.

one, he presented to Joachim as a gift[57]. Joachim enjoyed many hunts with his gift from his friend, Fred Rommel. Fred and his wife Ann lived in the village of Baker Brook and were very generous with their time in helping people. In fact, Ann was a mid-wife and helped deliver many of Joachim and Annie's later children.

Joseph and Joachim were busy during the years after the mill was built. Their mill was the only family mill in Baker Brook, and it was well-received and appreciated. The other closest mill was the George Corriveau Mill in Caron Brook (MILL 45) six miles west of the Theriault Mill. Joseph was now 50 years old, and Joachim was half his father's age with a new and growing young family.

Gradually, Joachim found himself taking the initiative more and more with the family mill. In 1913, his father told him that he would like him to take over the operation of the family mill. His father was prepared to give him the mill if Joachim would make sure that his sisters finished their schools and that he would take care of his mother if anything happened to his father. At that time, the four youngest sisters were still in school: Flavie (15), Christine (11), Délia (10) and Almida (5).

Two years later, on Monday, July 19, 1915, Joseph died of pneumonia at the age of 56. His wake was in his home and his funeral Mass was celebrated by Father J. T. Lambert, pastor of the St Hilaire parish on Wednesday, July 21. The burial at the St Hilaire Cemetery (N47.288277, W68.441521) took place after Mass. Friends and neighbors gathered at the Theriault Mill home to give their condolences to Théogénie and her children. See Figure 13-12 (RIGHT).

The transition for the next few years was difficult for Joachim and the family. There was considerable pressure to keep the mill operations at their highest level to maintain the income necessary to support the two

Depuis leur déménagement à Baker Brook, Joachim travaillait régulièrement avec son père tout en travaillant également au moulin Fraser. Il n'avait que deux frères, mais Joachim était le seul qui pouvait aider son père. Son plus vieux frère, Régis (25 ans), marié en 1910, avait un emploi à temps plein à Edmundston, et Antoine le plus jeune à 9 ans, allait toujours à l'école et n'était pas assez vieux pour travailler. Le travail régulier de Joachim était donc leur moulin (MILL 60) avec son père et travaillant au moulin Fraser (MILL 61).

Dans son travail avec Fraser, il travaillait pour Fred Rommel. Fred parlait anglais et appelait Joachim, « Jack ». Joachim a appris à parler un peu d'anglais avec Fred. Ils sont devenus des compagnons de chasse et chassaient souvent le chevreuil, l'orignal et probablement même certains des caribous restants. Lors d'un voyage de chasse à l'automne 1913, Fred rejoint Joachim avec un nouveau fusil Winchester, modèle 1892, 44/40. Il était évident pour Fred que son ami Joachim aimait vraiment son fusil. Lors de leur prochaine chasse, Fred est arrivé avec un deuxième fusil Winchester 1892. Celui-ci, il l'a offert à Joachim en cadeau.[85] Joachim a profité de nombreuses chasses avec le cadeau de son ami, Fred Rommel. Fred et sa femme Ann vivaient dans le village de Baker Brook et étaient très généreux avec leur temps pour aider les gens. En fait, Ann était sage-femme et a aidé à accoucher plusieurs des plus jeunes enfants de Joachim et Annie.

Joseph et Joachim étaient bien occupés pendant les années après la construction de leur moulin. Leur moulin était le seul moulin familial de Baker Brook, et il a été bien accueilli et apprécié. L'autre moulin le plus proche était le moulin George Corriveau à Caron Brook (MILL 45) à six milles à l'ouest du moulin Theriault. Joseph avait maintenant 50 ans, et Joachim

---

[57] Rifle, Winchester, Model 1892, Gauge 44/40 W.C.F.(center fire) The rifle is a lever action with a 15-round tube magazine. According to Winchester's serial number records, this rifle was manufactured in the summer months of 1913. [Ref: George Theriault, son of Joachim; Winchester Repeating Arms Company, New Haven, CT]

[85] Fusil, Winchester, Modèle 1892, Jauge 44/40 W.C.F. (tir central) Le fusil est une action de levier avec un chargeur à tube de 15 rondes. Selon les enregistrements de numéro de série de Winchester, ce fusil a été fabriqué dans les mois d'été de 1913. [Réf: Comme racontée par George Thériault, fils de Joachim; La compagnie Winchester Repeating Arms, New Haven, CT]

families. There were still five children in Joseph's family going to school, aside from Joachim's own growing family of five children. So, over the next 4-5 years, Antoine (15) eventually moved in with his older brother Régis (30) who lived close by in St Hilaire with his wife, Égline.

Sometime after their fifth child Annette was born in 1918, Joachim moved his family from his rental on the 'Rue Cinq Cennes' in the village to the 'summer house' at the mill temporarily. The 'summer house' was an extension of the house that was not insulated and used only in the summertime. Another son, Félix was born in 1919. After 10 years of marriage, Joachim, and Annie's family numbered 6 children; four boys and two girls; the oldest was 10. In a few more years, the boys would provide much welcomed help with the mill and in harvesting timber from the woodlots that Joachim had recently purchased in the 'Grande Reed' area (N47.360000 W68.57972). This land would later provide Joachim with the timber that he could mill into construction lumber.

In the meantime, Joachim was becoming disenchanted with the low power of the steam engine on his mill and started experimenting with internal combustion engines to either boost or replace the steam engine. To stay up to date with technology, Joachim was known to stay in touch with some of his miller friends who were in the mill industry. On one of his crossings at the U.S. Customs in Fort Kent, Joachim declared that he was on his way to visit his friend in Patten, Maine who owned a commercial sawmill there. Technology was important to Joachim.

Joachim also acquired additional land in Val Lambert, in the back settlements of Baker Brook where he built another mill (MILL 56) at that location (N47.390380 W68.536689). The mill was tooled for sawing shingles.

In 1920, Joachim's younger sisters, Delphine and Flavie married in a double-ring ceremony in the St-Hilaire church. (See Figure 13-13) The sisters and their husbands later settled close by; Delphine in Coron Brook and Flavie in Baker Brook. The Canadian Census of 1921 shows 34-year-old Joachim as head of household living with his spouse, Annie in the Miller's house along with their seven children (Rita, being

avait la moitié de l'âge de son père avec une jeune famille nouvelle et grandissante.

Peu à peu, Joachim se retrouve de plus en plus à prendre l'initiative avec le moulin. En 1913, son père lui dit qu'il aimerait qu'il reprenne l'opération du moulin. Son père était prêt à lui donner le moulin si Joachim lui assurait que ses sœurs pourraient finir leurs études et qu'il prendrait soin de sa mère si quelque chose arrivait à Joseph. A ce temps, les quatre plus jeunes sœurs étaient encore à l'école: Flavie (15), Christine (11), Délia (10) et Almida (5).

Deux ans plus tard, le lundi 19 juillet 1915, Joseph mourut d'une pneumonie à l'âge de 56 ans. Amis et voisins se sont réunis à la maison du Moulin Thériault pour présenter leurs condoléances à Théogénie et ses enfants. Il a été veillé chez lui et sa messe funéraire fut célébrée par le père JT Lambert, curé de la paroisse de St Hilaire le mercredi juillet, le 21. L'enterrement au cimetière St Hilaire (N47.288277, W68.441521) a eu lieu après la messe. Voir la figure 13-12 (DROITE).

La transition pour les années suivantes a été difficile pour Joachim et toute la famille. C'était bien important de maintenir les opérations du moulin à leur plus haut niveau afin de maintenir le revenu nécessaire pour subvenir aux besoins des deux familles. Théogenie avait encore cinq enfants dans leur famille qui allaient à l'école, en plus de la famille grandissante de Joachim, qui comptait cinq enfants. Ainsi, au cours des 4-5 années suivantes, Antoine (15 ans) a finalement emménagé avec son frère aîné Régis (30 ans) qui vivait tout près à St Hilaire avec sa femme, Égline.

Quelque temps après la naissance de leur cinquième enfant Annette en 1918, Joachim a déménagé temporairement sa famille de leur maison louée de la rue Cinq Cennes à la « maison d'été » du moulin. La « maison d'été » était une extension de la maison qui n'était pas isolée et utilisée uniquement en été. Un autre fils, Félix est né en 1919. Après 10 ans de mariage, la famille de Joachim et Annie comptait 6 enfants; quatre garçons et deux filles; le plus âgé avait 10 ans. Dans quelques années encore, les garçons apporteraient une aide très appréciée au moulin et à la récolte du bois des boisés récemment achetés par Joachim dans la région de Grande Reed (N47.360000

the youngest. Félix and Rita were born at the mill.) Living with them were Théogenie, Christine, Delia and Almida. Eventually, Théogénie, and Almida moved in with Flavie. Antoine was now living close-by with his brother, Régis in St. Hilaire. With this change, Joachim was able to move his family in the house proper.

Later in 1923, Antoine and Régis emigrated to Nashua, NH where they worked for their uncle Adolphe's son, Marcel. Marcel was an attorney with an active practice in Nashua, Manchester and Concord, New Hampshire. But he also owned a dairy farm, (N42.763833 W71.496000) named 'River View' in west Nashua[58]. Regis was superintendent of the dairy farm. (Review Figure 13-3a. Genealogy of Joseph Thérriault for relationships with Adolphe.)

New Parish and New Pastor…

1915. Adding to Joachim's challenges was the new young pastor who expected much from his parishioners. Until 1915, the residents of Baker Brook were members of the parish of St Hilaire. In 1915, a new parish was approved for Baker Brook by the Diocese; it would be named the Holy Heart of Mary Parish with its new pastor, Father Zoël Lagacé. With limited funds, he was able to build the foundation and basement for the church and a rectory, but the funding to build the church was a challenge. Father Lagace negotiated with Colonel J. W. Baker, a resident of Baker Brook who owned a lot of wooded acreage, to provide some 5000 logs for the construction lumber for the church. Joachim offered to cut the logs at the site of the woodlot before hauling them to the village by horse-drawn sleds.

Mr. William Cyr, a long-time resident of Baker Brook and good friend of Joachim tells the story which was published by the regional newspaper "*Le Madawaska*" many years later. It is titled "Construction of the Church of Baker Brook. (Written by Monsieur William Cyr, date unknown)."

Here it is:

W68.57972). Cette terre fournira plus tard à Joachim le bois qu'il pourrait transformer en bois de construction.

Pendant ce temps, Joachim est devenu désappointé par la faible puissance de la machine à vapeur de son moulin et commença à expérimenter avec des moteurs à combustion interne pour booster ou remplacer la machine à vapeur. Pour rester à jour avec la technologie, Joachim était connu pour rester en contact avec certains de ses amis meuniers qui étaient dans l'industrie des moulins. À l'un de ses passages aux douanes américaines à Fort Kent, Joachim a déclaré qu'il était en route pour rendre visite à son ami à Portage, au Maine, qui possédait une scierie commerciale. La technologie était importante pour Joachim.

Joachim a également acquis un terrain supplémentaire à Val Lambert, dans les concessions arrière de Baker Brook, où il a construit un autre moulin (MILL 56) à cet endroit (N47.390380 W68.536689). Le moulin a été conçu pour scier du bardeau.

En 1920, les plus jeunes sœurs de Joachim, Delphine et Flavie, se sont mariées lors d'un double mariage à l'église de St-Hilaire. (Voir la figure 13-13) Après, les sœurs et leurs maris se sont installés pas loin; Delphine à Caron Brook et Flavie à Baker Brook. Le recensement canadien de 1921 nous montre que Joachim, 34 ans, chef de famille, vivait avec son épouse, Annie dans la maison du meunier, avec leurs sept enfants (Rita, étant la plus jeune. Félix et Rita ont venu au monde au moulin.). Vivant avec eux étaient la mère de Joachim, Théogenie, et ses sœurs Christine, Delia et Almida. Plus tard, Théogénie et Almida ont emménagé avec Flavie et son mari, Claude Daigle. Antoine vivait maintenant avec son frère Régis à Saint-Hilaire. Avec ce changement, Joachim a pu déplacer sa famille dans la grande maison.

Plus tard en 1923, Antoine et Régis ont émigré à Nashua, NH où ils ont travaillé pour Marcel, le fils de leur oncle Adolphe. Marcel était un avocat avec une grande pratique à Nashua, Manchester et Concord, New Hampshire. Mais il possédait également une

---

[58] The story of Marcel Theriault, son of Adolphe and Hermine Plourde Theriault is presented in 'Destination: Madawaska'. [Ref: 30]

13. JOSEPH THÉRRIAULT MILL | MOULIN JOSEPH THÉRRIAULT

The Obstinate Tractor…

"…So, time was running out because we were in January and winter was going to be awfully hard, lots of snow, so Father Lagacé had a sugar camp opened which was near the forest where we were going to cut the logs. Mr. Ernest Marquis rented his camp for free, and Father Lagacé hired a "cook" or better described, a good senior parishioner including Mr. Pascal Nadeau who also cooked for free because everything was free, and the parishioners were able to cut and haul 5,000 logs. Father Lagacé had promised that it would not snow, until we had finished the operation, and this is what happened. When the last loads were taken out then it snowed a lot, but not before.

So, we had to saw these logs. Monsieur Joachim Thériault who operated a sawmill and flourmill, one and a quarter mile from the church site, had for some time the idea of buying a tractor to assist his steam engine at his mill which was too weak. Father Lagacé advised him to bring his tractor and his circular saw to the woodlot where the rough cutting could be done. So, Monsieur Thériault brought his secondhand tractor to the woodlot and tried in vain to start it, but it would not start. The tractor company sent one of its mechanics to work on the tractor for one or two days, but failed to make it work, so Father Lagacé who had a statue of Saint Thérèse of the Infant Jesus, placed it facing toward the operation in the window of his living room and asked Monsieur Thériault to join him. Then he gave Monsieur Thériault a packet of medals which he attached somewhere on the engine of the tractor and told Monsieur Thériault "Go ahead and crank it!". Monsieur Thériault broke out laughing and said: "Father, I have been cranking it for 15 days!" and it never started. Father Lagacé getting a little impatient said: "Joachim go and do as I tell you". So, Monsieur Thériault went to the construction site, tied the medals to the tractor engine; and at the first round of "cranking" the tractor started. Monsieur Thériault sawed all 5000 logs without any other difficulty, a job which obviously took many days. After finishing, Monsieur Thériault moved his tractor to his mill, tried to start it again but was never able to…."

This story is a testament to Joachim's faith and generosity. The work of milling 5,000 logs is a large job for a single saw operation.

After the logs were all rough cut and transported to his mill or the construction site, Joachim milled and

ferme laitière (N42.763833 W71.496000) nommée « River View » dans l'ouest de Nashua[86]. Régis était surintendant de la ferme laitière. (Consultez la figure 13-3a. Généalogie de Joseph Thérriault pour les relations avec Adolphe.)

Nouvelle Paroisse et nouveau curé…

1915. Le nouveau curé qui demandait beaucoup de ses paroissiens, s'ajoute aux défis de Joachim. Jusqu'en 1915, les gens et les habitants de Baker Brook étaient membres de la paroisse de St Hilaire. En 1915, une nouvelle paroisse a été approuvée par le diocèse pour Baker Brook; elle va être nomme la paroisse du Saint-Cœur de Marie avec son nouveau curé, le père Zoël Lagacé. Avec des fonds limités, il a pu construire la fondation et le sous-sol de l'église et le presbytère, mais les finance pour l'église était un défi. Le père Lagacé a négocié avec le colonel J. W. Baker, un résident de Baker Brook, qui avait une grande terre couvrit en bois, afin de fournir à peu près 5 000 billots pour le bois de construction de l'église. Joachim a offert de couper les billots dans le champ avant qu'il ses transportées au village par traîneau tiré par des chevaux.

M. William Cyr, résident de Baker Brook pour longtemps et grand ami de Joachim, raconte l'histoire publiée en le journal régional « *Le Madawaska* » plusieurs années après, qui est intitulé « Construction de l'église de Baker Brook », écrit par Monsieur William Cyr, date inconnue.

Voici l'article :

Le Tracteur obstiné…

« … Alors le temps pressait car on était rendue au mois janvier et l'hiver s'annonçait très dur, de la neige en masse, alors le père Lagacé fit ouvrir un camp de sucrerie qui se trouvait à proximité de la forêt là où on coupait les billots. Monsieur Ernest Marquis loua son camp gratis et le père Lagacé engagea un "cook" ou plutôt un bon vieillard dont Mr Pascal Nadeau qui cuisinait gratis lui aussi car tout était gratis et les paroissiens coupa et charroya 5,000 billots, Le père nous avait promis qu'il neigerait plus, tant qu'on n'aurait pas fini l'opération et c'est ce qui arriva aussi, quand les derniers charge

planed the lumber into the required pieces of construction lumber. Today, when we visit the 'Saint Cœur de Marie' Church in Baker Brook, the interior finish beautifully displays the wood that was cut by Joachim Therriault. See Figure 13-34.

1925. Acadian and French-Canadian families love good music and so does the Theriault family. Many of Joachim's sisters and his daughters were known for their singing voices. His aunt, Pélagie was well known for her ability to play piano as well as her singing voice. Many of the Theriault men are known to have a song on their breath as they do their work. For many years, Joachim sang in the choir at their parish churches in St-Hilaire and later in Baker Brook. According to his children who listened to him practice on Sunday mornings as they prepared to go to Mass, he had an excellent singing voice. He memorized all his Latin music and sang 'by ear'. He could not read music. And, as mentioned before, someone working along with him in his mill would be treated to some of Joachim's favorite tunes.

Joachim's best years with his mill were in the decade of the 1920's. He was in his late thirties and his sons Dénis, Thaddée and Theodule were approaching their adolescent years and were able to help their father. He had a good mix of mill work at both his mills and his sons were also able to provide a steady supply of timber from their 'Reed' land to produce construction lumber. It was during this period that he was able to help the parish with its most important project to build their parish church.

1930. Around 1930, Dénis and Thaddée built a small house or cabin at the 'Reed' site[59] which allowed them to live there during those times when they were working steadily there. To provide them with a safe source of drinking water, Joachim located (N47.360000 W68.57972) and dug out an artesian well which is still

ont été rendu alors il a neigé en masse, mais pas avant.

Alors il fallait scier ces billots. Monsieur Joachim Thérriault qui opérait un moulin à scie et à farine, 1 mille et quart du site de l'église. Il avait depuis quelque temps l'idée d'acheter un tracteur pour renforcer son engin à vapeur au moulin qui était trop faible. Alors le père Lagacé lui conseilla d'acheter ce tracteur et de placé sa "rotary" à la place. Alors M. Therriault acheta une machine à tracteur de seconde main, là placé et essaya en vain de la faire marcher, la compagnie envoya un de leur expert travailla un ou plusieurs jours, mois, ne réussit pas à faire marcher, alors le père Lagacé qui avait une statue de Sainte Thérèse de l'Enfant Jésus la plaça face à l'opération dans un châssis du salon et fit venir Monsieur Therriault, alors il donna à Mr Therriault un paquet de médailles qu'il attacha quelque part après l'engin du tracteur et dit "Crank moi ça "!, alors M. Thérriault parti à rire et dit: "Mon père ça fait 15 jours que je "crank" et il décolle pas, le père Lagacé se fâcha et dit : "Joachim va et fait comme je te dit", alors M. Therriault s'en alla au chantier et attache les médailles; et au premier tour de "crank" le tracteur parti. Il scia tout le bois sans aucune autre difficulté.

Alors M. Therriault plaça ce tracteur à son moulin et il n'a jamais voulue décoller. Alors la compagnie a réparé le tracteur il me l'on offert à moi pour $40.00. J'ai refusé c'était un paquet de ferraille ni plus ni moins... »

Cette histoire témoigne la foi et la générosité de Joachim. Le travail de scier 5000 billots est un gros travail pour une seule scie.

Après que les arbres aient toutes été grossièrement coupées pour transporter à son moulin ou au site de l'église, Joachim a scié et raboté le bois de construction approprié à son moulin. Aujourd'hui, lorsque nous visitons l'église du Saint Cœur de Marie à Baker Brook, la finition intérieure met en valeur le bois produit par Joachim Therriault. Voir la figure 13-34.

1925. Les familles acadiennes et français-canadiennes aiment la bonne musique, tout comme la famille Thériault. Beaucoup de sœurs de Joachim et ses filles

---

[86] L'histoire de Marcel Thériault, fils d'Adolphe et d'Hermine Plourde Thériault, est présentée dans mon livre 'Destination: Madawaska'. [Réf: 30]

[59] The house that was built on Joachim's 'Reed' land was located here: N47.360000 W68.57972 Joachim and his sons cleared several acres on this land and harvested the timber from the remaining acreage.

running today[60]. At various times, Léanne and later, Georgette would also come to live there to cook and keep house for the boys.

◆ ◆ ◆

As was the custom in those days, neighbors would visit each other in the evening to play cards or to just catch up on the current affairs in the village. This was one of Joachim and Annie's favorite pastimes to take a short walk over to one of their neighbors for a short visit.

On a snowy evening in Nov 1930, two months before Jeannine, their youngest, was born, Joachim and Annie were walking home together after spending an evening with some friends in the neighborhood. As was customary, Joachim was walking closest to the road as gentlemen do to protect their female companion from the traffic. Suddenly, a car approached the two and struck Joachim who was knocked unconscious. Apparently, the driver had been drinking. Joachim was completely disabled and received several contusions to the head. Friends and neighbors helped bring Joachim home where the profuse bleeding was eventually brought under control sometime during the night. Later, that day, he was taken to the Hotel-Dieu hospital in St-Basile for treatment. An entry from the registry of the Hotel-Dieu in St-Basile reads:

> "On November 2, 1930, Joachim Thériault, of Baker Brook, husband of Annie Madore, entered the hospital. He suffered from a cerebral contusion and was hospitalized in the St-Julien room. His doctor was Dr P.C. Laporte. He left the Hôtel-Dieu on November 6, 1930. "Sr Bertille Beaulieu, Archivist, May

étaient connues pour leurs voix chantantes. Sa tante, Pélagie était bien connue pour son talent au piano et sa voix chantante. Beaucoup des hommes Theriault sont connus pour avoir une chanson sur leur souffle pendant qu'ils font leur travail. Pendant de nombreuses années, Joachim a chanté dans la chorale de leurs églises paroissiales de St-Hilaire et plus tard à Baker Brook. Selon ses enfants qui l'écoutaient pratiquer les dimanche matin alors qu'ils se préparaient pour aller à la messe, il avait une excellente voix de chant. Il mémorisait toute sa musique latine et chantait « à l'oreille ». Et, comme mentionné précédemment, quelqu'un qui travaillait avec lui dans son moulin aurait certainement attendu des morceaux préférés de Joachim.

Les meilleures années de Joachim avec son moulin ont été dans les années 1920. Il était dans la fin de ses trentaines années et ses fils : Dénis, Thaddée et Theodule approchaient leur adolescence et pouvait aider leur père. Il avait un bon mélange de travail à ses deux moulins et ses fils étaient également en mesure de fournir un approvisionnement régulier en bois de leur terrain au Reed pour produire du bois de construction. C'est durant cette période qu'il a pu aider la paroisse dans leur projet de bâtir leur église paroissiale.

1930. Vers 1930, Dénis et Thaddée construisirent une petite maison ou cabane sur le site « Reed »[87] qui leur permettait d'y vivre pendant ces périodes où ils y travaillaient régulièrement. Pour leur fournir une source d'eau potable, Joachim a situé (N47.360000 W68.57972) et creusé un puits artésien qui coule encore aujourd'hui[88]. À diverses époques, Léanne et plus tard Georgette venaient également y vivre pour cuisiner et faire la maison pour les gars.

---

[60] The artesian well was 'rediscovered' in 2001 when I met with Tante Georgette Thérriault Cyr to talk about family history. My cousin, Antoine Thériault (George's son) joined us as well. The night before our trek to the well, Georgette prayed to her father that she would be able to find his well. Despite the many decades since she was last at the location, she was able to walk right to the well which by then was overgrown with brush and trees. The three of us using drinking glasses that Georgette brought with her, drank to the memory of Grandpère Joachim at the site of his well. ~JRT

[87] La maison qui a été construite sur le terrain « Reed » de Joachim était située ici: N47.360000 W68.57972. Joachim et ses fils a défriché plusieurs arpents sur cette terre et a récolté le bois du restant.

[88] Le puits artésien ou l'arsource a été « redécouvert » en 2001 lorsque j'avais visité Tante Georgette Thérriault Cyr pour parler d'histoire familial. Mon cousin, Antoine Thériault (le fils de George) s'est joint à nous aussi. La veille de notre randonnée vers l'arsource, Georgette a prié à son père pour qu'elle puisse trouver son puits. Malgré les nombreuses décennies depuis sa dernière visite à l'endroit, elle a pu marcher au puits qui, à ce moment-là, était envahi de broussailles et d'arbres. Nous avons tous les trois bus de l'eau de l'arsource à la mémoire de Grandpère Joachim. ~JRT

28, 2009."

In these days, Joachim's three older sons had been helping him with the mill: Dénis (18), Thaddée (16) and Théodule (15). It took Joachim several weeks to recover sufficiently to continue his business transactions. But even then, he was not able to do any physical work in the mill. Even 11-year-old Félix had some serious chores to do in the mill with regards to keeping the fire going in the steam engine among other things. It was just difficult to service the business orders that continued to come in for sawing and milling operations.

Joachim's sons were essentially staffing the mill operations. In the year after his father's accident, Théodule thought that now that he was sixteen, he could better help his father by working in lumber camps. So, Theodule decided to go to work in the woods of Maine as a lumberjack. Since 1924, Dénis and his younger brother Thaddée who were now 23 and 21, respectively, had been doing the serious and dangerous sawing operations. In the earlier years, they were limited to help in the flourmill which was safer. Now, since Joachim's accident, Dénis and Thaddée were working full-time to support mill operations. Lately, Félix and George who were now 16 and 13, respectively were working in the woodlots on the 'Reed' land to provide more timber supply for the sawmill.

Time for a Holiday…

1934. Joachim recovered from the accident and continued his work with the two mills aided by his sons, Dénis (22), Thaddée (20), Félix (15), and George (12) . The time was fast approaching when his sons would be interested in getting married and starting their own families. But first, Joachim and Annie wanted to take advantage of their relative good times to celebrate their 25th wedding anniversary and perhaps do something like a 'honeymoon' which they had never taken the time to do in 1909. Joachim had made plans with his brother Régis to go visit him in New Hampshire but Régis insisted on coming up with his automobile

◆ ◆ ◆

Comme c'était la coutume dans ce temps-là, les voisins se visitait le soir pour jouer aux cartes ou simplement pour jaser à propos les affaires du village. C'était l'un des passe-temps préférés de Joachim et Annie pour « allez passer un petit tour sur les voisins ».

Le 2 novembre 1930, deux mois avant la naissance de Jeannine, leur plus jeune, Joachim s'en allait chez lui à pied avec Annie après avoir passé une soirée avec des amis du voisin. En chemin, il a été frappé par une voiture sur la route NB120. Joachim a été assommé. Apparemment, le chauffeur avait bu. Joachim était complètement invalide et a subi plusieurs blessures à la tête. Des amis et des voisins ont aidé à ramener Joachim à sa maison, où le saignement a finalement été arrêté plus tard dans la nuit. Le lendemain, il a été conduit à l'Hôtel Dieu St Joseph de St-Basile. Une inscription du greffe de l'Hôtel-Dieu de St-Basile:

> « *Le 2 novembre 1930, est entré à l'hôpital Joachim Thériault, de Baker Brook, époux d'Annie Madore. Il souffrait d'une contusion cérébrale et fut hospitalisé dans la salle St-Julien. Son médecin était le docteur P.C. Laporte. Il est sorti de l'Hôtel-Dieu le 6 novembre 1930. Sr Bertille Beaulieu, archiviste, 28 mai 2009.* »

Dans ses jours, les trois fils aînés de Joachim aidaient avec le moulin: Dénis (18), Thaddée (16) et Théodule (15). Joachim a pris plusieurs semaines pour récupérer suffisamment pour continuer ses affaires. Mais même à ce moment-là, il n'a pu effectuer aucun travail physique dans le moulin. Même Félix, 11 ans, avait des tâches assez sérieuses à faire dans le moulin ce qui concerne le maintien du feu dans la machine à vapeur. Il était tout simplement difficile de répondre aux commandes commerciales qui continuaient à arriver pour les opérations aux moulins à scie and à farine.

1934. En ce temps, les fils de Joachim s'occupaient des opérations du moulin. Dans l'année après l'accident de son père, Théodule pensa que maintenant qu'il

to pick up Joachim and Annie and bring them down to Nashua, New Hampshire.

So, in the summer of 1934, Régis and Égline came up to the St John valley for their vacation. On their return to New Hampshire, Joachim and Annie joined them on their trip back. They spent a week or so with Régis and Antoine and their wives, Égline and Eva, respectively, in Nashua staying at the River View Farmhouse where Régis and Antoine lived[61]. They also visited other members of the family including Annie's younger brother Adrien Madore, as well as the sons of Joachim's sister Edith and her husband, Charles Roussel. The Roussel sons, Antoine Leonide and Reno Euclide were also living in Nashua with Régis and his wife.

At the end of their visit, they joined Antoine and Eva on their way back to the St John valley. Antoine and Eva took a short vacation and then returned home to Nashua sometime later. Joachim and Annie delighted and enjoyed their holiday in New Hampshire. Many photos were taken. (See Figure 13-41)

1935. Joachim continued the operation of his mills relying mainly on his sons to do the hard work. But this was also a time when the older children were socially active and had begun to think about getting married. The first to marry was Dénis in June 1935 when he married Yvette Landry; Léanne was second in October 1935 who married Martin Marquis, then Annette in April 1936 who married Willard Landry. Willard was the brother of Dénis' wife, Yvette.

Earlier, Théodule had taken some time off from his work in the woods in the autumn of 1934 to work for Sylvio Belanger in Upper Frenchville during the potato season. There, he met Elsie Dubé who was picking potatoes for Sylvio. They started dating in 1934 and eventually made plans to marry in November 1936.

Around 1938, Joachim's health began to falter. He had talked with Thaddée about taking over the mill which he did in 1938. The year before, Thaddée had married Simone Lévesque in April of 1937. Simone was the daughter of their neighbor, M. Firmin Lévesque. After they married, Thaddée moved in with Simone's family but continued his work at the mill with his father.

avait seize ans, il pouvait mieux aider son père en gagnant sa vie aux chantiers. Alors, Théodule a décidé d'aller travailler dans les bois du Maine. Depuis 1924, Dénis et son jeune frère Thaddée, qui ont maintenant respectivement 22 et 20 ans, effectuait les opérations de sciage graves et dangereuses. Au début, ils étaient limités pour aider aux opérations du moulin à farine qui étaient plus sûres et moins dangereuses. Désormais, surtout depuis l'accident de Joachim, Dénis et Thaddée travaillaient à plein temps pour soutenir les opérations du moulin. Dernièrement, Félix et George, qui avaient maintenant 16 et 13 ans, travaillaient respectivement dans les bois sur le terrain 'Reed' pour fournir plus de bois à la scierie.

Le Temp des vacances…

1934. Joachim s'est remis de l'accident et a continué son travail avec les deux moulins avec l'aide de ses fils, Dénis et Thaddée. Le moment approchait que ses fils seraient intéressés à se marier et à commencer leur famille. Mais d'abord, Joachim et Annie voulaient profiter de leurs bons moments pour fêter leur 25e anniversaire de mariage et peut-être faire quelque chose comme une « lune de miel » qu'ils n'avaient jamais prise en 1909. Joachim avait fait des plans avec son frère Régis pour aller le visiter dans le New Hampshire, mais Régis a insisté de venir avec sa voiture pour prendre Joachim et Annie et les amener à Nashua, New Hampshire.

À l'été 1934, Régis et Égline montent dans la vallée Saint-Jean pour leurs vacances. À leur retour, Joachim et Annie les ont joints lors de leur voyage de retour à Nashua. Ils ont passé une semaine environ avec Régis et Antoine et leurs épouses, Égline et Eva, respectivement, à Nashua, à la maison de la 'River View Farm' où habitaient Régis et Antoine[89]. Ils ont également rendu visite à d'autres membres de la famille, dont le jeune frère d'Annie, Adrien Madore, ainsi qu'aux fils de leur sœur Edith et de son mari, Charles Roussel. Les fils Roussel vivaient aussi à Nashua.

À la fin de leur visite, ils ont rejoint Antoine et Eva sur le chemin du retour vers la vallée St Jean. Antoine et Eva ont pris de courtes vacances et sont ensuite retournés chez eux à Nashua. Joachim et Annie ont été

Operating the Theriault mill was very possible for Thaddée since he was virtually living next door. During this time, Félix and George continued to be available to help with mill operations. George, now 16, had learned the operation of the steam engine. He was the fireman as well as the engineer when the mill was running. This training would be important to his career later with the local trains.

Unfortunately, the next year, fire broke out in the mill and severely damaged the building and even the machinery. Both works in the sawmill and the flourmill were damaged. Thaddée and his brothers, set out to restore and repair the mill and were able to resume operation the following year in 1939-40. At around this time, he received an opportunity for a job with Canadian National Railroad (CNR) in Edmundston. After consulting with his father, the two agreed that Thaddée should leave the mill and go to work for CNR. As part of the arrangement, Joachim gave Thaddée part of the mill house building, the summer kitchen, which would be moved to his lot in Edmundston (Verret Office) where he would finish it as his home.

1940. This year, Thaddée's older brother, Dénis agreed to take charge of his father's mill. In addition to keeping the family mill in operation, this was a good opportunity for Dénis to produce the construction lumber for a new home that he would build in Edmundston later. So, the following year, he moved his family into the Theriault mill house in the spring of 1941. Dénis continued until the autumn of 1943 at which time, he moved his family to Edmundston where he had built their new home.

Around this time in 1943, Marie-Ange went to work at the Hotel-Dieu Hospital in St Basile with the Hospital Sisters of St Joseph. She would later be accepted in the order in 1946. Her complete biography is in Appendix

ravis et ont apprécié leurs vacances dans le New Hampshire. De nombreuses photos ont été prises. (Voir la figure 13-41)

1935. Joachim a continué l'opération de ses moulins en comptant principalement sur ses fils pour faire le dur travail. Mais c'était aussi un temp où les plus vieux enfants étaient socialement actifs et avaient commencé à s'arranger pour se marier. Le premier à se marier fut Dénis en juin 1935 qui épousa Yvette Landry; Léanne était la deuxième en octobre 1935 qui épousa Martin Marquis, puis Annette en avril 1936 qui épousa Willard Landry. Willard était le frère de la femme de Dénis, Yvette.

Théodule a arrêté son travail aux chantiers à l'automne 1934 pour travailler pour Sylvio Bélanger à Upper Frenchville pendant la saison de patate. Là, il a rencontré Elsie Dubé qui ramassait des patates pour Sylvio. Ils sont mariés en novembre 1936.

Vers 1938, l'état de santé de Joachim a commencé à faiblir. Il avait parlé avec Thaddée à propos la marche du moulin qu'il avait fait en 1938. En 1938, Thaddée a repris l'opération du moulin. Auparavant, Thaddée avait marié Simone Lévesque en avril 1937. Simone était la fille de leur voisin, M. Firmin Lévesque. Après leur mariage, Thaddée est venu vivre avec les Lévesque et travaillait pour son beau-père à la ferme Lévesque tout en continuant son travail au moulin avec son père. Donc, faire marcher le moulin Thériault était possible pour Thaddée puisqu'il habitait dans le voisin. Pendant ce temps, Félix et George étaient toujours disponibles pour aider au moulin. George, aujourd'hui 16 ans, avait appris l'opération de la machine à vapeur. Il était le chauffeur ainsi que l'ingénieur lorsque le moulin était en marche. Cette formation sera importante pour sa carrière plus tard avec les trains locaux.

---

61 At the time, Régis was superintendent of the 'River View Farm', a dairy farm that was owned by Marcel Theriault. Marcel was a cousin of Régis and Antoine. His father, Adolphe was Joseph's brother. Marcel, an attorney and alumnae of Boston University School of Law, was killed in an airplane accident in 1928. Read "Destination: Madawaska" for details of Marcel's life.

89 A ce temps, Régis était surintendant de la 'River View Farm', une ferme laitière appartenant à Marcel Theriault. Marcel était un cousin de Régis et Antoine. Son père, Adolphe était le frère de Joseph. Marcel, avocat et ancien élève de la faculté de droit de l'Université de Boston, a été tué dans un accident d'avion en 1928. Lisez « Destination: Madawaska » pour plus de détails sur la vie de Marcel.

13. JOSEPH THÉRRIAULT MILL | MOULIN JOSEPH THÉRRIAULT

II.

When Dénis left the mill in 1943, Joachim placed the mill on the market. Joachim was no longer able to keep his mill running. During this time, one of Joachim's miller friends, Louis Michaud, asked Joachim if he and Annie would be interested in helping with some light work with the operation of his mill in Sainte Anne du Madawaska (MILL 148). Joachim and Annie accepted their friend's offer and went to help them for several months in the early 1940's.

After they were finished with helping their friend Louis Michaud, Joachim and Annie had been aware that the area's 'House for the Aged and the Poor' needed help. So, they volunteered to help at the St Hilaire House in the village of St Hilaire. The work required them to live at the facility and to tend to the residents 24-hours a day. Although their youngest, Adrien "Joe" and Jeannine were still in school, the children could not live with them at the facility. So, they placed them with other members of the family while Joachim and Annie helped at the St Hilaire House. Sometime later, the facility was moved to Baker Brook where Joachim and Annie continued with the Baker Brook House of the Aged and Poor, later called "Foyer Ste Elizabeth". In 1946, Joachim and Annie decided that they were no longer able to continue working at the Foyer[62]. They moved out and a congregation of nursing sisters came to provide the services.

During this difficult time, Annie helped her daughters Rita, Georgette and Thérèse find work as house maids or equivalent jobs. Félix entered the Canadian Army in 1941 and George helped Dénis to run the mill. Later when the mill was shut down, George went to work for the Hotel Dieu in St Basile as a male nurse. Later, George secured a job with the Canadian National Railway as a brakeman on a train.

In 1945, Joachim sold the mill to the Alexis and Roland Couturier family. When the Couturiers bought the mill property, the mill was in poor condition and was not operable. [Ref: 129] (See MILL 60.01) It was no

Malheureusement, l'année suivante, un incendie s'est déclaré dans le moulin et a gravement endommagé la bâtisse et même la machinerie. Les deux moulins : à scie et à farine ont été dommages. Thaddée et ses frères ont commencé à réparer le moulin et ont pu reprit l'opération l'année suivante en 1939-1940. Environ le même temps, Thaddée a reçu une chance d'emploi pour le chemin de fer national du Canada (CNR). Après avoir consulté son père, les deux ont convenu que Thaddée devrait quitter le moulin et d'aller travailler pour CNR. Comme partis de l'arrangement, Joachim a donné à Thaddée une partie de la bâtisse de la maison : la cuisine d'été, qui serait déplacée à son lot à Edmundston (Verret Office) où il a fini sa maison.

1940. Cette année, Dénis, le frère à Thaddée, a accepté de prendre charge du moulin de son père. En plus de garder le moulin en marche, Dénis avait une bonne chance de scié le bois pour sa nouvelle maison qu'il allait bâtir plus tard à Edmundston. Ainsi, l'année suivante, il a déménagé sa famille au moulin Thériault dans le printemps 1941. Après, Dénis a continué jusqu'à l'automne 1943, à quel temps il a déménagé sa famille à Edmundston où il avait construit leur nouvelle maison.

À cette époque, en 1943, Marie-Ange s'ait rendu à l'Hôpital Hôtel-Dieu de Saint-Basile avec les Sœurs de l'Hôpital Saint-Joseph. Elle sera plus tard acceptée dans l'ordre en 1946. Sa biographie complète se trouve à l'Annexe II.

Lorsque Dénis quitte le moulin en 1943, Joachim a placé le moulin sur le marché. Joachim n'était plus en mesure de marcher son moulin. Pendant ce temps, l'un des amis meuniers de Joachim, Louis Michaud, demanda à Joachim si que Annie et lui pourraient lui aider a son moulin à Sainte-Anne-du-Madawaska (MILL 148). Joachim et Annie ont accepté l'offre de leur ami et sont allés les aider pendant plusieurs mois au début des années 1940.

---

[62] "After two years, Mr. and Mrs. Joachim Thériault declared themselves unable to take care of it any longer. The Gray Nuns of Montreal agreed to respond to the request of the citizens of Madawaska and Father Wilfrid Lagacé." Source: [Ref : 128]

13. JOSEPH THÉRRIAULT MILL | MOULIN JOSEPH THÉRRIAULT

longer the mill that Joachim and earlier, Joseph had been so proud of. Ironically, the mill was still sufficient to inspire the Couturiers into a plan that triggered a series of developments and improvements which culminated into one of the province's finest mills.

In 1946, Joachim's elder sons, Dénis, Thaddée, Théodule and George built a small home for Joachim and Annie on a lot that Joachim and Annie had purchased in the village (N47.302930 W68.502960) close to the Témiscouata crossing on NB 120 route. Joachim and Annie lived in this house with their youngest, Jeannine. (See Fig. 13-44 Left)

Joachim's health continued to decline. He complained of severe headaches which he tried to treat using cold compresses. In his last year, he spent time visiting some of his children's families as a way of getting to know them[63]. In the end, Joachim died at his home in Baker Brook on Tuesday, 30 September 1947 of a brain aneurysm. Joe, his youngest son, was at his side. His funeral was held in Baker Brook at the Saint Cœur de Marie Church on Friday, 3 October. He was buried in the Saint Cœur de Marie parish cemetery on the west side of the cemetery.

His wife, Annie, died 12 years later 7 July 1959 at the Hotel-Dieu of St-Basile and was buried in the parish cemetery in St Basile (N47.302344° W68.506828°).

The end of Joachim's life in 1947 marked the beginning of the end of the family mill era in the St John valley. The times were changing, and the family mill was on the wane in the entire Madawaska area. Alexis Couturier and his son, Roland eventually completely replaced the Theriault mill with a much improved and upgraded commercial mill. Eventually, even the

Après avoir aidé leur ami Louis Michaud, Joachim et Annie savaient que la « Maison pour les âgées et les pauvres » de la région avait besoin d'aide. Ils se sont donc portés volontaires pour aider à la Maison St-Hilaire, dans le village de St Hilaire. Le travail les obligeait à vivre à l'établissement et à s'occuper des résidents 24 heures sur 24. Bien que leur plus jeune, Adrien « Joe » et Jeannine allaient encore à l'école, les enfants ne pouvaient pas vivre avec eux à l'établissement. Ils les ont donc placés avec d'autres membres de la famille pendant que Joachim et Annie aidaient à la Maison St Hilaire. Quelque temps plus tard, l'installation a été déplacée à Baker Brook où Joachim et Annie ont continué avec la Baker Brook « Maison des âgée et les pauvres », plus tard appelée « Foyer Ste Elizabeth ». En 1946, Joachim et Annie décident qu'ils ne peuvent plus continuer à travailler au Foyer. Ils ont déménagé et une congrégation de sœurs infirmières est venue pour fournir les services.

Pendant cette période bien difficile, Annie a aidé ses filles Rita, Georgette et Thérèse à trouver du travail comme domestiques ou quelque emploi pareil. Félix entra dans l'Armée canadienne en 1941 et George aida Dénis à diriger le moulin Thériault. Plus tard, lorsque le moulin a été fermée, George est allé travailler pour l'Hôtel-Dieu de Saint-Basile en tant qu'infirmière. Plus tard, George a eu un emploi avec le Canadian National Railway (CNR), comme un 'brakeman' sur le train.

En 1945, Joachim a vendu le moulin à la famille de Alexis et Roland Couturier. Lorsque les Couturiers ont acheté la propriété, le moulin était en mauvais état et ne marchait pas. [Réf: 129] (Voir MILL 60.01) Ce n'était plus le moulin dont Joachim et avant, Joseph, étaient si fiers. Ironiquement, le moulin était encore suffisant pour inspirer les Couturiers dans un plan qui a déclenché des développements et des améliorations qui ont abouti à l'un des meilleurs moulins de la province.

En 1946, les fils aînés de Joachim, Dénis, Thaddée, Théodule et George ont bâti une petite maison pour Joachim et Annie sur un terrain que Joachim et Annie

---

[63] Grandpère Joachim spent some time with my family during his last summer in 1947. It was very special to have him at our dinner table. ~JRT

highly productive Couturier mill was replaced by the colossal Irving mill.

avaient acheté dans le village (N47.302930 W68.502960) près du passage du Témiscouata sur la route NB 120. Joachim et Annie ont vit dans cette maison avec leur plus jeune, Jeannine. (Voir fig. 13-44 Gauche)

La santé de Joachim a continué de décliner. Il se plaignait de grave mal de tête qu'il assaillait de traiter avec des compresses froides. Au cours de sa dernière année, il a passé du temps avec certaines des familles de ses enfants pour les connaître plus mieux. Finalement, Joachim mourut chez lui à Baker Brook le mardi 30 septembre 1947 d'un aneurisme cérébral. Joe, son plus jeune fils, était à son côtés. Ses funérailles ont eu lieu à Baker Brook en l'église Saint Cœur de Marie le vendredi 3 octobre. Il a été inhumé au côté ouest du cimetière paroissial du Saint Cœur de Marie (N47.302344° W68.506828°).

Son épouse, Annie, est décède 12 ans plus tard le 7 juillet 1959 à l'Hôtel-Dieu de St-Basile et est inhumée au cimetière paroissial de St Basile.

La fin de la vie de Joachim a marqué le commencement de la fin du temp du moulin familial dans la vallée St Jean. Le temps changeait et le moulin familial était en déclin dans toute la région du Madawaska.

Alexis Couturier et son fils, Roland, ont fini par remplacer complètement le moulin Thériault par un moulin commerciale beaucoup mieux et moderne. Après une secousse, même le moulin Couturier, très productif, a été remplacé par la grosse usine commerciale de Irving.

APPENDIX I : LE MOULIN MORNEAULT

par Lucie Anne Couturier Cormier,

Un extrait

Figure A-1. "Le Moulin Morneault", a folk-art painting by Louie Morneault, grandson of Charles and Pélagie Thérriault Morneault, of the family mill as he remembered it.

Figure A-1. « Le Moulin Morneault », une peinture d'art populaire par Louie Morneault, petit-fils de Charles et Pélagie Thérriault Morneault, du moulin familial tel qu'il s'en souvient.

Le

Moulin

Morneault

Par

Lucie-Anne Couturier Cormier

APPENDIX I : LE MOULIN MORNEAULT

APPENDICE I : LE MOULIN MORNEAULT

APPENDIX I : LE MOULIN MORNEAULT

APPENDICE I : LE MOULIN MORNEAULT

AN EXTRACT FROM

THE 'RAQUOISE' OR
MY ENCHANTED RIVER

(Translation by JR Theriault)

Lina retells her life.

Written in 1986.

« We take from the past to better furnish our future."

LE MOULIN DES MORNEAULT, ST JACQUES.

With the generous permission of the Lucie-Anne Couturier Cormier family.

Everything in nature breathed life and rebirth on this wonderful evening in May. The frosty breeze still keeping the scent of the last vestiges of winter was fragrant with fresh herbs which pierced the ground slightly; the resurrected trees stretched out their long skeletal arms which barely budded; the birds, returning from their long journeys from warm countries, seemed happy to find their vacation homes of long ago and their melodious chirping filled the space as they fluttered, crossing each other in the air, answering each other with their joyful cries. The groves of alders in the shallows, trimmed with their white catkins, spreading their pretty reddish branches, timidly emerged from the patches of dirty snow.

The sun, tired from its long journey, descended slowly towards the horizon while

UN EXTRAIT DE

LA 'RAQUOISE' OÙ
MA RIVIÈRE ENCHANTÉE

Lina raconte sa vie.

Écrit en 1986.

« Nous nous appuyons sur le passé afin de mieux meubler l 'Avenir ... »

LE MOULIN DES MORNEAULT, ST JACQUES.

Avec la généreuse permission de la famille Lucie-Anne Couturier Cormier.

Tout dans la nature respirait la vie et la renaissance en ce merveilleux soir du mois de mai. La brise folâtre gardant encore l'odeur des derniers vestiges de l'hiver s'embaumait des herbes fraiches qui perçaient légèrement le sol; les arbres ressuscites tendaient leurs longs bras squelettiques qui bourgeonnaient à peine; les oiseaux, de retour de leurs longs périples des pays chauds, semblaient heureux de retrouver leurs gites de jadis et leur gazouillis mélodieux remplissait l 'espace pendant qu'ils voltigeaient, se croisant dans l'air, se répondant de leurs cris joyeux. Les tailles d'aulnes clans les bas-fonds, garnies de leurs chatons blancs, étalant leurs jolies branches rougeâtres, sortaient timidement des plaques de neige sale.

Le soleil, fatigue de sa longue course, descendait lentement vers I 'horizon tout en baignant de ses derniers rayons d'or ce paysage quelque peu lugubre mais

APPENDIX I : LE MOULIN MORNEAULT

bathing with its last rays of gold this somewhat lugubrious but promising landscape, enveloping it with an enchanting mist.

So much life and renewal were completely incompatible with the deep sorrow that Lina carried in her too heavy heart. So much beauty only increased her pain.

So she wrapped herself in her thick gray woolen cardigan and walked slowly towards the river which rolled its blackish waters tumultuously between its banks strewn with fallen trees, branches broken by the strong winter winds, enormous rocks and debris of all kinds while following its meanders according to its fancy, mu-lying, bubbling, spreading its yellowish foam in its path, carrying uprooted stumps, dead trees, old cars, old children's toys, dolls with head torn off, wheelbarrows injured, and everything she found in her path.

Yes, how many times Lina had confided to this beloved river her feelings of the moment, her sorrows as much as her pleasures. They knew how to understand each other according to their moods and the state of their souls, because Lina had lived on its banks since her childhood ... the Raquoise River as it was commonly called.

This Iroquois river so much loved by the Madawaskaïens on the north side, especially the Morneault mill, after several miles of windings through woods and farmlands ·· came to flow into the Madawaska river. The water of the Iroquois, by turning the wheels of the Morneault mills became the livelihood of many families and brought work to this

prometteur, l'enveloppant d'une brume enchanteresse.

Tant de vie et de renouveau étaient tout à fait incompatible au profond chagrin que Lina portait dans son cœur trop lourd. Tant de beauté ne faisait qu'augmenter sa douleur.

Elle s'enveloppa donc de son épais gilet de laine grise et se dirigea lentement vers la rivière qui roulait ses eaux noirâtres tumultueusement entre ses rives jonchées d'arbres tombes, de branches cassées par les gros vents d'hiver, d'énormes roches et débris de toutes sortes tout en suivant ses méandres selon sa fantaisie, mugissant, bouillonnant, répandant son écume jaunâtre sur son passage, transportant souches arrachées, arbres morts, vieilles voitures, vieux jouets d'enfants, poupées a la tête arrachée, brouettes blessées, et tout ce qu'elle trouvait sur son passage.

Oui, combien de fois Lina avait confié à cette rivière tant aimée ses sentiments du moment; ses chagrins autant que ses plaisirs. Elles savaient se comprendre selon leurs humeurs et leurs états d'âme, car Lina avait vécu sur ses rives depuis sa tendre enfance ... la Rivière Raquoise comme on l'appelait communément.

Cette rivière Iroquois, tant aimée des Madawaskaïens du côté nord, surtout le moulin Morneault, après plusieurs milles de sinuosités à travers bois et terres faites·· venait se jeter dans la rivière Madawaska. L'eau de l'Iroquois, en faisant tourner les roues des moulins des Morneault devenait le gagne-pain de nombreuses familles et

APPENDIX I : LE MOULIN MORNEAULT

little countryside and this corner of the country.

In front of the spectacle of a spring sunset, Lina had a spirit in the past; the dark river brought memories back to her soul and she entered into dialogue with her river with changing moods:

Say then, how you look bad tonight with your blackish water: You must be black just like me! But let us talk about the good days gone! Do you remember when I was very young, wandering on your shores, barefoot, joy in my heart, having no other concerns than the length of the days which always seemed too short to me? From our little gray house located on your shores near the Morneault mill, that happy days we saw flowing together.

I remember my good parents well. These good settlers of the past were wonderful people. We had such a small land just barely a subsistence farm, as we used to say. My father cultivated this small plot with love.

In spring, he plowed his field using his horse harnessed to the plow which opened the belly of the earth, furrow after furrow, from morning to evening. In the places too humid, the shallows, it was an ox which it harnessed to the plow because the ox, slower, more patient, even if it got stuck up to the knees, took the time to come out more easily than the horse.

During this time, my father, banked with the sleeves to which he clung tenaciously, waded

apportait du travail dans cette petite campagne et ce coin du pays.

Devant le spectacle d'un coucher de soleil printanier, ce soir-là, Lina avait l'esprit au passé; la rivière sombre apportait un reflux de souvenirs en son âme et elle entra en dialogue avec sa rivière aux humeurs changeantes:

Dis donc, comme tu as mauvaise mine ce soir avec ton eau noirâtre : Tu dois broyer du noir tout comme moi! Mais parlons des beaux jours passes! Te souviens-tu quand toute jeune, j'errais sur tes rives, pieds nus, joie au cœur, n'ayant d'autres soucis que la longueur des jours qui me paraissaient toujours trop courts? De notre petite maison grise située sur tes rives près du moulin des Morneault, que de jours heureux nous avons vu s'écouler ensemble.

Je me rappelle bien mes bons parents. C'étaient des gens formidables que ces bons colons d'autrefois. Nous avions une si petite terre presqu'une "libèche" de terrain, comme on disait autrefois. Mon père cultivait ce petit lopin avec amour.

Au printemps, il labourait son champ à l'aide de son cheval attelé à la charrue qui ouvrait le ventre de la terre, sillon après sillon, du matin jusqu' au soir. Dans les endroits trop humides, les bas-fonds, c'était un bœuf qu'il attelait a la charrue car le bœuf, plus lent, plus patient, même s'il s'embourbait jusqu'aux genoux, prenait le temps de s'en ressortir plus facilement que le cheval.

Pendant ce temps, mon père, rive aux manchons auxquels il s'agrippait avec

APPENDIX I : LE MOULIN MORNEAULT

APPENDICE I : LE MOULIN MORNEAULT

in this mud, leaning on one side and the other, succeeding in straightening the plow, shouting "Go, my good 'Rouget', move on! "

And the oxen stamping, 'cahin-caha' advanced; the shallows would be finished for the evening. There was therefore no loss of land. The next day, the horse, Bob, will take back the plow and the work will be done more elegantly, faster.

Poor papa Eusèbe. As he was exhausted in the evening ... The sun had burned his skin. He was all tanned by the wind and his eyes were reddened by the dust of the fields.

With the help of a boy, he unhitched his horse or his ox and sent him to the field to stock up on grass and to run around while he was heading home or awaiting his family and a good meal. We ran to meet him, the youngest; Fred or another of the oldest had helped him all day, either to hold the reins of the horse, small branch whip in hand, teasing the side of the beast when it slowed down too much.

What a beautiful greeting we gave him, taking him by his hand so dirty and so rough! But it did not matter; only our love for him counted… others grabbed the muddy leggings of his country or denim pants. Papa lifted the smallest one from the ground and pulled it in his arms and there were cries of joy … the pleasure of reunion. Together we headed for the house. Maman came to greet him at the door. After exchanging a few words ... the habit of exchanging a kiss in front of the children was not too accepted ... his dear Mariange brought him a large granite basin full of water for his ablutions and he washed himself on the threshold from

ténacité, pataugeait dans cette boue, penchant d 'un côté et de l'autre, réussissant à redresser la charrue, criant "Ya", mon bon 'Rouget', avance !

Et le bœuf en trépignant, cahin-caha s'avançait; le bas-fond serait terminé pour le soir. Il n'y avait donc pas de perte de terrain. Le lendemain, le cheval, Bob, pourrait reprendre la charrue et le travail se ferait plus élégamment, plus vite.

Pauvre papa Eusèbe. Comme il était fourbu le soir venu... Le soleil lui avait brulé la peau. Il était tout hâlé par le vent et avait les yeux tout rougis par la poussière des champs.

À l'aide d'un garçon, il dételait son cheval ou son bœuf et l'envoyait au champ faire sa provision d'herbe et ses gambades tandis que lui se dirigeait vers la maison ou l'attendait sa famille et un bon repas. Nous courions à sa rencontre, nous les plus jeunes; Fred ou un autre des plus vieux l'avait aidé toute la journée, soit à tenir les rênes du cheval, petite· « hart » à la main, taquinant le flanc de la bête quand elle ralentissait trop le pas.

Quelle belle salutation nous lui faisions, le prenant par sa main si sale et si rugueuse! Mais ça ne faisait rien; seul notre amour pour lui comptait… d'autres s'agrippaient à la jambière boueuse de son pantalon d 'étoffe du pays ou de denim. Papa soulevait le plus petit de terre et le montait au bout de ses bras et c'étaient des cris de· joie … le plaisir des retrouvailles. Ensemble on se dirigeait vers la maison. Maman venait l'accueillir à la porte. Après avoir échangé quelques mots… l'habitude d 'échanger un baiser devant les enfants n'était pas trop acceptée... sa chère Mariange lui apportait un grand bassin en granit plein d'eau pour ses ablutions et il se

APPENDIX I : LE MOULIN MORNEAULT

the door after removing his big rubber boots, all covered with black earth.

It was around the table where there was a large bowl of fried potatoes grilled with bacon that we met. Papa told how he had had misery with his big 'Rouget' in the shallows. Soaked black earth like a real bog. But you cannot let a span of land like that go. We do not have too much already! Everything must be saved and after a few plows, the earth will dry up and become very beautiful. Besides, I dug a good dry well which will serve as a drain to dry this wet land.

What are you going to sow in that, Eusèbe?

My poor Mariance, there are many things I could sow in this. Lentil will make green fodder for the animals, and it seems that the "rabioles", so good to eat raw, grow very well in this black earth. When the sun heats up for good it will dry; but it is true that it breaks and that it crusts in the sun this land! It takes resistant vegetables.

But I tell you, Mariange, that the rest of my land is good land. You speak of beautiful plowing; and the fields of grazing and hay are so rich ... real beautiful floodplains at the edges of this Raquoise.

And you, what did you do today, Mariange?

Well, I always do a big cleaning. I am quite advanced with the top. I cleaned the plank walls with a brush and soft soap from the

débarbouillait sur le seuil de la porte après avoir enlevé ses grosses bottes de caoutchouc toutes recouvertes de terre noire.

C'était autour de la table ou tr6nait un gros bol de patates fricassées aux grillades de lard que se faisait la rencontre. Papa racontait comme il avait eu de la misère avec son gros Rouget dans le bas-fond. De la terre noire détrempée en vraie « bouette ». Mais on ne peut pas laisser perdre une travée de terre comme ça. On n'en a pas déjà trop! Faut tout sauver et après quelques labours, la terre s 'assèchera et deviendra très belle. D'ailleurs j 'y ai creuse un beau « rigolet » qui servira de drain pour assécher cette terre humide.

Que-ce que tu vas semer dans ça, Eusèbe?

Ma pauvre Mariance, il y a bien des choses que je pourrais semer dans ça. De la lentille, ça fera du fourrage vert pour les animaux, et il parait que les « rabioles », si bonnes à manger crues, poussent très bien clans cette terre noire. Quand le soleil chauffera pour de bon ça va sécher; mais c'est vrai que ça casse et que ça croute au soleil cette terre-là! Ça prend des légumes résistants.

Mais, je te dis, Mariange, que le reste de ma terre c'est de la bonne terre. Tu parles d'un beau labour; et les champs de pacage et de foin sont si riches ... de vrais beaux platains que les bords de cette Raquoise.

APPENDIX I : LE MOULIN MORNEAULT

country. It turned out well and it smells good. I brushed the beds also and I changed and washed the straw mattress covers. The kids helped me fill them out.

Yes, Papa, said Ida. Me and Thaddée, we helped Maman. The mattresses are so full that they look like little white mountains. When we go to sleep on it, we might tumble down below. They are all made of cotton from empty bags of sugar and flour with all kinds of signs on them. It is beautiful!

And the blankets that I have all washed in the tub and the washing board! On the washing line they flapped in the wind and in the sun; they are like a rainbow of all colors. I have woven them all with wool and rags on my loom ... made and in woven ribbons of rags (ribambelles), rag cut in old cotton fabrics ... you say they are "bristles" And they smell good. It will sleep well, see you at night!

If I hear that falling only at the bottom of the bed, says Papa, I promise to pick it up as soon as it is on the floor.

And while enjoying their meal, everyone tells their day, either in the household, in the fields or at school. Ida learned her lesson and went to the head of her division. As for Louis, he had missed his catechism answer and went down to the bottom of the class.

'He has certainly cried a lot', said Ida.

Still, I remember making him repeat his answers many times, said Lina.

Et toi, qu'est-ce que tu as fait aujourd'hui, Mariange?

Ben, moé, je fais toujours du grand-ménage. Je suis pas mal avancée avec le haut. J'ai fourbi les murs de planche à la brosse et au savon mou du pays. C'est venu ben beau et ça sent bon. J'ai brossé les "lites" itou et j'ai changé et lave les paillasses. Les enfants m'ont aidée à les remplir.

Oui, Papa, dit Ida. Moe et Thaddée on a aidé maman. Les paillasses sont tellement pleines qu'elles ressemblent à des petites montagnes blanches. Quand on va se coucher dessus on va peut-être débouler en-bas. Elles sont toutes faites de coton de sacs vides de sucre et de farine avec toutes sortes d'écriteaux dessus. C'est beau!

Et les couvertes que j'ai toutes lavées à la cuve et à la planche à laver! Sur la corde à linge elles battent au vent, et au soleil; elles sont comme un arc-en-ciel de toutes les couleurs. Je les ai toutes tissées de laine et de catalognes sur mon métier ... faites et « rubandelles » (ribambelles), de guenille taillée dans les vieilles cotonnades ... tu parles qu'elles sont « vargeuses » Et elles sentent ben bon. Ça va dormir ben, a soir!

Si j'entends tomber que'qu'n en-bas du lit, dit papa, je promets d'arriver le ramasser aussitôt qu'il sera sur le plancher.

Et tout en dégustant son repas, chacun raconte sa journée, soit au ménage, aux champs ou à l'école. Ida a su sa leçon et est montée à la tête de sa division. Quant à Louis, il avait manqué sa réponse de "catéchise et était descendu à la queue.

Il a ben pleure, dit Ida.

APPENDIX I: LE MOULIN MORNEAULT

APPENDICE I: LE MOULIN MORNEAULT

And so, we ate supper while chatting. The fricassee dish was quickly passed from one plate to another. Eusèbe, taking a large piece of home-made bread, pressed it to his chest, traced a cross on the end of the bread with his knife, cut it into large slices which he distributed to each of his family. With the good butter that Lina made, or the molasses it was quite a treat.

Tomorrow night, said Lina, I will make buckwheat plogues (ployes) for you.

After supper, said Eusèbe, girls, you will help your mother wash the dishes. She is well worn out and you will help the little ones with their homework. Take care of your mother if you do not want her to be too worn out after the big cleaning because there is still the garden to do.

Poor Maman, it was good for her to go and sit down to knit while resting her legs a bit, because at the end of the big cleaning, she was so emaciated and tired that the tendons of her neck looked like hood strings.

On the porch, while Maman and Papa were rocking admiring the sunset while listening to the evening noises with which their voices mingled, the river united its soft chirping with that of the cracking of their old rocking chairs, with the clicking of metallic knitting needles from my mother, while from the bowl of Papa's pipe rose the bluish smoke of good Canayen tobacco whose strong aroma flooded the place. Sometimes they were

Pourtant, je me souviens de lui avoir fait dire sa réponse ben des fois, dit Lina.

Et ainsi, on mangeait son souper tout en jasant. Le plat de fricassée fut vite passe d'une assiette a l'autre. Eusèbe, prenant un gros pain de ménage, l'appuya sur sa poitrine, traça une croix sur le bout du pain avec son couteau, le coupa en de grosses tranches qu'il distribua à chacun de sa famille. Avec le bon beurre que Lina faisait, ou la mélasse c'était tout un régal.

Demain soir, dit Lina, je vous ferai des plogues de buckwheat.

Après le souper, dit Eusebe, les filles, vous aiderez votre mère a la ver la vaisselle. Elle est bien éreintée et vous donnerez un coup de main aux petits pour leurs devoirs. Prenez soin de votre mère si vous ne voulez pas qu'elle soit trop « débiffée » après le grand-ménage car ii reste le jardin à faire.

Pauvre maman, c'était bien juste qu'elle aille s'asseoir pour tricoter tout en se reposant les jambes un peu, car à la fin du grand-ménage, elle était si amaigrie et fatiguée qu'elle avait les nerfs du cou comme des cordons de capuches.

Sur le perron, pendant que papa et maman se berçaient en admirant le couchant tout en écoutant les bruits du soir auxquels se mêlaient leurs voix, la rivière unissait sou doux gazouillis à celui du craquement de leurs vieilles chaises berçantes, au cliquetis des broches à tricoter métalliques de ma mère, tandis que du fourneau de la pipe de papa montait la fumée bleuâtre du bon tabac Canayen dont le fort arome inondait la place.

APPENDIX I : LE MOULIN MORNEAULT

APPENDICE I : LE MOULIN MORNEAULT

silent, living the peace and happiness of being silent together.

The children, having finished their school homework, gave themselves to their games with the little neighbors, playing in hiding behind the fallen trees, the logs and the wooden ropes of the winter before; then it was songs and rounds or ball games that we performed under the amused gaze of our parents.

How beautiful those times were! Do you remember beautiful river, said Lina? You who carry so many memories, you, the traveler!

After plowing, it was the sowing. There, my father hung on his neck a large sack filled with oats, lentils, barley or wheat, and with large handfuls sowed, while walking, this precious grain that the priest had blessed at mass or each cultivator brought grain from his "sowing". Behind him, Fred led the horse harnessed to a large iron harrow which immediately buried this grain so that the birds would not eat it and so that the humidity of the earth would help it to germinate as soon as possible, because we read well in the Gospel that everything that does not die does not bear fruit.

The buckwheat, sarrasin, more fragile to the frost was sown last.

My father worked until the sun came down on the horizon and all these beautiful people returned. After supper and after a bit of

Parfois ils étaient silencieux, vivant la paix et le bonheur de se taire ensemble.

Les enfants, ayant terminé leurs devoirs scolaires, se donnaient à leurs jeux avec les petits voisins, jouant à la cachette derrière les arbres tombes, les buches et les cordes de bois de l'hiver précèdent; ensuite c'étaient des chants et des rondes ou des parties de balle que nous exécutions sous le regard amusé de nos parents.

Comme il était beau ce temps-là! T'en souviens-tu belle rivière, dit Lina? Toi qui charries tant de souvenirs, toi, la voyageuse!

Après les labours, c'étaient les semences. La, mon père s'accrochait au cou un grand sac rempli d'avoine, de lentille, d'orge ou de blé, et a grandes poignées semait, en marchant, ce précieux grain que le prêtre avait béni a la messe des rogations ou chaque cultivateur apportait du grain de sa « semence ». Derrière lui, Fred menait le cheval attelé a une grande herse en fer qui enterrait aussitôt ce grain pour que les oiseaux ne le mangent pas et pour que l'humidité de la terre l'aide le plus tôt à germer, car on lit bien dans l'Évangile que tout ce qui ne meurt pas ne rapporte pas de fruits.

Le "buckwheat'", sarrasin, plus fragile a la gelée était semé le dernier.

APPENDIX I : LE MOULIN MORNEAULT

relaxation, it was the recitation of the "rosary" where the family knelt before the long black cross hanging on the somewhat blackened wall, and each one, exhausted by fatigue, returned to their freshly made bed and immediately fell into a deep sleep with sweet dreams.

Outside, the sky was colored with all the warm hues of the sunset, while the shepherd's star rose slowly in the turquoise sky and the night spread its veil of mystery on this peacefully sleeping countryside. Because there is mystery in a night when everything is calm and peaceful! How beautiful and serene our dear countryside was.

So, let us talk about shearing newly installed sheep in their green pasture! That was quite an event! On a beautiful sunny day, my father attacked it. He unhooked the door of the sheep barn (below the sheep's pen) from its hinges and spread it over two empty barrels of flour to make a provisional table. He grabbed the sheep, one after the other, tied all four legs to them, took turns laying them on this table and using big scissors called "forces" sheared the fleece of each sheep, and then placed in large barrels while waiting for it to be washed. What a beautiful wool they had.

Then all the sheep, undressed, like dazed, but stripped of these warm clothes, went to graze in the pasture fields, everywhere at the bottom of the mountains, on the plateau; they

Mon père travaillait jusqu'à ce que le soleil descende à l'horizon et que tout ce beau monde rentre. Après le souper et après un peu de délassement, c'était la récitation du « chapelette » ou la famille s'agenouillait devant la longue croix noire accrochée au mur quelque peu noirci, et chacun, harasse de fatigue, regagnait son lit fraichement fait et sombrait aussitôt dans un sommeil profond en faisant de doux rêves.

Au dehors, le ciel se colorait de toutes les teintes chaudes du couchant, pendant que l'étoile du berger montait lentement dans le ciel turquoise et la nuit étendait son voile de mystère sur cette campagne paisiblement endormie. Car il y a du mystère dans une nuit ou tout est calme et paisible! Comme elle était belle et sereine notre chère campagne.

Parlons donc de la tonte des moutons nouvellement installés dans leur vert pacage! Ça, c'était tout un évènement! Par une belle journée ensoleillée, mon père s'y attaquait. Il décrochait la porte de la bergerie (soux des moutons) de ses gonds, et l'étendait sur deux quarts vides de farine pour en faire une table provisoire. Il attrapait les moutons, l'un après l'autre, leur attachait les quatre pattes, les couchait à tour de rôle sur cette table et à l'aide de gros ciseaux appelés « forces » ·tondait la toison de chaque mouton, et la plaçait dans de gros barils en attendant qu'elle soit lavée. Quelle belle laine ils avaient.

Ensuite, tous les moutons, déshabilles, comme hébètes, mais débarrassés de ces chauds habits, s'en allaient paître dans les champs de pacage, partout au bas des

APPENDIX I: LE MOULIN MORNEAULT

APPENDICE I: LE MOULIN MORNEAULT

looked like many white pebbles thrown here and there among the greenery.

All this soft wool was then washed with plenty of water and farm soap; the farmer was going to the edge of the river where a big black cast iron cauldron had been suspended above a wood fire to heat the water! The wool was washed several times and rinsed thoroughly until it became a rich, silky white. It was laid out to dry on the branches of small trees, on the dead branches of fallen trees and even on the green grass or supposedly it would become whiter.

I so loved to "work" this soft and silky wool. I would stretch it in my hands by removing all the seeds and the twigs that were attached to it and then we would put it on a big white sheet which we knotted the four corners to make big bundles that we would transport later at the Morneault carding mill, because there was a cute little carding mill on your shores, do you remember?

montagnes, sur les platins; ils ressemblaient à de nombreux cailloux blancs jetés ici et là parmi la verdure.

Toute cette laine douce était ensuite lavée a grande eau et au savon du pays; la fermière se rendait au bord de la rivière ou un gros chaudron en fonte noire avait été suspendu au-dessus d'un feu de bois pour chauffer l'eau! On lavait la laine plusieurs fois et la rinçait beaucoup jusqu'à ce qu'elle devienne d'un blanc riche et soyeux. On l'étendait pour sécher sur les branches des petits arbres, sur les corps morts d'arbres tombes et même sur l'herbe verte ou supposément elle deviendrait plus blanche.

Que j'aimais donc « écharpiller » cette laine douce et soyeuse. Je l'étirais entre mes mains en retirant toutes les graines et les brindilles qui s'y étaient attachées et ensuite on la déposait sur un grand drap blanc dont on nouait les quatre coins pour faire de gros baluchons qu'on transporterait plus tard au moulin à carder des Morneault, car, il y vait un coquet petit moulin a carder sur tes rives, tu t'en souviens?

Terriot Acadian Family Society, Harvard, Massachusetts
PRESS RELEASE
November 2007

'LA CHÂTELAINE'

To rekindle the old alliances of the three Madawaska pioneer families from the 19th century, the families of Charles Thériault (1796-1880), Pierre Plourde (1798-1893) and Pascal Morneault (1831-1870) came together in a reunion last Sunday, 28 October 2007 in Moulin-Morneault, Saint-Jacques, NB.

Photo album of Pélagie Thériault Morneault.c.1881

According to the results of recent research by J. Ralph Theriault of Harvard, Massachusetts, we know that Charles Thériault, father of Thomas, Dolphis and Prudent was the first francophone settler in present-day St-Jacques of the Madawaska territory in c.1823. Pierre Plourde and Jean St-Onge, both brothers-in-law of Charles Thériault followed later in 1826. Others arrived later like Firmin Michaud in 1830 and Pascal Morneault in 1850-1857.

The hostess for the reunion was Pauline Morneault, daughter of Félix and 2nd great-grand-daughter of Pascal Morneault and Adeline Plourde. Pauline has the great fortune of being the 'Châtelaine' of the ancestral Plourde home built by Pierre Plourde in 1867. The home is in Moulin-Morneault (formerly Plourde Office) on the northern bank of the Iroquois River where according to the Survey report of Deane and Kavanagh in 1831 and the Canada Census of

Pour raviver les anciennes alliances des trois familles pionnières du Madawaska du XIXe siècle, les familles de Charles Thériault (1796-1880), Pierre Plourde (1798-1893) et Pascal Morneault (1831-1870) se sont réunies dimanche dernier, 28 octobre 2007 au Moulin-Morneault, Saint-Jacques, NB.

D'après les résultats de recherches récentes de J. Ralph Theriault de Harvard, Massachusetts, on sait que Charles Thériault, père de Thomas, Dolphis et Prudent, fut le premier colon francophone de St-Jacques contemporain du territoire du Madawaska vers 1823. Pierre Plourde et Jean St-Onge, tous deux beaux-frères de Charles Thériault suivirent plus tard en 1826. D'autres arrivèrent plus tard comme Firmin Michaud en 1830 et Pascal Morneault en 1850-1857.

L'hôtesse des retrouvailles était Pauline Morneault, fille de Félix et 2e arrière-petite-fille de Pascal Morneault et Adeline Plourde. Pauline a la grande chance d'être la « Châtelaine » de la maison ancestrale de Plourde construite par Pierre Plourde en 1867. La maison est au Moulin-Morneault (anciennement Plourde Office) sur la rive nord de la rivière Iroquois où selon le rapport d'enquête Deane et Kavanagh en 1831 et le recensement du Canada de 1851, Pierre a construit sa scierie avec l'aide de ses fils aînés (vers 1845). Plus tard, ils ont ajouté le moulin à farine. Pauline est artiste et travaille dans son atelier dans sa maison de Moulin-Morneault, St-Jacques.

1851, Pierre built his sawmill with the help of his elder sons (around 1845). Later, they added the flourmill. Pauline is an artist and works at her studio in her home in Moulin-Morneault, St-Jacques.

The members of the families that attended the reunion at the Pauline Morneault home included Remi and Georgette (Thériault) Cyr of St-Basile, Armand and Jeannine (Thériault) Lévesque of St-Basile, J. Ralph Theriault of Harvard, Massachusetts, formerly of Upper Frenchville, Lucien 'Bob' and Jacquelyn Thériault of St-Jacques, Nelson and Lucille Theriault of Madawaska, Antoine and Hélène Thériault of Lac Baker, Jacques and Marie-Reine Thériault of Edmundston, Roland Roussel of Moulin-Morneault, Louise-Anne Roussel Gagnon of Moulin-Morneault and Louie Morneault of Cabano.

During the reunion, a presentation was made by J. Ralph Theriault on his recent research on the life of

Pélagie Thériault Morneault in her rocking chair on her front porch enjoying the chatter of her children...c.1925 in Moulin-Morneault. The house was built by Pierre Plourde. Top: Félix, seminarian and two seminarian friends; in front of Pélagie: Delia Thériault; Bottom: Josephine Morneault (later Soeur St-Charles), unknown, Edmée Levesque Morneault, wife of Jos Morneault. (From the collection of Thérèse Martin Collin of Moncton, NB)

Charles Thériault and on the photo album of Pélagie Thériault (1860-1931) who was the granddaughter of Charles. Pélagie was married to Charles Morneault, who was the elder son of Pascal. The couple inherited the ancestral Plourde home and raised their family there after they married in St-Jacques in 1881. They were the first couple to marry in the first church of the parish of St-Jacques. They were married by Rev. Father Louis-Côme D'Amours, first pastor of Saint-Jacques parish. Over the next 20 years, they raised 10 children: Julianna, Michel, Christine, Alfred, Claudia, Lucie, Rose, Josephine, Joseph and Félix. Lucie and Josephine took their religious vows with the Religieuses Hospitalières de St-Joseph and Félix took his religious vows as a priest in 192.

Les membres des familles qui ont assisté à la réunion à la maison Pauline Morneault comprenaient Remi et Georgette (Thériault) Cyr de St-Basile, Armand et Jeannine (Thériault) Lévesque de St-Basile, J. Ralph Theriault de Harvard, Massachusetts,

Pélagie Thériault Morneault dans sa chaise berceuse son perron appréciant le jasage de ses enfants ... 1925 au Moulin-Morneault. La maison a été constr par Pierre Plourde. En haut: Félix, séminariste et a amis séminaristes; devant Pélagie: Delia Thériault; bas: Joséphine Morneault (plus tard Soeur St-Chari inconnue, Edmée Levesque Morneault, épouse de Morneault. (De la collection de Thérèse Martin Colli Moncton, NB)

anciennement de Upper Frenchville, Maine, Lucien 'Bob' et Jacquelin Thériault de St-Jacques, Nelson et Lucille Theriault de Madawaska, Antoine et Hélène Thériault de Lac Baker, Jacques et Marie-Reine Thériault d'Edmundston, Roland Roussel de Moulin-Morneault, Louise-Anne Roussel Gagnon de Moulin-Morneault et Louie Morneault de Cabano.

Lors des retrouvailles, une présentation a été faite par J. Ralph Theriault sur ses recherches récentes sur la vie de Charles Thériault et sur l'album photo de Pélagie Thériault (1860-1931) qui était la petite-fille de Charles. Pélagie était mariée avec Charles Morneault, qui était le fils

Alfred 'Freddie' Morneault and his cousin and good friend, Joachim Thériault in 1909. One of the 60 photos in Pélagie's family album. Some photos are annotated by Pélagie.

The Charles Thériault family recently became aware of Pélagie's album when local friends, Lucien 'Bob' Thériault and Roland Roussel both of St-Jacques, were talking about the possibility that they might be related. As it turns out, Bob and Roland are third cousins, through Charles Morneault and Pélagie Thériault. Roland mentioned that his sister Louise-Anne Roussel Gagnon who is a neighbor of Pauline Morneault, was the owner of a photo album that was kept by Pélagie starting in the 1880's. Arrangements were made with Louise-Anne for the Thériault family to have the album for a year. In that year, the 'Société de la Famille acadienne Terriot' (Terriot Acadian Family Society) scanned all 60 photos in the album. The society was founded in 1999 by J. Ralph Thériault of Harvard, Massachusetts, a great grandnephew of Pélagie. The photos were electronically cleaned, restored, and archived in the society's collection for the benefit of the families.

To celebrate the occasion of the discovery of the album and the reunion of the three pioneer families, the society published a limited edition 100-page brochure titled 'Album de Pélagie' for a few members of the Morneault and Theriault family which documents all 60 photos found in Pélagie's album and which describes each of the photos and

aîné de Pascal. Le couple a hérité la maison ancestrale de Plourde et ont élevé leur famille après leur mariage à St-Jacques en 1881. Ils sont le premier couple à se marier dans la première église de la paroisse St-Jacques. Ils ont été mariés par le Père Louis-Côme D'Amours, premier curé de la paroisse Saint-Jacques. Au cours des 20 années suivantes, ils ont élevé 10 enfants: Julianna, Michel, Christine, Alfred, Claudia, Lucie, Rose, Joséphine, Joseph et Félix. Lucie et Joséphine ont prononcé leurs vœux religieux avec les Religieuses Hospitalières de St-Joseph et Félix a prononcé ses vœux religieux en tant que prêtre en 192.

La famille Charles Thériault a récemment pris connaissance de l'album de Pélagie lorsque des amis locaux, Lucien 'Bob' Thériault et Roland Roussel tous deux de St-Jacques, parlaient de la possibilité qu'ils soient parents. Il s'avère que Bob et Roland sont cousins au troisième degré, par l'intermédiaire de Charles Morneault et Pélagie Thériault. Roland mentionne que sa sœur Louise-Anne Roussel

Alfred 'Freddie' Morneault et son cousin et bon ami, Joachim Thériault en 1909. Une des 60 photos de l'album de famille de Pélagie. Certaines photos sont annotées par Pélagie.

Gagnon, voisine de Pauline Morneault, était propriétaire d'un album photo conservé par Pélagie à partir des années 1880. Des arrangements ont été pris avec Louise-Anne pour que la famille Thériault ait l'album pendant un an. Cette année-là, la Société de la Famille acadienne Terriot (Terriot Acadian Family Society) a scanné les 60 photos de l'album. La société a été fondée en 1999 par J. Ralph Thériault de Harvard, Massachusetts, un arrière-petit-neveu de Pélagie. Les photos ont été nettoyées électroniquement, restaurées et archivées dans la collection de la société au profit des familles.

the family history associated with the photographs. Aside from the Thériault, Plourde and Morneault families, the other families represented in the album are Bélanger, Bérubé, Couturier, Cyr, Gagnon,

Pierre Plourde home built in Moulin-Morneault by Pierre in 1867. The home is presently owned by Pauline Morneault. Previous owners of the house were (from most recent): Félix Morneault, Joe Morneault, Charles Morneault, David Rousseau, Jule Plourde and Pierre Plourde.

Guimond, Hébert, Lévesque, Martin, Ouellet, Rousseau, Thibodeau and Violette.

The hostess conducted tours of her home that she so beautifully decorated. Since she grew up in the house, she is intimately familiar with all the details and its history including all of the woodwork that was carefully crafted by Pierre Plourde and his legendary giant sons. Most spectacular is the view from her home of the falls on the Iroquois River which powered the mills (saw, flour and wool) built by Pierre Plourde. Over his lifetime in the Madawaska territory, Pierre cleared three properties and built houses and barns for each; the first on the Madawaska River on the north side across from the farm of his brother-in-law Charles Theriault, whose property covered almost all present-day St Jacques proper; the second in present-day Moulin-Morneault with two mills, and the third he built in St-Joseph when he was almost 80 years old after his wife, Apolline Thériault died. After clearing his third

Pour fêter l'occasion de la découverte de l'album et des retrouvailles des trois familles pionnières, la société a publié une brochure en édition limitée de 100 pages intitulée `` Album de Pélagie '' pour quelques membres de la famille Morneault et Thériault qui documente les 60 photos. trouvé dans l'album de Pélagie et qui décrit chacune des photos et l'histoire familiale associée aux photographies. Outre les familles Thériault, Plourde et Morneault, les autres familles représentées dans l'album sont Bélanger, Bérubé, Couturier, Cyr, Gagnon, Guimond, Hébert, Lévesque, Martin, Ouellet, Rousseau, Thibodeau et Violette.

L'hôtesse a effectué des visites de sa maison qu'elle a si joliment décorée. Depuis qu'elle a grandi dans la maison, elle connaît intimement tous les détails et son histoire, y compris toutes les boiseries soigneusement travaillées par Pierre Plourde et ses fils géants légendaires. Le plus spectaculaire est la vue de chez elle sur les chutes de la rivière Iroquois qui alimentaient les moulins (scie, farine et laine) construits par Pierre Plourde. Au cours de sa vie dans le territoire du Madawaska, Pierre a défriché trois propriétés et construit des maisons et des

Maison de Pierre Plourde construite au Moulin-Morneault par Pierre en 1867. La maison appartient actuellement à Pauline Morneault. Les propriétaires précédents de la maison étaient (du plus récent): Félix Morneault, Joe Morneault, Charles Morneault, David Rousseau, Jule Plourde et Pierre Plourde.

granges pour chacune; le premier sur la rivière Madawaska du côté nord en face de la ferme de son beau-frère Charles Theriault, dont la propriété couvrait presque tout Saint-Jacques contemporain; le deuxième était dans Moulin-Morneault contemporain avec deux moulins, et le troisième qu'il a construit à St-Joseph alors qu'il avait presque 80 ans après la mort de sa femme, Apolline Thériault. Après avoir défriché sa troisième propriété à St-Joseph et

property in St-Joseph and building a third house, he remarried with Elisabeth Thériault Ouellet.

At the reunion, Pauline Morneault, Louise-Anne Gagnon, Martin Turgeon, and J. Ralph Theriault made plans to scan, restore and archive the remaining collection of Morneault and Thériault photos, articles, and memorabilia to assure that future generations will continue to enjoy the history and photographs carefully collected and protected by the earlier generations.

The 'Société de la Famille acadienne Terriot' (Terriot Acadian Family Society) is located at 23 Tahanto Trail, Harvard, MA 01451 (e-mail: joseph.ralph@terriau.org). The society website may be visited at www.terriau.org.

construit une troisième maison, il sa remarié avec Elisabeth Thériault Ouellet.

Lors de la réunion, Pauline Morneault, Louise-Anne Gagnon, Martin Turgeon et J. Ralph Theriault ont prévu de numériser, de restaurer et d'archiver la collection restante de photos, d'articles et de souvenirs de Morneault et Thériault pour s'assurer que les générations futures continueront de l'histoire et les photographies soigneusement rassemblées et protégées par les générations précédentes.

La Société de la Famille acadienne Terriot (Terriot Acadian Family Society) est située à 23 Tahanto Trail, Harvard, MA 01451 (courriel: joseph.ralph@terriau.org). Le site Web de la société peut être visité à l'adresse www.terriau.org.

BIOGRAPHY: BIOGRAPHIE:

SISTER MARIE-ANGE THÉRIAULT   SŒUR MARIE-ANGE THÉRIAULT

1927-2017

Religieuses Hospitalière de St Joseph,
Communauté de l'Hôtel-Dieu
Saint-Basile, Nouveau-Brunswick

APPENDIX III : BIOGRAPHY
SISTER MARIE-ANGE THÉRIAULT

APPENDICE III : BIOGRAPHIE
SŒUR MARIE-ANGE THÉRIAULT

Eleventh in a family of fourteen children, Marie-Ange was born in Baker Brook on December 8, 1927. Her father Joachim Thériault was a miller originally from Saint Jacques and her mother, Annie Madore was originally from Sainte-Luce, Maine. One of the sisters of her father, Almida Thériault, whose religious name was Sister Ste-Jeanne-D'Arc, entered the convent of Saint-Basile in 1932, where she was first a teacher and then a nurse. This admirable aunt, who served as a model for her niece Marie-Ange, was one of the first sisters to treat tuberculosis patients at Sanatorium de Saint-Basile at the opening in 1946. The niece inherited the beautiful qualities and the great dedication of her aunt whom she knew well; around 1943, Marie-Ange came to work at the convent of Saint-Basile.

It is there that she discovered her vocation and entered the novitiate on September 8, 1945. Marie-Ange was only seventeen years old, but her motivation was clear. She wanted to give herself entirely to God and to care for the sick. After her novitiate, the young nun was admitted to the profession on a probation basis. On February 21, 1948, she made her first vows at Saint-Basile. On February 22, 1951, she made her vows of perpetual profession at Vallée-Lourdes, near Bathurst. At that time, in addition to vows of poverty, chastity and obedience, the sisters also promised "to serve the poor in charity." That is what she was do all her life. Service and charity (love of God and neighbor) would be the two principles that would guide her existence, all peaceful and yet fruitful.

During the first twelve years of her religious life, Sister Marie-Ange Thériault was

Onzième d'une famille de quatorze enfants, Marie-Ange est née à Baker-Brook le 8 décembre 1927. Son père Joachim Thériault était meunier de Saint-Jacques et sa mère Année Madore était originaire de Sainte-Luce au Maine. Une des sœurs de son père, Almida Thériault dite Soeur Ste-Jeanne-d'Arc, était entrée au convent de Saint-Basile en 1932, où elle a d'abord été enseignante puis infirmière. Cette admirable tante, qui servit peut-être de modèle à sa nièce Marie-Ange, fut une des premières sœurs à soigner les tuberculeux au Sanatorium de Saint-Basile à l'ouverture en 1946. Il est possible que la nièce ait hérité des belles qualités et du grand dévouement de sa tante qu'elle a bien connue, car vers 1943, Marie-Ange vint travailler au couvent de Saint-Basile.

C'est là qu'elle découvre sa vocation et qu'elle entre au noviciat, le 8 septembre 1945. Marie-Ange n'a que dix-sept ans, mais sa motivation est claire. Elle veut se donner entièrement à Dieu et soigner les malades. Son noviciat terminé, la jeune religieuse est admise à la profession temporaire. C'est à Saint-Basile qu'elle prononcera ses vœux pour la première fois, le 21 février 1948. Le 22 février 1951, elle fera sa profession perpétuelle à Vallée-Lourdes, près de Bathurst. À l'époque, en plus de prononcer les vœux de pauvreté, de chasteté et d'obéissance, les sœurs promettaient aussi « *de servir les pauvres en union de charité* ». C'est ce qu'elle fera toute sa vie. Le *service* et la *charité* (amour de Dieu et du prochain) seront les deux pôles qui guideront son existence, toute paisible et pourtant fructueuse.

Pendant les douze premières années de sa vie religieuse, Soeur Marie-Ange Thériault est employée auprès des malades dans diverses

attended to patients in various institutions of the Hospitallers of St. Joseph in New Brunswick. First at the Hôtel-Dieu in Perth then at the Foyer St-Camille in Bathurst, where she treated the old men and took care of the sacristy. In 1950, she was appointed to the community of the Hôtel-Dieu de Tracadie, where she took care of the lepers and the laundry of the hospital. In 1952, she moved to the Hôtel-Dieu in Saint-Quentin and remained there for three years. Her experience was diversified: care of patients and assistance in radiology and laboratory. On returning to the Hôtel-Dieu in Saint-Basile in 1955, she was appointed an officer of the Salle Sainte Vierge, a singing aid and a first cantor. She had a very beautiful soprano voice that rose to a very high range, to enrich the choir of the Sisters.

Three years later, Sr. Marie-Ange was appointed to the St. Joseph's Sanatorium in St. Basil, where she assumed responsibility for the Department of Tuberculous Children. She stayed there until 1960, when she enrolled at 'École des infirmières auxiliaires' at the Hôtel-Dieu de Sorel. A year and a half later, in September 1961, she graduated and was appointed to the Hôtel-Dieu of Saint-Quentin for a second time. She would remain there for forty-nine years. Upon her arrival, she devoted herself as nurse to the patients. To meet a need and with her knowledge and experience in the field, she would also oversee the hospital laboratory for several years.

Then, after some time, from 1975, she became attendant at the Reception of the hospital. She continued to render great service to the sacristy of the hospital and the parish. Sacred vases, priests' garments and religious ornaments were never so well maintained.

institutions des Hospitalières de St-Joseph au Nouveau-Brunswick. D'abord à l'Hôtel-Dieu de Perth puis au Foyer St-Camille de Bathurst, où elle soigne les vieillards et s'occupe de la sacristie. En 1950, elle est nommée à la communauté de l'Hôtel-Dieu de Tracadie, où elle s'occupe du soin des lépreux et de la lingerie de l'hôpital. En 1952, elle s'oriente vers l'Hôtel-Dieu de Saint-Quentin et y restera trois ans. Son expérience est alors diversifiée : soin des malades et aide en radiologie et au laboratoire. De retour à l'Hôtel-Dieu de Saint-Basile en 1955, elle est nommée *officière de la salle Sainte-Vierge, aide au chant et première chantre*. Elle a en effet une très belle voix de soprano qui monte très haut, ce qui enrichit de beaucoup la chorale des sœurs.

Trois ans plus tard, Soeur Marie-Ange est nommée au Sanatorium St-Joseph de Saint-Basile et y prend la responsabilité du département des enfants tuberculeux. Elle y restera jusqu'en 1960, année où elle s'inscrit à l'École des garde-malades auxiliaires à l'Hôtel-Dieu de Sorel. Un an et demi plus tard, soit en septembre 1961, elle reçoit son diplôme et est nommée à l'Hôtel-Dieu de Saint-Quentin, pour une deuxième fois. Elle y restera quarante-neuf ans. Dès son arrivée, elle se dévoue comme auxiliaire auprès des malades. Pour répondre à un besoin et parce qu'elle a des connaissances et de l'expérience dans le domaine, elle aura aussi la charge du laboratoire de l'hôpital pendant plusieurs années.

Puis, le temps passe et, à partir de 1975, elle devient préposée à la réception de l'hôpital. Elle continue de rendre de grands services à la sacristie de l'hôpital et à la paroisse. Les vases sacrés, les vêtements sacerdotaux et les ornements religieux n'ont jamais été si bien entretenus. Soeur Marie-Ange est minutieuse et aime tout ce qui est beau. Elle est membre de

Sister Marie-Ange was meticulous and loved all that was beautiful. She was a member of the parish choir and often sang solos.

Since 1992, despite some reluctance on her part, Sister Marie-Ange agreed to serve as a Treasurer of the community until 2010, when the community was closed. At that time, there were only two Sisters left in Saint-Quentin, Sisters Gilberte McGrath and Marie-Ange Thériault. The Vitalité Health Network and the people of Saint-Quentin took the opportunity to pay tribute to them and to highlight the work done by the Hospitalières since the founding of the first Hôtel-Dieu in 1947.

In 2010, Sister Marie-Ange left Saint-Quentin for the community of Sisters at the Hôtel-Dieu Residence in Saint-Basile, where she was able to visit with two of her sisters. She stayed there for six years, and later agreed in September 2016 to go to the Infirmary of the Sisters in Bathurst. Her health was fragile, but she never complained. On June 18, 2017, she died very quietly, as she had lived, without making a noise. But her life was beautiful and full of devotion and self-giving to Christ, who had called her at a very young age to religious life.

Her funeral was held at the Hôtel-Dieu in Saint-Basile on June 22, 2017. Bishop Gérard Dionne, bishop emeritus, presided over the ceremony and pronounced the homily. Fathers Alfred Ouellet, Bertrand Ouellet, Rino Thériault, Jean-Marie Martin and Yvan Thériault concelebrated. The porters were nephews and nieces of the deceased: Françoise Thériault, Rolande Richard, Jacques Thériault, Antoine Thériault, Rino Theriault and Charles Émond. Réal Thériault carried the cross. Guy Richard presented the

la chorale paroissiale et chante souvent des solos.

À partir de 1992, malgré certaines réticences de sa part, Soeur Marie-Ange accepte de rendre service comme économe de la communauté. Elle le fera avec précision et compétence jusqu'en 2010, année de la fermeture de la communauté. À ce moment-là, il ne reste plus que deux hospitalières à Saint-Quentin, les sœurs Gilberte McGrath et Marie-Ange Thériault. Le Réseau de santé Vitalité et les gens de Saint-Quentin profitent de l'occasion pour leur rendre hommage et souligner le travail accompli par les Hospitalières depuis la fondation du premier Hôtel-Dieu en 1947.

En 2010, Soeur Marie-Ange quitte Saint-Quentin pour la communauté des sœurs de la Résidence Hôtel-Dieu de Saint-Basile, où elle retrouvera deux de ses sœurs. Elle y restera six ans, et c'est de plein gré qu'elle accepte en septembre 2016 de se rendre à l'infirmerie des sœurs à Bathurst. Sa santé est fragile, mais elle ne se plaint jamais. Le 18 juin 2017, elle meurt tout doucement, comme elle avait vécu, sans faire de bruit. Mais sa vie a été belle et bien remplie de dévouement et de don de soi au Christ, qui l'avait appelée toute jeune à la vie religieuse.

Ses funérailles ont eu lieu à l'Hôtel-Dieu de Saint-Basile le 22 juin 2017. Mgr Gérard Dionne, évêque émérite, présidait la cérémonie et prononça l'homélie. Les pères Alfred Ouellet, Bertrand Ouellet, Rino Thériault, Jean-Marie Martin et Yvan Thériault concélébraient. Les porteurs étaient des neveux et nièces de la défunte : Françoise Thériault, Rolande Richard, Jacques Thériault, Antoine Thériault, Rino Thériault et Charles Émond. Réal Thériault portait la croix. Guy Richard fit la première lecture. Marie-Jeanne Levesque et Marie-Reine

first reading. Marie-Jeanne Levesque and Marie-Reine Thériault distributed the memorial cards. The only living sister of the deceased, Mrs. Jeannine Levesque (Bee), as well as many nephews and nieces were present. A few sisters from Bathurst, people and friends from Saint-Quentin and elsewhere came to render her homage. The burial took place in the cemetery of the Sisters of St. Basil.

Sister Marie-Ange leaves the memory of a person discreet, conscientious, helpful, and appreciated by all. She loved her family and her many nephews and nieces. One can affirm without doubt that she was an exemplary nun, faithful in everything and entirely given to God.

Sr. Bertille Beaulieu, Archivist

Thériault distribuèrent les cartes mortuaires. L'unique sœur vivante de la défunte, madame Jeannine Levesque (Bee), ainsi que de nombreux neveux et nièces étaient présents. Quelques sœurs de Bathurst, des gens et amis de Saint-Quentin et d'ailleurs étaient venus lui rendre un dernier hommage. L'inhumation eut lieu au cimetière des sœurs de Saint-Basile.

Soeur Marie-Ange laisse le souvenir d'une personne discrète, consciencieuse, serviable et appréciée de tous. Elle aimait beaucoup sa famille et ses nombreux neveux et nièces. On peut affirmer sans contredit qu'elle a été une religieuse exemplaire, fidèle en tout et entièrement donnée à Dieu.

Sr Bertille Beaulieu, archiviste

Mills of Madawaska | Moulins du Madawaska

APPENDIX III : BIOGRAPHY | **APPENDICE III : BIOGRAPHIE**
SISTER MARIE-ANGE THÉRIAULT | **SŒUR MARIE-ANGE THÉRIAULT**

SOURCES & REFERENCES SOURCES & RÉFÉRENCES

1. Varney, Geo. J., Russell, B.B.; *"A Gazetteer of the State of Maine"*; Boston, MA; 1881, 1886.

2. Ouellette, Linda and Martin, Hal & Emma; *"A History of Frenchville", Appendix XVII 'The Corriveau Mill'*; Frenchville Historical Society; Frenchville, ME; 1974.

3. Violette, David A., Dubay, Guy F., and Violette, Rod; *"A Violette History"*; Violette Family Association; ; 2014.

4. Pelletier, Lise; *Acadian Archives, University of Maine at Fort Kent*; www.umfk.edu/archives/; 2018

5. *"Acadian Culture in Maine, Milling"*; Acadian Archives, University of Maine at Fort Kent; Available from acim.umfk.maine.edu/milling; 2010.

6. Beaulieu, Soeur Bertille; *Archives des Religieuses Hospitalières de St Joseph*; Religieuses hospitalières de St Joseph; Available from : umce.ca/hoteldieuststbasile/en/; 2018.

7. Roe, F.B. and Colby, N. George; *Aroostook County Maine Atlas of 1877*; Roe & Colby; Philadelphia, PA; 1877

8. Morin, Diane; *Baker Brook*; Unpublished; undated.

9. Craig, Béatrice; *Backwoods Consumers and Homespun Capitalists*; University of Toronto Press, Scholarly Publishing Division; Toronto, ON; 2009.

10. Centre de documentation et d'études madawaskayennes (CDEM), « *CDEM Photo Collection* »; Université de Moncton – campus d'Edmundston, N.-B. Available from : http://www.umce.ca/biblio/cdem/photos/index.htm.

11. *Centenaire de Ste. Agathe, Maine 1899-1999*; Sainte Agathe Historical Society, St Agatha Books, St. Agatha, ME; 1999.

12. Cyr, Monsieur William; *"Construction de l'Église de Baker Brook"*; Le Madawaska; Edmundston, NB; c.1940.

13. Bernier, Armand (descendant of Robert Connors); *Correspondence*; Unpublished; 2011.

14. Pelletier, Carole; St Francis Historical Society; *Correspondence*; Unpublished; 2016-2018.

15. Michaud, George; *Correspondence*; Société historique et culturelle de Baker Brook; Unpublished; 2009-2018.

16. Cyr, Georgette Thériault (daughter of Joachim Thérriault); *Correspondence; Unpublished*; 2005-2009.

17. Soucy, Gordon, *Correspondence*; Greater Grand Isle Historical Society; Unpublished; 2009-2018.

18. Albert, Ghoslain (grandson of Damasse Lang); *Correspondence*; Unpublished; 2009-2018.

19. Michaud, Guy (descendant of P. A. Martin); *Correspondence*; Unpublished; 2009-2018.

20. Lévesque, Jeannine Thériault (daughter of Joachim Thérriault); *Correspondence*; Unpublished; 2009-2018.

21. Nadeau, Lincoln (resident of Daigle, ME); *Correspondence*, Unpublished; 2016.

22. Lang, Nicole, Professor; *Correspondence*; Unpublished; 2018.

23. Lozier, Paul, Fort Kent Historical Society; *Correspondence*; Unpublished; 2017.

24. Pelletier, Reuben; *Correspondence w/ JR Theriault*; Unpublished; 2016

25. Lajoie, Rina Ouellet; *Correspondence*; Unpublished; 2017-2018.

26. Violette, Rod, President, *Violette Association Correspondence*; Unpublished; 2011-2018.

27. Stadig, Norman; *Correspondence*; Harmony, Maine; Unpublished; 2018.

28. **Lang, Nicole**; « *De l'entreprise familiale à la compagnie moderne la Fraser Compagnies Limited* »; Acadiensis, Université of New Brunswick; Fredericton, NB; April 1996.

29. « *Des Scènes de l'Industrie* », Le Madawaska, Edmundston, NB; 22 Juillet 1954.

30. **Theriault, Joseph Ralph** , "*Destination: Madawaska, Biography of Charles Terriault, Acadian Settler*", Edition 2; Terriot Acadian Family Society; Harvard, Massachusetts; 2019.

31. **White, Stephen A.**, « *Dictionnaire Généalogique des familles acadiennes* », Centre d'études Acadiennes, Université de Moncton; Moncton, NB; 1999.

32. **Ouellette, James C**. *'Eagle Lake'*; Harpswell Press; Simpsons Point Road, Brunswick, ME 04011; 1980.

33. **Violette, Alderic O.;** *Correspondence with Rod Violette*; Unpublished; 10 Jan 2005

34. **Albert, Jacques**; « *Évolution de l'industrie forestière* »; Société historique du Madawaska; Edmundston, NB; Juin 1981.

35. *"Fire Swept Crawford Mill at Grand Isle in 1913"*, St John Valley Times, St John Valley Publishing Co.; Madawaska, ME; 1913.

36. **Marceau, Margaret**; *"Grand Falls Yesterdays"* ; Self-published; 1995.

37. **Soucy, Gordon**, **President;** *Greater Grand Isle Historical Society*; www.gimehistorical.org/; 2009.

38. **Albert, Thomas**; *'Histoire du Madawaska'*; Imprimerie Franciscaine Missionnaire; Québec, PQ; 1920.

39. **Theriault, Joseph Ralph T.**, « *Histoire en Photo: Paroisse de Saint-Cœur de Marie* », Société historique et culturelle de Baker Brook; Baker Brook, New Brunswick, Canada; 2012.

40. **Historic USGS Maps of New England & New York: Eagle Lake**; USGS.

41. **Historic USGS Maps of New England & New York: Fort Kent, ME**; USGS.

42. **Historic USGS Maps of New England & New York: Square Lake**; USGS.

43. **Historic USGS Maps of New England & New York: St Francis, ME**; USGS.

44. **Hannay, James and Bowes, John A.;** *History of New Brunswick*; St John, NB; 1909.

45. **Sleeper, Frank H.;** *'Images of America, The Upper St. John Valley'*; Acadia Publishing; Portsmouth, NH; 1998.

46. **Gagnon, V.P. 'Chip' Professor**; *'John Baker'*; www.upperstjohn.com/people/johnbaker.htm; 2000-2017

47. *'Knock on Wood / Toucher du bois'*; **CDEM; Centre de documentation et d'études madawaskayennes;** www.toucherdubois.ca/tdb/page.php?menu=21; 2018

48. **Theriault, Joseph Ralph**; *'La Chatelaine'* ; Unpublished; 2009.

49. **'***La Compagnie Fraser a été sans contredit le moteur'*.

50. **Michaud, Guy R.**, *'La Paroisse de Saint-Jacques, Nouveau Brunswick'*; Les Éditions GRM; Edmundston, NB; 1988

51. *'La Wood Room', chapitre 1;* Fraser Co. Edmundston, NB; undated.

52. Le Journal du Madawaska; Van Buren, Maine; 1902.

53. **Anawati, Joey and Roy, Daniel**; *'Le moulin à 'Buckwheat'*; Revue de la Société historique du Madawaska; Edmundston, NB; 1981.

54. **Morneault, Lucie**; *'Le Moulin Morneault'*; Revue de la Société historique du Madawaska; Edmundston, NB; undated.

55. **'Le Moulin Murchie'**;

56. **Martin, Roger P.;** *'Les Moulins de Rivière Verte'*; Les Éditions; Ottawa, ON; 1989.

57. **Lang, Nicole**; *'L'impact d'une industrie'*; Compagnie Fraser; 1900-1950.

58. **Wilson, Donald A.;** *'Logging and Lumbering in Maine'*; Arcadia Publishing; Portsmouth, NH; 2001.

59. **Pelletier, Martine A. and Ferretti, Monica Dionne**; *'Lumbermills With Some Folklore'*; Unpublished; undated.

60. **Albert, Julie D.;** *'Madawaska Centennial 1869-1969';'* Town of Madawaska; Madawaska, ME; 1969.

61. **Chadbourne, Ava Harriett**; *'Maine Place Names and the People of Its Towns'*; The Bond Wheelwright Company; Portland, ME; 1955.

62. **Hoyt, Edmund S.;** *'Maine Register State Yearbook'*; 1843, 52, 55-56, 71, 77, 81-82, 87-88, 91-92,94-95, 99-1900, 04, 07-09, 12, 18, 20-21.

63. **Google;** *Map Data;* 2018.

64. **Gagnon, V.P. 'Chip' Professor;** *'Map of the St Francis Plantation'*, also known as Township No.17, Range 9; http://www.upperstjohn.com/aroostook/stfrancis.htm; 2018.

65. "National Wild and Scenic Rivers System", National Wild and Scenic Rivers System, National Fish and Wildlife; Unpublished; Undated. Available from: https://www.rivers.gov/river-app/index.html?state=ME.

66. **Belanger, Manzerb Jr.;** *'Map of Wallagrass'*. Acadian Archives, UMFK; Feb. 12, 1978.

67. **Moulin Fraser en 1917**. Pulp Mill en construction, cheminée partiellement érigée.

68. **Municipalité de Verret;** ; 1984.

69. *'My New Brunswick: Early Fredericton Lumber Mills'*; My New Brunswick; www.mynewbrunswick.ca/early-fredericton-lumber-mills/; Undated.

70. **1861 New Brunswick Census**, *'New Brunswick provincial census'*.

71. *'Paper Talks'*; 1981.

72. *Photo Evidence.*

73. *'Products of Industry' Census of 1870* ; US Census Bureau, Washington, DC.

74. **Michaud, Michel;** *Raoul Couturier Lumber Ltd*; Unpublished; Undated.

75. **Soucy, Gaston;** *'Recherche historique de Baker-Brook, 1817-2000'*; Unpublished website; Undated.

76. **Raymond, W.O., ed;** *'Report of John G. Deane and Edward Kavanagh, 1831'*; New Brunswick Historical Society; St John, NB; 1914.

77. **Gagnon, V.P. 'Chip' Professor**; *'Report of the Special Agent'*; www.upperstjohn.com/people/johnbaker.htm; 2000-2017.

78. *'Rita B. Stadig correspondence and photograph album'*, MCC-00217; Acadian Archives; University of Maine at Fort Kent; Fort Kent, ME.

79. **Desjardins, Georgette, RHSJ, présidente du Comté;** *'Saint-Basile, Berceau du Madawaska*; Les Éditions du Méridien; Montréal, PQ; 1992.

80. **Albert, Jacques**; *'Saint-François de Madawaska'*; Le Madawaska; Edmundston, NB; 1984.

81. **'**St. John Valley Wool Carding Mills: documentary evidence'*; Acadian Archives, University of Maine at Fort Kent; Fort Kent, ME.

82. **Stadig, G.;** *'Stadig Family Genealogy'*; www.stadig.org (obsolete); 2012.

83. *'Ste Luce en 1840, Map 10-2'*; 1840.

84. Bérubé, Alfreda et autres; *'Ste-Anne de Madawaska, 1872-1972';* Ste Anne de Madawaska, NB; 1972.

85. '*The Fraser Story, Chapters 9-10'.*

86. Craig, Béatrice and Dagenais, Maxime; *'The Land In Between'.*

87. Craik, David and Baird, Henry Carey; *'The Practical American Millwright and Miller';* Philadelphia, PA; 1871.

88. Gagnon V.P. 'Chip' Professor; *'The Upper St John River Valley';* www.upperstjohn.com/; 2000-2017.

89. The Violette Industrial Building at The Acadian Village.

90. *"US Census; U. S. Federal Non-Population Census".* US Government.

91. Levesque, Betty Ouellette; 'Van Buren - A Capsule History'.

92. Pelletier, Martine A. and Ferretti, Monica Dionne; *'Van Buren History';* St John Valley Publishing Co; Madawaska, ME; 1979.

93. Dubay, Guy; *Correspondence;* Madawaska, ME. 2019-20

94. Wilkinson, John; *'Map 1840 of New Brunswick'.*

95. Colton, J. H.; '*Map 1859 of Maine'.*

96. Cyr, Georgette Thérriault (daughter of Joachim Thérriault); *Georgette Thérriault Cyr [100] Photo Collection;* Unpublished. Digital Archive of the Terriot Acadian Family Society', Harvard, MA. 01451. (www.terriau.org)

97. Joseph R. Theriault, *'Abridged Photo History of the Parish of Sacred Heart of Mary';* Terriot Acadian Family Society; Harvard, MA; 2012

98. ; *'Early Manufacturers of the St John Valley'.*

99. Roy, Gilles; *Correspondence;* Edmundston, NB. 2020.

100. Le Madawaska; *'Le feu fait pour $15,000 de dommage';* Edmundston, NB; 10 Sept 1953.

101. Roy, Lise; *Correspondence;* Edmundston, NB; 29 May 2020.

102. Corriveau, Alfred, son of Luc; *Correspondence;* 06 Jun 2020.

103. Corriveau, Georges, son of Luc; *Correspondence;* 06 Jun 2020.

104. Corriveau, Laura Mae Daigle, spouse of Edwin Corriveau; *Correspondence;* Jun 2020

105. Corriveau, Luc, *La généalogie de Luc Corriveau, époux de Laurette Beaulieu;* http://clairgen.blogspot.com/2015/05/luc-corriveau.html; 2020.

106. Lavoie, Marc, (grandson of Donat Lavoie); *Correspondence;* July 2, 2020.

107. Tardif, Daniel, (proprietor of Tardif Mill); *Correspondence*; Nov. 2020.

108. Pelletier, Chad, Fort Kent Historical Society; *Correspondence;* Nov. 2020.

109. **Theriault, Ricky.** *Correspondence,* 2015.

110. Violette, David. *'Where did François Violette Settle?* Part 2. May 25, 2009.

111. Collin, Thérèse Martin, *'Thérèse Martin Collin Collection'.* Unpublished. Digital Archive of the Terriot Acadian Family Society', Harvard, MA. 01451. (www.terriau.org)

112. Morneault, John [10356] *(Joseph, Pélagie, Dolphis, Charles...),* *"Once Upon a Time at Moulin des Morneault - Morneault's Mill NB."* With several attached histories. Self-Published. December 2004. Barrie, Ontario.

113. Morneault, John [10356] *(Joseph, Pélagie, Dolphis, Charles...),* *Correspondance,* 2008, non-jubilée. 2008. Unpublished.

114. **Morneault, Pauline** [10373] *(Félix, Joseph, Pélagie, Dolphis, Charles...)* « *Pauline Morneault Collection* » Produced electronically by Martin Turgeon. Courtesy of M. Pauline Morneault. Unpublished. Digital Archive of the Terriot Acadian Family Society', Harvard, MA. 01451. (www.terriau.org)

115. **Morneault, Pélagie Thérriault, [75)** *(Dolphis, Charles...)* "*Pélagie Thérriault Morneault Album*". Courtesy of M. Louise-Anne Roussel. Unpublished. Digital Archive of the Terriot Acadian Family Society', Harvard, MA. 01451. (www.terriau.org)

116. **Theriault, Elsie Dubé,** [106] "*Elsie Dubé Theriault Collection*". Unpublished. Digital Archive of the Terriot Acadian Family Society', Harvard, MA. 01451. (www.terriau.org)

117. **Lévesque, Jeannine Thériault** [104] *(Joachim, Joseph, Dolphis, Charles...)* « Jeannine Thériault Lévesque Collection ». Unpublished. Digital Archive of the Terriot Acadian Family Society', Harvard, MA. 01451. (www.terriau.org)

118. **Paradis, Roger**, « Papiers de/Papers of Prudent L. Mercure, Histoire du Madawaska », Madawaska Historical Society, Madawaska, Maine. 1998.

119. **Morneault, Louis (Joseph, Charles Morneault...);** Consultation; 2007.

120. **Thériault, Yvette Landry**; Dénis Thériault Family Photo Collection. Unpublished. Digital Archive of the Terriot Acadian Family Society', Harvard, MA. 01451. (www.terriau.org)

121. **Corriveau, Alfred**; Georges Corriveau Sr. Photo Collection. Unpublished. Digital Archive of the Terriot Acadian Family Society', Harvard, MA. 01451. (www.terriau.org)

122. Canadian Census.

123. Report of the Maine Bureau of Industrial and Labor Statistics, 1902.

124. Aroostook County Board of Underwriters Tariff Rates, 1900.

125. **Sloane, Eric**; "Eric Sloane's America", Wilfred Funk, Inc, New York, NY; 1956.

126. **Collin, Thérèse Martin**; Correspondence. Unpublished. 2004-2012.

127. **Deschaines, Carroll**, Colonel, USAF Retired; Consultation; 2009.

128. "Foyer Régionale Ste Élizabeth"; Foyer Régionale Ste Élizabeth, Baker Brook, NB.

129. **Michaud, Michel**; "Raoul Couturier Lumber, Ltd", Unpublished.

130. **Paré, Eugène, Rédemptoriste**, « 1860-1960 Centenaire Saint-Jacques Madawaska », Unpublished. St Jacques, NB.

131. "The Atlas of Canada", Natural Resources Canada, https://atlas.nrcan.gc.ca/toporama/en/index.html.

132. "National Wild and Scenic Rivers System", U.S. Fish and Wildlife Service.

133. **"TOPOZONE**", Available from: topozone.com

134. "1848 Comté de Madawaska, NB Land Grant Maps, London, England Land Registry", London, England, 1848.

135. **Joseph Ralph Theriault**, "Descendants of Jehan and Perrine Terriot", Unpublished. Digital Archive of the Terriot Acadian Family Society', Harvard, MA. 01451. (Available from www.terriau.org)

136. **John Tallis & Co.,** "1851 East Canada and New Brunswick Map", London & New York, 1851.

137. **John Colton,** "1859 Colton's Maine", J.H. Colton, New York, 1859.

138. **Pelletier, Carole** « Photo Collection, St Francis Historical Society ». Unpublished. Digital Archive of the Terriot Acadian Family Society', Harvard, MA. 01451. (www.terriau.org)

BIBLIOGRAPHY ❁ BIBLIOGRAPHIE

1. **Albert, Thomas,** "Histoire du Madawaska, entre l'Acadie, le Québec et l'Amérique". Nouvelle édition par Adrien Bérubé, Benoit Bérubé, Georgette Desjardins. La Société historique du Madawaska, Hurtubise HMH 1982. ISBN: 2-89045-526-2.

2. **Archives publique du Canada,** "Recensement du Nouveau-Brunswick 1851", Microfilmed. 1954.

3. **Archives provincial du Nouveau-Brunswick**, "Register of Baptisms, Marriages and Burials of the parish of Saint-Basile, 1806 - 1838", Fredericton, N.-B ., microfilm A3732, chronological order. Researched by Fernand Levèsque, Fredericton, NB.

4. **Archives nationales du Québec**, "Registre d'état civil de la paroisse de Saint-Louis-de-Kamouraska, 1728 - 1805, Fonds Protonotaire Kamouraska", Québec, QC. Researched by Fernand Levèsque, Fredericton, NB.

5. **Archives nationales du Québec**, "Registre d'état civil de la paroisse de Ste-Anne-de-Ia-Pocatière, 1742 - 1828, Fonds Protonotaire Kamouraska", Québec, QC. Researched by Fernand Levèsque, Fredericton, NB.

6. **Bibliothèque et archives nationale de Québec**. (www.banq.qc.ca)

7. **Centre de documentation et d'études madawaskayennes (CDEM)**. Université de Moncton - campus d'Edmundston, N.-B. (http: //www.umce.ca/biblio/cdem/photos/index.htm)

8. **Collin, Thérèse Martin,** [860] *(Delia, Joseph. Dolphis, Charles...)* Personal Correspondence and Telephone Interviews held in 2007. Unpublished.

9. **Collin, Thérèse Martin**, 'Thérèse Martin Collin Photo Collection'. Unpublished. Digital Archive of the Terriot Acadian Family Society', Harvard, MA. 01451. (www.terriau.org)

10. **Cyr, Georgette Thériault,** [100] *(Joachim, Joseph, Dolphis, Charles...)* 'Georgette Thérriault Cyr Collection' . Unpublished. Digital Archive of the Terriot Acadian Family Society', Harvard, MA. 01451. (www.terriau.org)

11. **Dubé, Linda and Mariene Staples, Simone Roussel, Guy Theriault, Simone Theriault, Verna Cyr**. "Theriault Genealogy", Volumes 1 & II. 1993. Madawaska Historical Society, Theriault Executive Cmte. Simone Roussel [614] (Édith, Joseph, Dolphis, Charles...)

12. **Desjardins, Georgette,** RHSJ, **présidente du Comté;** *'Saint-Basile, Berceau du Madawaska*; Les Éditions du Méridien; Montréal, PQ; 1992 ISBN: 2-89415-082-2.

13. **Faragher, John Mack, Professor.** Yale University. "A Great and Noble Scheme", 2005, W.W. Norton & Company, New York, USA.

14. **Gagnon, Chip, Associate Professor.** Ithaca College. "The Upper Saint-John River Valley" site Internet, www.upperstjohn.com

15. **Langlois, Henri, OFM**. "Répertoire des Mariages des Paroisses de la Vallée Haut de la Rivière Saint-Jean au Nouveau Brunswick", Vols 1 - 4; 1792 - 1940. Édité par Rev. Père Ernest Lang, St Basile, NB, Canada. Quintin Publications, 28 Felsmere Avenue, Pawtucket, RI 02861-2903. (www.quintinpublications.com)

16. **Lauvrière, Émile**, "La Tragédie d'un Peuple. Histoire du Peuple Acadien de ses Origines à nos Jours" Deux Tomes, Troisième Edition. Éditions Bossard, 43, Rue Madame, 43, Paris 1923.

17. **Levesque, Jeannine Thériault** [104] *(Joachim, Joseph, Dolphis, Charles...)* Personal Interview. Unpublished

18. **Levesque, Laurier**, éd. "École de Saint-Jacques Madawaska", Retrouvailles Professeurs et Élèves, 1925-1955. à compte d'auteur. 2003.

19. **Michaud, Guy R.**, "La Paroisse de Saint-Jacques Nouveau-Brunswick, Hier et Aujourd'hui", Les Éditions GRM, Edmundston, NB. 1988. ISBN: 0-9693237- 1-9

20. **Morneault, Jean [10356]** *(Joseph, Pélagie, Dolphis, Charles...)*, "Once Upon a Time at Moulin des Morneault - Morneault's Mill NB." With several attached histories. Self-Published. December 2004. Barrie, Ontario.

21. **Morneault, Jean [10356]** *(Joseph, Pélagie, Dolphis, Charles...)*, Correspondance personnelle avec J.R. Theriault, 2008, non-jubilee. / Personal E-Mail Correspondence with J.R. Theriault. 2008. Unpublished.

22. **Morneault, Josephine Agathe [3477]** *(Pélagie, Dolphis, Charles...)*, *Religious name: 'Sœur St Charles, R.H.S.J. (1897-1983)', Letters to Marcia Louise Theriault [653]* *(George, Marcel, Adolphe, Dolphis, Charles...)* *1980, Terriot Acadian Family Society. Unpublished. Two personal letters: 1. Subject: Personal autobiography, 2. Subject: Biography of Marcel Theriault and his son, George French.*

23. **Morneault, Pauline [10373]** *(Félix, Joseph, Pélagie, Dolphis, Charles...)* « Pauline Morneault Photo Collection » Produced electronically by Martin Turgeon. Unpublished. Courtesy of Pauline Morneault. Unpublished. Digital Archive of the Terriot Acadian Family Society', Harvard, MA. 01451. (www.terriau.org)

24. **Morneault, Pélagie Thérriault, [75]** *(Dolphis, Charles...)* "Pélagie Thérriault Morneault Photo Collection". Courtesy of M. Louise-Anne Roussel. Unpublished. Digital Archive of the Terriot Acadian Family Society', Harvard, MA. 01451. (www.terriau.org)

25. **Paradis, Roger**, « Papers of Prudent L. Mercure", Madawaska Historical Society, Madawaska, Maine, 1998. These papers are an important source of information. They are a compilation of some 2200 pages of manuscripts copied by hand by Prudent Mercure and later transcribed into a book form by Roger Paradis. Many of these papers were the source of information for Father Thomas Albert when writing "The History of Madawaska".

26. **Paré, Eugène, Rédemptoriste**, " 1860-1960 Centenaire Saint-Jacques Madawaska". Manuscrit d'un article publié à l'occasion du centenaire de Saint-Jacques de Madawaska. 474 Elmwood Drive, Humphrey-Moncton, NB, Canada. Février 1960.

27. **PRDH (programme Recherches en démographique historique)**, "1881 Census of Canada", Université de Montréal. www.genealogie.umontreal.calfr/.

28. **Raymond, W.O.**, ed., "State of the Madawaska and Aroostook Settlements in 1831: Report of John G. Deane and Edward Kavanagh to Samuel E. Smith, Governor of the State of Maine", *Collections of the New Brunswick Historical Society* (St John, N.B.) Number 9 (1914).

29. **Richard, Edouard**, "Acadia, Missing Links of a Lost Chapter in American History", Vols 1 & II, John Lovell & Son, Montreal. 1895.

30. **Theriault, Elsie Dubé, [106]** "Elsie Dubé Theriault Photo Collection". Unpublished. Digital Archive of the Terriot Acadian Family Society', Harvard, MA. 01451. (www.terriau.org)

31. **Theriault, Joseph Ralph [107]** *(Theodule, Joachim, Joseph, Dolphis, Charles...)*, "Destination: Madawaska", *Terriot Acadian Family Society*, Harvard, Massachusetts 01451, 2019. ISBN 978-1729600054.

32. **Theriault, Marcia Louise [653]** *(George, Marcel, Adolphe, Dolphis, Charles...)*,, " Private Letters from Rev. Sister St Charles, R.H.S.J." Produced electronically by Terriot Acadian Family Society, Harvard, MA. 01451. (www.terriau.org)

33. **Theriault, Marcia Louise [653]** *(George, Marcel, Adolphe, Dolphis, Charles...)*, "Marcia Louise Theriault Photo Collection", Unpublished. Digital Archive of the Terriot Acadian Family Society', Harvard, MA. 01451. (www.terriau.org)

34. **Thériault, Fidèle**, "Les Familles de Caraquet", à compte d'auteur. 1985. Canada. ISBN: 0-9692151-0-X.

35. **Violette, D. A., Dubay, G.F., and Violette, R.**, "A Violette History", Violette Family Association (VFA), 2014, ISBN: 1500558923.

36. **White, Stephen A.**, "Dictionnaire Généalogique des Familles Acadiennes", Centre D'Études Acadiennes, Université de Moncton, Moncton, N.-B. 1999. ISBN 0-919691-91-9.

37. **Lévesque, Jeannine Thériault [104]** *(Joachim, Joseph, Dolphis, Charles...)* « Jeannine Thériault Lévesque Photo Collection ». Unpublished. Digital Archive of the Terriot Acadian Family Society', Harvard, MA. 01451. (www.terriau.org)

Made in the USA
Middletown, DE
07 September 2021

47001209R00159